我们的大学

易佐永题

大学生文化素质发展日志年编（2019）

顾问◎屈哨兵　魏明海　主编◎吴开俊　副主编◎黄志凯

暨南大學出版社
JINAN UNIVERSITY PRESS
中国·广州

图书在版编目（CIP）数据

我们的大学：大学生文化素质发展日志年编. 2019 / 吴开俊主编；黄志凯副主编. —广州：暨南大学出版社，2020. 11
ISBN 978-7-5668-2991-7

Ⅰ. ①我… Ⅱ. ①吴…②黄… Ⅲ. ①大学生—学生生活—广州—2019 Ⅳ. ①G645. 5

中国版本图书馆 CIP 数据核字（2020）第 189097 号

我们的大学：大学生文化素质发展日志年编（2019）
WOMEN DE DAXUE：DAXUESHENG WENHUA SUZHI FAZHAN RIZHI NIANBIAN（2019）
主编：吴开俊　副主编：黄志凯

出 版 人：张晋升
策　　划：黄圣英
责任编辑：郑晓玲　武颖华
责任校对：曾小利　黄亦秋
责任印制：汤慧君　周一丹

出版发行：暨南大学出版社（510630）
电　　话：总编室（8620）85221601
营销部（8620）85225284　85228291　85228292　85226712
传　　真：（8620）85221583（办公室）　85223774（营销部）
网　　址：http：//www. jnupress. com
排　　版：广州市天河星辰文化发展部照排中心
印　　刷：佛山市浩文彩色印刷有限公司
开　　本：787mm×960mm　1/16
印　　张：24. 5
字　　数：425 千
版　　次：2020 年 11 月第 1 版
印　　次：2020 年 11 月第 1 次
定　　价：95. 00 元

前　言

2009 年我们开始编写《我们的大学：大学生文化素质发展日志年编》，试图将我校在大学生素质教育理念引导下，大学生素质教育教学和实践育人、环境育人发生的故事以及追求、塑造大学精神的实践点滴记录下来，使其成为今后谈论大学各种言说行为的一个样本，讲好我们的大学故事。目前已推出十本日志年编，受到学校师生的广泛好评，这套丛书也成为检视我校人才培养目标达成度的有效样本。

2019 年是中华人民共和国成立 70 周年、五四运动 100 周年，也是我校推进高水平大学建设的关键一年。广大学子在追逐梦想的征途中，有革故鼎新的惊喜，有硕果累累的欣慰。广大学子隆重参加了两届学年礼，共表彰先进个人 1 648 人、先进集体 469 个，最大限度地点燃学生学习奋斗的激情，得到了广大师生的高度认可，引发了积极的社会反响；新生班全面实行院士名师任“第一班主任”制度，学校选聘校领导、名师、专家、学科带头人、相关职能部处负责人、各学院党委书记、院长、马克思主义理论课和思想政治教育课教师等担任第一班主任，进一步加强了新形势下的学生班集体建设，帮助学生扣好人生第一粒扣子；广大学子人才底色凸显，得益于公共艺术教育中心、学生体育活动中心、经典百书阅读推广中心、大学生写作与沟通语言智能训练中心四大中心的强大育人功能，“爱体育、懂艺术，能力发展性强”已经成为广大学子的真实写照；广大学子的获得感和幸福感明显增强，学校扎实推进“不忘初心　牢记使命”主题教育，把学生的“小生活”变为学校党委的“大事情”，建设环境优雅的师生交流空间，积极推进垃圾分类，努力为师生打造宜学、宜业、宜居的校园环境；广大学子人心向学，学校持续开展“优良学风班集体”“文明宿舍”创建和评选活动以及“最受学生欢迎教师”“十佳学生”评选等活动，涌现出了一批以“优良学风标兵班”为标志的先进集体和以“十佳学生”为代表的先进个人，人心向学的氛围越来越浓厚……这一切，广大学子正在经历与见证着。

因此，我们赓续前书，编纂出本丛书的第十一本，编纂体例一仍其旧。日志素材来自各学院及相关部门，在此深表谢意。由于篇幅有限，我们只能收录部分日志，仍有许多精彩的日志未能采撷其中，略有遗珠之憾。

由于编者水平有限和时间限制，书中难免有疏漏和不妥之处，恳请广大读者不吝批评指正。

编者

2020 年 4 月

精彩导读

五月

六月

七月

八月

九月

十月

十一月

十二月

我们的大学

January 一月

1月2日 广州大学学生获全国大学生工程训练综合能力竞赛广东省分赛一等奖

由广东省教育厅主办的第六届全国大学生工程训练综合能力竞赛广东省分赛在广东工业大学举行。广州大学机械与电气工程学院参赛的9支队伍，经过激烈角逐，在S型赛道常规赛、智能物料搬运机器人赛、8字型赛道常规赛赛项中勇夺一等奖1项、二等奖2项、三等奖3项。

本次大赛以“无碳小车”和“智能物料搬运机器人”为主题，共设S型赛道常规赛、S环形赛道挑战赛、8字型赛道常规赛、智能物料搬运机器人赛4个项目，来自省内18所高校的115支队伍参赛。此竞赛的目的是深化实验教学改革，提升大学生工程创新意识、实践能力和团队合作精神，这体现了高等工程教育改革的实践、综合、创新内涵，积极推动了高校人才培养工作。

该竞赛要求参赛选手前期完成方案论证、结构设计、工艺设计、现场加工、组装调试，并针对自己的作品进行相应的成本分析、工程管理等环节；竞赛过程中要完成S型赛道常规赛、S环形赛道挑战赛、8字型赛道常规赛、智能物料搬运机器人赛及3D打印设计及制作等环节。

（机械与电气工程学院）

参赛队伍在赛场合影

1月10日　受助学生代表探望刘鹤翘将军

学生代表为刘将军送上美术作品

1月10日下午，学生处相关负责人带领广东文化基金助学金受助学生代表，登门探访出资人之一——刘鹤翘将军，表达感恩和关切之情。刘将军及其夫人亲切招待了师生代表。

刘将军是原广州军区副司令员兼原广州军区空军司令员。军功赫赫的他爱好书法，热爱公益。离休后，刘将军致力于慈善事业。2009年，他举办了个人书法慈善专场助学拍卖会，用拍卖所得善款设立了“广州大学广东文化基金刘鹤翘将军助学金”，资助广州大学2009级40名经济困难学生完成学业。2013年这40名学生毕业后，该助学金又继续资助2013级的39名新生直至他们毕业。在刘将军的帮助和鼓励下，受助学生都已顺利毕业并在各行各业中奉献自己的力量。

探访过程中，师生代表们代表学校对刘将军致以衷心的感谢和诚挚的问候，并向刘将军介绍了广州大学一年来的发展建设情况。其中美术与设计学院的林晓梦同学送上自刻的版画，其他学生也一一送上感谢信、汇报信，祝愿刘将军健康长寿。刘将军对学生的学习和成长情况也格外关心，对他们的未来寄予厚望。师生代表们被刘将军浓浓的爱国情怀及乐善好施的大爱精神所感动，纷纷表示会更加努力学习，增长才干，争做对社会有用之人。

（广大学工）

1月16日　物理与电子工程学院举行学生创新创业项目宣讲会

为增强学生创新创业意识，引导师生积极参加创新创业活动，提升参赛作品的质量，1月16日下午，物理与电子工程学院在理南楼212—214课室举办了学生创新创业项目宣讲会。项目宣讲会以系为单位入座，吸引了近200名学生和16名指导教师参加。

为了使同学们进一步了解创新创业大赛，学院团委学生会科技创新部的学生干部首先介绍了大背景下创新创业形势，进而就“三创活动”创新创业大赛的参赛对象、项目分类、项目要求三个方面进行了详细的说明。

物理系系主任潘书生教授进行项目宣讲

随后，指导教师分别进行项目宣讲，详细介绍自己的选题以及研究内容。会后，同学们自愿选择指导教师及其项目，利用寒假进行学习研究。

此次宣讲会的举行，加深了同学们对创新创业政策和创新创业竞赛的了解，激发了学院学生参加创新创业活动和竞赛的热情，为后期“三创活动”的宣传动员和项目申报工作奠定了基础。

（物理与电子工程学院　学工办）

1月19日　工商管理学院获广东高校“活力在基层”主题团日竞赛第二赛季“百优”称号

1月19日，广东高校“活力在基层”主题团日竞赛结果揭晓，广州大学工商管理学院2017级电子商务专业电商171班团支部举行的“重温十九大，聚焦新时代”主题团日活动荣获“百优”称号。同学们通过此次活动重温党的十九大历程，牢记要求与使命，深刻了解并学习了十九大精神，感悟到新时代的变化与发展。

电子商务专业与时代经济发展紧密联系，同学们需关注社会经济发展动向以及政策指向，了解时事政治，为拥护党的领导、学习党的思想营造良好的氛围。电商171班的团日活动通过合唱团歌、回顾党的十九大、讲述十九大与新时代、十九大知识竞答、小型户外活动、团员心得分享、颁奖7个环节，增强团支部的凝聚力与创造力，高举团旗跟党走，将新时期中国梦的实现与自身命运紧密结合。

电商171班团支部为学院乃至整个广州大学树立了优秀的形象，希望同学们能够始终保持对党团的热爱，不忘初心跟党走。

（工商管理学院　彭璟怡）

1月22日　外国语学院举办第11期“辅导员有约”活动

1月22日，外国语学院在梅苑10栋“五室一站”举办第11期“辅导员有约”活动。本期活动的主题是“辅导员之路”。出席活动的有院党委副书记鄢智青、目前在岗或已经离任的辅导员。

辅导员们在交流

大家就辅导员的日常工作、职业心态和职业发展等问题展开了交流。现在华软软件学院工作的曾伟朝老师表示，辅导员工作是一项高强度的工作，需要保持旺盛积极的工作状态，这源于高度的责任感和对学生真诚的关爱；现在音乐舞蹈学院工作的廖争荣老师提醒大家多读多思多记，开阔视野，锻炼思维，凝练表达；现在组织部工作的逄淑军老师回顾了在外国语学院的工作经历，并分享日常工作的经验与技巧；已在校外公司工作的季美含老师则表示自己效率高、执行力强、逻辑严谨和表达良好等职业优点得益于辅导员的工作经历。此外，几位学院现任的辅导员也就工作所得、所感与大家作了交流。

最后，鄢智青副书记对曾在学院工作过的辅导员分享经验表示感谢，勉励现任辅导员们做好职业发展规划，协调好工作与家庭的关系，以良好的状态迎接各种挑战。

（外国语学院　任洪蔚）

我们的大学

February 二月

2月1日　广州大学举办2019年春节留校学生代表团拜会

亥时春入户，猪岁喜盈门。2月1日上午10时，广州大学2019年春节留校学生代表团拜会在广州大学竹苑食堂举行，校党委书记屈哨兵，副校长吴开俊，相关部处领导，各学院领导及辅导员代表与留校学生代表近90人欢聚一堂，共贺新春佳节。团拜会由副校长吴开俊主持。

团拜会上留校学生代表发言

充满中国年味的精美灯笼，高高挂起的“迎春送祝福，浓浓广大情”红色条幅，五颜六色的气球，让竹苑食堂洋溢着浓浓的节日氛围。化学化工学院李孜孜作为学生代表分享了留校开展“挑战杯”课题研究的进展，讲述了自己对学校全面推进高水平大学建设所取得成绩的喜悦之情，表达了自己对学校的深深谢意和祝福；建筑与城市规划学院钟建珠、工商管理学院朱家发、外国语学院张韵妍、马克思主义学院吐马热古丽·衣沙、地理科学学院杨洁也分别就寒假留校的学习、考研、勤工助学、社会实践以及志愿服务等进行了分享和交流。广大学子在大学校园里不懈努力、拼搏奋斗的成长经历，践行着广州大学培养“高素质创新型人才”的目标理念——“德才兼备、家国情怀、视野开阔，爱体育、懂艺术，能力发展性强”，感动了在场的所有师生。与会领导纷纷发表感言，祝福广大学子。

屈哨兵书记在会上致新春贺词，他以习近平总书记在南开大学的讲话——“只有把小我融入大我，才会有海一样的胸怀、山一样的崇高”为切入点，对全体留校学生代表提出了三个问题：一是“小我”是什么；二是“大我”在哪里；三是“小我”如何融入“大我”。屈书记结合广州大学人才培养目标，鼓励广大学子要融入家庭、班级、学校和社会，“把假期当成学期，把休闲修出品质”，通过投身到专业学习、课题研究、志愿服务、勤工助学、社会实践等活动，磨炼自身心智、提升综合能力。屈书记勉励同学们树立远大理想，做到德才兼备，努力成为中华民族伟大复兴的经历者、见证者和建设者，并叮嘱留校同学在新春佳节到来之际要记得给父母、爷爷奶奶、外公外婆等亲朋好友送上新年祝福。最后，屈书记代表学校祝愿各位留校学生在2019年做到“欲穷千里目，更上一层楼，与广州大学共同成长”。

校党委书记屈哨兵向留校学生送祝福

今年寒假，广州大学有6 000余名学生因参加课题研究、备战考研、勤工助学、社会实践、志愿服务等选择留在学校。学校非常关心他们的学习生活情况，各相关部门积极做好留校学生的服务与管理工作，及时解决留校学生遇到的困难，确保大家在校过一个温暖、有意义的春节。

（广大学工）

2月1日　广大学子积极参与寒假社会实践活动

今年寒假，广州大学积极组织开展寒假社会实践活动，其中“暖冬行动”志愿服务项目深受广大学生欢迎，报名人数逾800人，服务时长超过5 500小时，为广州春节期间社会平稳有序助力。

春运志愿服务是此次“暖冬行动”项目的主要任务之一，广州大学共派出230名志愿者分赴广州火车站、珠江新城站、车陂南站等六大地铁站，开展引导咨询、重点帮扶、秩序维护、便民利民等服务工作，累计服务时长约2 700小时。春运志愿服务看似重复简单，实则困难重重，4天的参与让志愿者们切身体会到绵薄之力亦能释放巨大能量。不少旅客表示：只要看到身穿红马甲的志愿者，就觉得很温暖，心里就踏实了。

志愿者们真诚的服务态度、优秀的服务成效、踏实的服务作风得到了广州地铁集团、广铁集团、实践区团委等部门的大力肯定。广州市委书记张硕辅、副书记罗冀京、越秀区委书记王焕清、团市委书记徐柳在慰问一线志愿者时，也纷纷为他们冬日里的坚守与奉献点赞。

近日来被《广州日报》等媒体报道的外国语学院青年志愿者协会，参与天河花市志愿服务已有16个年头，“乐于奉献”的志愿精神一届届传承，“护花使者”的队伍一步步壮大，参与规模从最初的30多人发展到现在的200多人。“护花使者”们耐心细致的服务得到街坊邻里的一致好评。

今年寒假社会实践活动以“致敬改革路　奋进新时代”为主题，主要包括主题宣讲、招生宣传走访、优秀校友访谈、“暖冬行动”志愿服务、感悟亲情实践、“就业创业，实践先行”主题调研、“让爱暖冬·用心传递”网络实践7项内容。全校2 000多名师生分赴梅州、清远、湛江等省内多地，开展相关实践活动，此次活动为历年最大规模。

（校团委）

2月2日　外国语学院学子前往天河花市开展志愿服务活动

2月2—5日，外国语学院天河花市志愿服务队近200名志愿者在天河花市开展志愿服务活动。2月3日，校团委副书记周臻、外国语学院党委副书记鄢智青和院团委书记黄顺婷来到天河花市与志愿者们进行交谈并送上节日慰问。

志愿者在服务

今年已是天河花市志愿服务队连续开展志愿服务活动的第16个年头。志愿者们积极投身社会服务：陪伴福利院的小朋友逛花市、帮助市民运送大型盆栽、为市民指引方向及维持花市秩序。他们贡献自己的力量，为保证花市工作顺利进行，不怕辛苦，认真工作直至除夕夜。

天河花市志愿服务活动充分展现了广州大学外国语学院学子甘于奉献、服务社会的精神，志愿者们用自己的行动向这座城市献上最真挚的祝福。

（外国语学院　学工办）

2 月 19 日　卫斯理安学院孔子学院欢度元宵

2 月 19 日，卫斯理安学院孔子学院迎来了一年一度的闹元宵活动，学院全体成员及社会友好人士共同参与了此次活动。

师生欢度元宵佳节

活动现场，欢乐的音乐应和着节日的气息飘荡在礼堂中，喜庆的灯笼、对联以及各色新年装饰装点着四面，人人脸上洋溢着节日的喜悦之情，各个摊位前人潮涌动。活动伊始，喻程老师利用 PPT 为大家介绍了元宵节的习俗。此外，在元宵摊位，大家亲口品尝花生、芝麻、豆沙等不同馅料的元宵以满足对黏黏糊糊“甜饺子”的好奇心。好茶好元宵，来宾不仅对中国茶精致的茶具以及沁人心脾的茶香情有独钟，更被中国书法的魅力吸引，饶有兴致地尝试书写自己的名字。

除了元宵摊位，运动摊位和手工摊位前也挤满了人。做灯笼是手工摊位的招牌，小朋友们拉着妈妈的手，在老师的帮助下，自己挑选喜欢的颜色，制作美丽的灯笼；运动摊位前，一位老人在老伴的陪伴下踢毽子，直至活动结束才肯“罢脚”。此次活动不仅宣传了中国文化，也为参与者带去了祝福和欢乐。

（卫斯理安学院孔子学院）

2 月 23 日　新闻与传播学院党委组织开展党建实践活动

为深入贯彻落实习近平总书记视察广东重要讲话精神和纪念改革开放 40 周年重要讲话精神，2 月 23 日，新闻与传播学院党委组织学院党委委员、学院相关负责人、学院党支部书记、学生党员代表、学院全体“青马班”学员近 50 人前往深圳市开展党建实践活动。

23 日上午，在学院党委书记李雁带领下，师生党员来到深圳市莲花山公园，瞻仰邓小平铜像，向改革开放总设计师——邓小平致以最崇高的敬意，通过参观学习，大家进一步理解了“改革开放是决定当代中国命运关键一招”的深刻内涵，坚定了大家牢记使命、勇于担当，争做改革弄潮儿的信心和决心。

下午，师生党员参观了“大潮起珠江——广东改革开放40周年展览”。展厅内，今昔图片强烈对比，往昔场景历历在目，展示了广东改革开放40年的峥嵘岁月。学院党委负责人强调，此次党建实践活动机会难得，有助于大家全面了解我国改革开放40周年的大历史和小细节。大家要深入理解改革开放的初心，学习领会改革开放40年的成功经验，贯彻落实习近平总书记重要讲话精神，把学习成果带到学习、工作和生活中去，带到身边的同事、同学和朋友中去，培育自身敢闯敢试、敢为人先的改革精神，在改革开放再出发的历史进程中作出自己应有的贡献。

（新闻与传播学院）

师生在邓小平铜像前合影

2月23日　物理与电子工程学院学生党员雨中寻“松风”

2月23日上午，物理与电子工程学院学生党员在研究生党支部书记薛敏、本科生党支部书记王志杰、暂缓就业学生党支部书记黄毓婵的带领下，冒着冬雨寒风前往白云山虎头岩松风石处——无产阶级革命家陶铸和曾志夫妻的安息之地，探寻伟人足迹，回顾革命家史，陶冶爱国情操，增强党员意识。

有一亭立于虎头岩之上，名为“想亭”，欲让登高之人在此歇脚冥想，驰骋胸臆，与陶铸和曾志两位前辈进行心灵对话。在这座亭子下，王志杰书记向学生党员讲述了陶铸和曾志这对革命夫妻的故事。

随后，师生党员来到松风石碑处。这块松风石，系为纪念陶铸和曾志所立。其底座之下，葬有曾装过陶铸骨灰的盒子。石上还有一掌印，相传这是陶铸掌痕的模刻。师生党员怀着无比崇敬的心情，向石碑行三鞠躬礼。简单庄严神圣的仪式使党员们牢记应有的担当与使命。

此次活动不仅使师生党员了解了陶铸和曾志生前的事迹，而且再一次受到革命精神的洗礼，体会到了积极向上、勇于变革的革命意志和不怕困难、自立自强的奋斗精神，使他们在以后的工作中更坚定自己的理想信念，发挥党员先锋模范带头作用，不忘初心，勇往直前。

（物理与电子工程学院　学工办）

雨中寻“松风”活动师生党员合影

2月26日　体育学院开展学生党员“读原著、学经典、作表率”读书分享活动

2月26日，体育学院学生党员在B25栋“五室一站”党团活动室开展“读原著、学经典、作表率”系列读书活动之读原著分享会。副校长吴开俊，学生处负责人、体育学院党委负责人参加活动，体育学院党委书记何蕴华担任读书分享导师。

师生参加读原著分享会

分享会上，何蕴华书记深入解读了《共产党宣言》的序言和正文的主要内容，重点讲述了《共产党宣言》的基本思想，资本主义必然灭亡和社会主义必然胜利的客观规律，无产阶级政党的性质、特点、基本纲领，以及马克思主义中国化的最新成果——习近平新时代中国特色社会主义思想的历史地位和伟大贡献。

李旭予、卢文静、郑焙匀等学生党员表示，通过学习《共产党宣言》更加坚定了他们的共产主义信念，深化了对习近平新时代中国特色社会主义思想的认识，决心在平时的学习和工作中磨砺意志，坚定信念，为实现中国特色社会主义奉献自己的青春和力量。

吴开俊副校长在点评发言中指出，此次读书分享活动的意义重大，建议同学们在学习马克思主义的过程中要带着问题学，要联系实际学，在实践中学习，并鼓励同学们发挥党员模范带头作用，为学校人才培养目标贡献自己的力量。

学生党员“读原著、学经典、作表率”系列读书活动是广州大学党建进公寓的创新性举措，旨在加强广州大学学生党员的党性修养，培养学生党员爱读书、读好书、好读书的习惯。

（体育学院）

2月26日　物理与电子工程学院举行2018—2019学年第二学期班长会议暨学年礼动员会

2月26日下午，物理与电子工程学院于行政西楼前座210会议室举行2018—2019学年第二学期班长会议暨学年礼动员会，学院党委副书记李燕冰、全体辅导员、全体班长和团学干部代表参加了会议。

李燕冰副书记在会上作新学期讲话，重温了广州大学“德才兼备、家国情怀、视野开阔，爱体育、懂艺术，能力发展性强”的二十四字人才培养目标，并结合学校学年礼的相关文件，指出学年礼的价值和意义是真正落地人才培养目标，实现全员育人、全程育人。她希望学生干部传达会议精神，动员同学们积极、按时参加学年礼，并以此为契机，帮助同学们成为复合型、全面发展的人才，为中华民族伟大复兴贡献力量。

学工办主任薛敏向同学们解读了学年礼举办的原因和广州大学底色核心素质发展指标体系，指出了学年礼的具体注意事项。随后，薛老师还梳理了本学期物理与电子工程学院学生工作的重点，强调了学风建设、宿舍卫生环境、人身健康和财物安全等注意事项。

学院团委书记王志杰重点介绍了“创青春”“挑战杯”“互联网+”三个重要的科创竞赛，以及即将在广州大学举办的第二届全国大学生天文创新作品竞赛，希望各班班长积极动员同学们参加。随后，王书记还对本学期团组织的工作和“千千工程”的开展提出了相关要求。

本次会议使同学们对举办学年礼的意义有了更深的认识，明确了本学期学院学生工作的重点。同时，也让班干部们认识到自己应有的责任与担当，激励他们以更加饱满的热情、更加积极的心态投入到新学期的学习、工作和生活中去。

（物理与电子工程学院　学工办）

2月26日　马克思主义学院举行“习近平总书记在全国教育大会上的重要讲话”学习分享会

2月26日上午，马克思主义学院党委在B6栋“五室一站”党团活动室举行了“习近平总书记在全国教育大会上的重要讲话”学习分享会。校党委副书记聂贵新，党委组织部、学生处和马克思主义学院负责人、全体师生党员参加学习活动。

活动开始，学院党委书记罗明星对习近平总书记在全国教育大会上的重要讲话精神进行了解读，并从“新”“高”“实”“深”四个方面对同学们提出了要求。其中，“新”是指立足新时代、建立新思维、突出新内容；“高”是指高站位、高目标、高质量；“实”是指注意观照中国教育现实、注重联系个人生活实际；“深”是指深厚学理支撑、深度行动支持。

聂贵新副书记与师生一道参加读书活动

在个人分享环节，同学们结合自身经历，畅谈自己的感想与收获。广州大学“十佳学生”龚利鑫表示在大学期间应注重德智体美劳全面发展，希望通过自己的努力带动身边同学共同进步。有八年从教经验的研究生杨志增从自身从教心得与切实感受分享了自己对新时代教育、教师的认识。少数民族学生热非哈分享了自己假期参加家乡社区志愿活动的经历，并希望今后能为推动新疆社会全面稳定发展贡献力量。来自贫困地区的石小玲、吴金年同学谈到了“扶贫先扶志”，要想打赢扶贫攻坚战，教育是根本。学生公寓党小组组长陈秋曼谈到学生党员应发挥先锋模范作用，在带动学习、做好内务、遵守校规等方面做好表率。石煜娣、朱建铭两名新生表达了对大学生活的感想与展望，对学校落实人才培养目标而首次举办的学年礼充满期待。

最后，聂贵新副书记对同学们的发言进行了点评，对本次学习分享会进行了总结，他向同学们提出了三点希望和要求：一要坚定信念，做理想的笃行者；二要博学笃行，做创新的奋进者；三要矢志奋斗，做时代的搏击者。他希望同学们在学好专业知识的同时，注重身体健康，成为爱体育、懂艺术、爱劳动的德才兼备的时代新人。

此次活动，使同学们深入学习了习近平总书记在全国教育大会上的重要讲话精神，并对个人今后的学习与生活进行了认真思考，他们表示要在理想信念、爱国情怀、品德修养、奋斗精神、综合素质等方面下功夫，充分发挥党员先锋模范带头作用，积极奉献，立志成为一名德智体美劳全面发展的社会主义事业建设者和接班人。

（马克思主义学院）

我们的大学

March 三月

3月2日　广州大学人才培养新举措——新学期举行学生学年礼

3月2—3日，广州大学2018—2019学年学生学年礼隆重举行。新学年，新气象，3月2日，我校大二、大三学生参加了本次典礼；3日，我校大四学生参加了本次典礼。本次典礼不仅是对上一学年辉煌成就的回顾，更是要以此来激励广大学子在新学年里全面发展、开阔视野、拼搏奋斗。

在3月2日的学年礼上，分别公布了2017—2018学年学生“体育发展”“艺术发展”“视野拓展”三份学生素质发展评价报告，并表彰了一批先进集体和个人。在3月3日的学年礼上，公布了2017—2018学年学生“能力发展”学生素质发展评价报告，并表彰了一批先进集体和个人。

在“‘体育发展’先进学院”奖项中位列前十的学院有：经济与统计学院、土木工程学院、数学与信息科学学院、工商管理学院、化学化工学院、机械与电气工程学院、建筑与城市规划学院、物理与电子工程学院、教育学院、人文学院。

为“体育发展”先进学院颁奖

在“‘艺术发展’先进学院”奖项中位列前十的学院有：新闻与传播学院、人文学院、美术与设计学院、地理科学学院、外国语学院、工商管理学院、法学院、建筑与城市规划学院、教育学院、公共管理学院。

为“艺术发展”先进学院颁奖

在“‘视野拓展’先进学院”奖项中位列前十的学院有：人文学院、工商管理学院、教育学院、外国语学院、公共管理学院、经济与统计学院、法学院、新闻与传播学院、物理与电子工程学院、马克思主义学院。

为“视野拓展”先进学院颁奖

在“‘能力发展’先进学院”奖项中位列前十的学院有：化学化工学院、机械与电气工程学院、地理科学学院、数学与信息科学学院、生命科学学院、公共管理学院、人文学院、新闻与传播学院、教育学院、工商管理学院。

为“能力发展”先进学院颁奖

（学生处）

3月3日　外国语学院陈绿夏同学荣登《人民日报》国家奖学金百位获奖学生代表名录

3月3日，《人民日报》刊发了2018年国家奖学金百位获奖学生代表名录，外国语学院陈绿夏同学作为广东省3名优秀学子之一光荣上榜，这是广州大学首位登上该名录的学生。随后，“共青团中央”“学校共青团”“广东教育”等官方微信公众号纷纷转载，在校内外引起了强烈的反响。

陈绿夏同学是外国语学院英语152班学生，中共党员，目前已保送至北京外国语大学攻读硕士研究生。她大学期间成绩优异，平均绩点一直保持在英语专业年级第一，曾获2017—2018学年国家奖学金，多次被评为广州大学“优秀学生”“优秀团干”，曾获全额奖学金赴英国剑桥大学访学。同时，她积极参加各项比赛，获得全国ACC美国文化知识竞赛一等奖、“外研社”杯全国英语辩论赛三等奖和全国英语演讲比赛广东赛区三等奖等奖项。

该名录由各省（自治区、直辖市、计划单列市）和各高校从约5万名获国家奖学金优秀本专科学生中推荐评选。通过展示他们的风采，激励广大青年学生在奋斗中释放青春激情、追逐青春理想，以青春之我、奋斗之我，为民族复兴铺路架桥，为祖国建设添砖加瓦。

（外国语学院　陈远明）

3月5日　广州大学第十六届“挑战杯”校赛终审决赛圆满结束

参赛学生在向评委介绍作品

广州大学第十六届“挑战杯”校赛终审决赛于图书馆副楼举行。经过来自国赛、省赛和兄弟高校多位资深评委的严格评审，30 项作品脱颖而出，将代表学校参加第十五届“挑战杯”省赛。

广州大学于 2018 年 1 月正式启动第十六届“挑战杯”竞赛的立项申报工作，历经立项宣讲、学院推荐、自主申报、学院审核等阶段，共收到 502 项申报作品，较上一届“挑战杯”申报作品总数增长 20%，申报规模创历史新高。经过专家评审，最终确定 203 项作品为校级立项项目，资助金额近 33 万元。其中 177 项校级立项作品顺利通过结题验收，78 项作品进入本届校赛的终审决赛。

本次评委主任、校党委副书记聂贵新在评委会全体会议中表示，学校一直致力于培养“能力发展性强”的创新型人才，打造有品质的实践与创新创业创造活动，在构建全面系统的创新创业课程体系和创建国家级众创空间等方面做出重要改革举措。学校一直非常重视“挑战杯”竞赛的开展，比赛成绩多年处于全省领先、全国前列，创新创业氛围越来越好，学校将全力以赴助力“挑战杯”下一阶段赛程。

（校团委）

3月5日　物理与电子工程学院举办团日活动暨“智慧团建”系统应用培训会

为了提升团日活动的质量，进一步激发基层团组织活力，3 月 5 日下午，物理与电子工程学院举办了团日活动暨“智慧团建”系统应用培训会。学院团委书记王志杰、团委副书记黄毓婵到场，全院团支书和组织委员参加了本次培训会。

王志杰书记先作了团日活动培训讲解。他结合其他高校和兄弟学院的优秀团日活动案例，生动地为团干们讲解如何开展团日活动，并强调主题团日活动既要突出“政治性”和“专业性”，坚定正确的政治方向，与专业特色相结合，又要结合当代青年的需要，以青年喜闻乐见的形式开展团日活动，提高团员参与的积极性。

随后，学院团委学生会组织部的干部为团干们作“智慧团建”系统业务培训，重点讲解了“智慧团建”系统的基本概念和操作，并对基层团组织各种关于团建的常见问题做了解答。

本次培训会有利于提高团干们的组织能力，促进团干之间的交流，使大家对团日活动的开展、“智慧团建”系统有了全面透彻的了解，为共青团组织工作的开展奠定了良好的基础。

（物理与电子工程学院　学工办）

3月8日　广州大学举办2019年第一期校领导午餐会

3月8日中午，广州大学在菊苑饭堂举办了2019年第一期校领导午餐会，来自不同班级的16名本科生班长代表参加。魏明海校长、吴开俊副校长，党办、校办、学生处、校团委负责人在午餐会上与学生代表进行了互动交流。

校领导与学生代表交流

魏校长表示，班级建设是学校建设的基础，班干部是班级建设中的重要力量和依靠，因此特别召集大一至大四年级的班长代表参加本次午餐会，听取班长们关于班级建设方面的意见。会上，班长代表们围绕班集体建设并结合本班的经验做法，从学风、班级管理、班级凝聚力以及其他生活、学习方面提出建议。

人文学院汉语国际教育172班班长温紫琦表示，每个寒暑假，班级都会召集所有班干部，根据学校人才培养目标讨论制订下一个学期的学习计划。音乐舞蹈学院音乐172班班长黄嘉莉表示，班级结合专业特点，每学年都会举办1到2场班级音乐会，还会举办视唱练耳音乐会、合唱比赛等活动，让同学们有展现自己的舞台，促进班级班风建设。机械与电气工程学院电信184班班长刘建平表示，班级一直坚持早读和晚修，提高了同学们的学习热情和班级凝聚力。

魏明海校长综合回应了同学们的问题及建议。他强调，只有把班级搞好了，学校建设才有基础；班风是学风和校风的根基，良好的班风可以促进班级健康发展。他还对学生干部提出几点要求：一是要组织好班级的学习；二是要组织好班级的校园生活；三是要组织好班风建设。

校领导午餐会是校领导与同学们面对面交流的重要渠道，也是同学们参与校园治理的重要途径。

（学生处）

3月11日　人文学院汉国教171班举办“千千工程”暨“寻方言之趣，品文化之美”团课

3月11日，人文学院汉国教171班于文新楼举办“千千工程”暨“寻方言之趣，品文化之美”团课。人文学院党委书记王琼出席本次活动。

本次团课以团支书授课及团员展示为主，形式多样。第一部分是团支书阐述活动意义：响应习近平总书记在十九大会议上的号召，深入挖掘中华优秀传统文化蕴含的思想观念、人文精神及道德规范，结合时代创新要求，使中华文化展现永久魅力。作为当代青年，同学们应树立坚定的文化自信及文化自觉；通过了解各地方言及风俗文化，学习、继承并弘扬方言文化精华，唤醒保护民族文化的意识；结合自身专业特点，明确青年大学生的历史担当，为保护方言作出应有贡献。

第二部分是团员介绍自己家乡方言及其文化。团员们精心准备了丰富的展示内容，将自己对家乡语言及文化的了解展示给同学们，体现出高度的文化自信。

第三部分是才艺展示。团员们用不同方言朗诵古诗《静夜思》、现代诗《雨巷》及《乡愁》，表演方言串烧歌曲，使同学们体会到方言文化的魅力。

最后，王书记对本次团课进行点评。王书记表示，方言是中华文化多样性的一种重要体现，同学们在日常生活中可多讨论方言，感受不同方言文化的魅力；同时，同学们要主动学习党的十九大会议重要精神，自觉传承中国优秀民族文化。

至此，人文学院汉国教171班“千千工程”暨“寻方言之趣，品文化之美”团课圆满结束。

（人文学院　冯庭卉）

参会师生合影

3月13日　“校园媒体人”与校党委书记畅谈全媒体时代校园媒体发展

3月13日中午，来自校记者团、校新媒体中心、校青年传媒中心、广大学工等校园媒体的18位“校园媒体人”，与校党委书记屈哨兵共进午餐，交流探讨全媒体时代学生记者的责任和担当。校党委宣传部、校团委等职能部门负责人参加午餐会。

午餐会上，学生记者们分享了自己从事校园媒体工作的经历和体会，并就全媒体时代校园媒体的发展畅谈自己的看法。大家纷纷表示，在全媒体时代，“校园媒体人”一定要努力提高个人的政治素养和业务素质，争做有理想、有情怀、有担当的优秀“校园媒体人”，紧紧围绕学校中心工作，不断创新传播理念、方式和内容，推动校园媒体融合向纵深发展，做大做强校园主流舆论，为学校事业的发展贡献自己的智慧和力量。

屈哨兵书记与“校园媒体人”交流

屈哨兵书记对全体“校园媒体人”为学校事业的发展所作出的贡献给予了充分肯定，并代表学校向大家表示感谢。他表示，校园媒体是高校宣传思想工作的重要载体，是讲好大学故事、传递正能量的重要平台。同学们利用课余时间从事校园媒体工作，在舆论引导、思想引领、文化传承、传递信息、服务师生、弘扬正能量、塑造学校良好社会形象，讲好广大故事、传播广大好声音，培育和践行社会主义核心价值观等方面作出了积极贡献，为学校全面推进高水平大学建设提供了强大的舆论支持和精神动力。

对于校园媒体今后的工作，屈书记强调，要推动校园媒体融合向纵深发展，坚持移动优先策略，使校园主流媒体具有强大传播力、引导力、影响力、公信力，牢牢占据舆论引导、思想引领、文化传承、服务师生的传播制高点，创造更多的优秀文化作品，更好地向社会大众传播广州大学的良好形象和声音。最后，屈书记对广州大学“校园媒体人”提出了几点要求：一是要牢记习近平总书记对青年一代的寄语，坚定理想信念，志存高远，脚踏实地，敢于追梦，大胆展现广大学子的青春风采，努力在实现中国梦的伟大实践中创造自己的精彩人生。二是要加强理论学习，提高政治站位，在校园媒体传播运营过程中，要讲政治、讲格调、讲品位，坚持思想性、时代性、艺术性相统一，努力推出符合时代要求和精神底蕴的精品力作。三是坚持正确政治方向，把握正确的舆论导向，坚持底线思维，自觉承担起举旗帜、聚民心、育新人、兴文化、展形象的使命任务，让正能量更强劲、主旋律更高昂。四是要明确各自定位，创新传播内容和方式，在推进媒体融合发展、提升媒体传播力和引导力等方面出新出彩，努力讲好广大故事、传播广大好声音。

（宣传部　杨春荣）

3月19日　公共管理学院“回归学堂”第3讲：浅谈学术论文写作方法

“人才培养为本，本科教育是根。”这不仅是世界发达国家高等教育所趋，更是新时代国家发展之需。为加快建设高水平本科教育和加强人才培养质量，公共管理学院从2019年3月开始举办“回归学堂”学术科技系列讲座。

“回归学堂”第3讲讲座现场

何谓“回归”？一方面，“回归学堂”生动反映了北回归线横贯广州的地理特征；另一方面，“回归学堂”是对教育部陈宝生部长在武汉高等学校工作座谈会上提出的“回归常识、回归本分、回归初心、回归梦想”四个回归精神的重要响应。

公共管理学院希望以“回归学堂”为载体，坚持“以本为本”，推进“四个回归”，加快建设高水平本科教育、全面提高人才培养能力，造就堪当民族复兴大任的时代新人。3月19日下午，公共管理学院“回归学堂”第3讲“浅谈学术论文写作方法”在桂花岗校区学术报告厅举行。香港中文大学博士、《南方治理评论》副主编、公共管理学院助理教授彭铭刚老师以学术论文写作步骤为框架展开，详细讲解了学术论文写作过程中的注意事项。本次活动旨在让学生初步了解学术论文如何写、写什么、怎样写好等问题，为学生日后的学术讨论和论文写作奠定基础。

彭老师还以学术论文写作缘由为切入点，从“知识改良、创新和生产”“社会服务”“学术比武”等角度分析了不同角度下学术论文写作的深层原因，强调学术论文写作应多以“知识改良、创新和生产”为出发点。

（公共管理学院　学工办）

3月19日　土木工程学院举行青年团干“两会”精神学习会

“两会”精神学习会现场

为深入学习贯彻全国“两会”精神，加深青年团干对“两会”的认识，引导学生关注时事热点，互相交流对“两会”精神的理解，3月19日，土木工程学院团委于文新楼718室举行了全国“两会”精神学习会，2016至2018级的全体团支书参加了本次学习会。

会议由学院团委组织部的同学主持，用《新闻联播》有关“两会”的报道引入主题，通过展示、讨论等形式让同学们学习了解“两会”精神。习近平总书记于2019年3月18日在学校思想政治理论课教师座谈会上的讲话中曾提到：青少年是祖国的未来、民族的希望。我们党立志于中华民族千秋伟业，必须培养一代又一代拥护中国共产党领导和我国社会主义制度、立志为中国特色社会主义事业奋斗终身的有用人才。作为新时代的大学生，既要维护好同学之间的团结，建立深厚的友谊，又要好好学习，获取扎实的专业知识、积极向上的精神风貌，以期将来建设家乡，报效祖国。

新形势下，青年学生是中国特色社会主义事业的接力者、继承者，他们能否坚定中国特色社会主义的道路自信、理论自信、制度自信和文化自信，直接关系中国特色社会主义事业的生死存亡。“两会”精神可引导青年学生坚定“四个自信”，将爱国之情、强国之志、报国之行融入围绕中国特色社会主义事业、建设社会主义现代化强国、实现中华民族伟大复兴的奋斗之中。

（土木工程学院　张国睿）

3月20日　旅游学院师生党员前往广州翼·空港文旅小镇开展学习调研

为贯彻落实习近平总书记视察广东重要讲话精神及对广东“四个走在全

国前列”的指示精神，进一步发挥高校服务地方发展与经济建设的功能，强化基层组织建设，3月20日，旅游学院党委组织师生党员前往广州翼·空港文旅小镇开展学习调研活动。

旅游学院学生党总支与广州迅和港文化旅游发展有限公司党员服务站挂牌仪式

座谈会上，广州迅和港文化旅游发展有限公司总经理张学民，常务副总经理、党支部书记刘更新详细解读了小镇的定位、核心与发展模式。旅游学院党委书记刘向晖对学校发展、学院概况及特色作相关介绍。旅游学院学生党总支与广州迅和港文化旅游发展有限公司党支部签订了共建党员服务站协议，双方就学生实习、创新创业、传统文化与艺术、人才培养等方面达成合作共建意向。

作为国内首个集航空产业配套、文化旅游、生活社区、休闲娱乐于一体的空港文旅小镇综合群落，广州翼·空港文旅小镇凭借地缘优势重塑了空港经济新生态，将“空港”与“文旅”两大要素有机融合，既创造了就业机会，完善了枢纽机场配套功能，又改善了村民居住环境，提升了生活质量，成为乡村振兴的新蓝本。此次调研，大家加深了对我国实施“乡村振兴”战略了解，认识到这一战略使曾经的“空心村”重新焕发生机。

（旅游学院　陈志明　冯怡琳）

3月22日　人文学院开展院长“思政第一课”

3月22日下午，人文学院院长纪德君在文新楼218室讲授本学期“思政第一课”。

纪院长以“古之欲明明德于天下者，先治其国；欲治其国者，先齐其家；欲齐其家者，先修其身”开篇，引出主题：中华优秀传统文化的转化与创新及新时代的“修齐治平”。

首先，纪院长以习近平总书记关于“推动社会主义文化繁荣兴盛”重要讲话为切入点，向同学们提出第一个要求：修身为根本。他还强调“君子慎独”，要求同学们重视公德教育，达到“修身”目的。同时，纪院长强调家庭对青年及国家的重要性。家教败坏会腐蚀青年身心，致使其做出违法乱纪之事。他强调青年学生应继承弘扬中国传统家庭美德，从小家开始，为家风建设贡献力量，即从“修身”到“齐家”。

学生认真聆听“思政第一课”

其次，纪院长从现实生活中“为官不易”“为官不为”等问题入手，指出从政应以德。紧接着，纪院长从电影《流浪地球》出发，阐释新时代背景下的“人类命运共同体”，鼓励同学们敞开怀抱，求同存异，为构建人类命运共同体而努力。

最后，纪院长号召同学们，作为中文系学生应继承、发展、创新中华文化。同时，他要求同学们在新时代背景下，挖掘广州“岭南文化中心地”丰厚资源，抓住粤港澳大湾区建设的契机，将传统文化与科技结合，承担新时代青年“修齐治平”的责任。

至此，人文学院纪德君院长本学期“思政第一课”圆满结束。

（人文学院　新闻中心）

3月23日　桂花岗四院联合青马班到“团一大”广场参观学习

3月23日，桂花岗校区经济与统计、工商管理、公共管理和法学院四个学院的“青年马克思主义者培养工程”暨“校团学组织学生干部后备人才培训班”（以下简称“青马班”）学员，在“团一大”广场开展了青马课程第二课。

课程的宗旨是“回顾团一大历史，激发新青年活力”。参与此次课程的还有“团一大”广场志愿驿站站长甘永乐以及工商管理学院团委书记周云。

甘永乐站长向同学们介绍了“团一大”以及“团一大”广场的故事。他告诉大家，“团一大”广场共有五层四阶，台阶的宽度为54厘米，其边缘到纪念墙的距离为5.4米，这些都象征“五四精神”。“团一大”召开之前，广东代表综合各方面因素，提出更改“团一大”召开地，而后获得中央的支持，“团一大”召开地才由上海改为广州。广东的历史和发展，都体现着“勇于争取，敢为人先”的广东精神。甘站长希望学生们能铭记并传承这种精神，努力寻求发展。

同学们还参观了“团一大”广场的志愿驿站，这是广州市最大的志愿驿站，不仅关爱残疾人，而且每个月都会进行募捐，将所筹物资捐赠给贫困山区或者流浪者，并向大中小学生提供参与志愿服务的机会等。

本次青马课，不仅传授知识，更传承文化。同学们学习了“团一大”精神，体会到了广东精神。相信在不久的将来，他们会秉持“勇于争取，敢为人先”的理念，创造出属于自己的新时代。

（工商管理学院　彭璟怡）

桂花岗四院联合青马班合影

3 月 26 日　四院联合青马班举办“纪念改革开放四十年——中国崛起纵横谈”理论讲座

3 月 26 日，四院联合青马班主题为“纪念改革开放四十年——中国崛起纵横谈”的理论讲座于文新楼举行。

马克思主义学院刘雪松老师从人民立场、家国情怀、时代高度、国际视野、历史眼光和前景趋势六个维度讲述当今中国，跟着习总书记的脚步，从陕北农村看中国的过去，从福建、浙江看中国的现在，从浦东、深圳看中国的未来。刘老师联系实际分析了国家对于粤港澳大湾区的规划战略，回顾了广东省自改革开放以来的巨大变化。他从国内到国外，从中国精神到中国智慧，旁征博引，激情洋溢，言语间充满着对国家和人民深深的热爱和作为一名中国人的自豪。

教育学院杨盛会同学及教育学院蔡冰老师积极向刘老师提问，刘老师一一解惑。他强调，改革开放四十周年，要以新时代中国特色社会主义思想为指导，深刻总结改革开放的光辉历程和宝贵经验。他叮嘱同学们：要充分认识改革开放重大意义和伟大成就，要增强“四个自信”，坚定“四个自信”，继续高举改革开放伟大旗帜，把握时代潮流，奋进新时代。同时，作为新时代大学生需具备一定的政治敏锐度，关注时政热点，提高自身政治素养，做新时代优秀青年！

举办本次讲座，旨在让青马学子了解中国改革开放四十年的杰出成就，同时，激励他们不断朝德才兼备、家国情怀、视野开阔，爱体育、懂艺术，能力发展性强的新时代大学生的目标迈进。

（马克思主义学院　学工办）

四院联合青马班理论讲座合影

3月26日　体育学院本科生党支部开展聚焦《粤港澳大湾区发展规划纲要》主题组织生活会

3月26日，体育学院本科生党支部在B25栋“五室一站”党团活动室召开以“聚焦《粤港澳大湾区发展规划纲要》”为主题的组织生活会。体育学院副院长周二三、郑汉山、祝振军出席会议。

活动由韦文杰、李旭予、郑淑媚三名党员组织策划。会议伊始，李旭予同志为大家播放了一段关于粤港澳大湾区的视频，随后，郑淑媚、车婉菲、欧阳瑞芬、梁建业等党员同志分别就粤港澳大湾区的建设与发展发表自己的看法。李旭予、韦文杰两名同志在会后进行总结。

最后，支部书记任佳妮老师希望大家通过今天的学习，能充分认识到粤港澳大湾区建设的重大现实意义和深远历史意义，结合《粤港澳大湾区发展规划纲要》的具体内容，贯彻落实习近平总书记视察广东重要讲话精神，立志为服务粤港澳大湾区建设作出贡献。任老师还提到，本次组织生活会第一次采用党员“主动”讲和学的形式进行，有利于调动党员参与组织生活的积极性和主动性，激发党员的学习热情，提高学习成效。

（体育学院　任佳妮）

师生党员合影

3月26日　土木工程学院举办班干部班风学风建设能力提升专题培训会

为了加强班风学风建设，3月26日下午3点，土木工程学院班干部班风学风建设能力提升专题培训会在文清楼519室进行，本次培训会由学院党委邓思清副书记负责，面向各班班长开展。

邓思清副书记在给班长们培训

首先，邓思清副书记给大家介绍了优良（标兵）学风班集体评比的意义，并提出了本次培训会的三个问题：第一，为什么要建设优良（标兵）学风班集体？第二，评选为优良（标兵）学风班集体的条件是什么？第三，怎样建设优良（标兵）学风班集体？

其次，邓副书记提到了建设优良（标兵）学风班集体的重要性，简明扼要地介绍了入选优良（标兵）学风班集体的条件。

最后，邓副书记对如何建设优良（标兵）学风班集体提出了六点建议：一是要有团队，其中最重要的就是班长。二是要有目标，既要有总目标，又要有具体的分目标。三是要抓关键，树立正确的价值观。四是要优化方案，发现及分析现存问题，并定好目标、对策和制度。五是重实施，班干部要起到担当作用。六是建设支持系统，利用好一切可利用的资源。

（土木工程学院　公关部）

3月26日　环境科学与工程学院举行首届“环境节”开幕暨环校跑活动

为了更好地宣传环保意识，使生态文明理念深入人心，同时增强学院凝聚力、丰富校园文化生活，践行广州大学二十四字人才培养目标，环境科学与工程学院举办了第一届“环境节”。

3 月 26 日下午，环境科学与工程学院在何世杰体育馆门前举行了主题为“畅享科技文化，环境与你同行”的第一届“环境节”开幕式，学院党委书记常向阳、副书记肖杏烟、院长肖唐付及副院长王筱红、夏建荣等出席。

开幕式由常向阳书记致辞，他提出“人生在勤，不索何获”，并号召“环境人”行动起来，在往后的日子里愈发努力，提升自己，共同为保护中国的绿水青山贡献自己的力量。随后，常向阳书记宣布“环境节”正式开幕。

接下来是学院环校跑活动，虽多次举办，但每次的方式与路线略有不同，兼具趣味性与挑战性，旨在让学生能以轻松愉快的心情进行锻炼，鼓励学生勤于运动，强身健体。活动中，师生们都投入极大的热情，迈着矫健的步伐，像离弦的箭飞快地奔跑着。

（环境科学与工程学院　梁玮文）

选手领奖合照

3 月 26 日　工商管理学院举办班刊设计评比活动

为记录各班级大事及各项活动开展情况，进一步体现班级文化，充分展现团支部风采，焕发支部活力，3 月 26 日，工商管理学院团委学生会组织部于文清楼 518 室组织开展了班刊设计评比活动。

2016—2018 三个年级 48 个班共有 48 件作品参与评选。活动邀请了工商管理学院各班的宣传委员作为评委，采取交叉打分的形式，根据外观美观程度，内页美观程度，整体美观程度，内容是否具有合理性、丰富性、创新性，装订是否符合要求，排版是否优美，总体色彩丰富度，体现班级文化及风采程度，班级日常宣传展现程度等指标进行评比，最后计算每班平均分，选出前三名。

本次评比2018级带来了许多优秀创新型设计作品，2017级的作品则普遍在画面感以及文字内容上较为新颖。

工商管理学院班刊评比现场

尽管班刊设计评比活动已告一段落，但每一本班刊上满满的回忆是不会消散的，这些点滴美好，由同学们共同完成，凝聚了大家的思想、感情和创作，增强了班级的凝聚力、合作精神，有利于同学们了解班级文化，增强班级荣誉感，更好地建设班集体。

（工商管理学院　詹莹莹）

3月29日　公管午餐会：共话新目标，展望前行路

3月29日中午，公共管理学院公管午餐会第27期活动于桂花岗校区5号楼北506课室举行，本次活动的嘉宾有公共管理学院政府管理系周凌霄副教授、李强副教授和公共社会学系胡蓉副教授、谢颖副教授，以及2018级部分本科生。在同学们进行简单的自我介绍后，大家就如何丰富大学生活、如何培养大学自主学习的能力、如何培养自身独立思考的能力和如何为考研做好充足准备等主题进行了探讨。

公管午餐会作为公共管理学院的品牌活动，自2012年12月开始举办以来，一直致力于促进师生的互动交流以及解决师生各方面问题。通过老师与学生共进午餐的形式，为师生提供了一个轻松愉快的交流平台，使老师与学生之间更好地相互了解，共同进步。在活动中，学生提出自己在学习生活中的疑惑，老师传授自身的经验，丰富学生阅历。公管午餐会活动搭建了师生沟通的桥梁，不仅可为学生解疑释惑，还为学院收集学生教育有效信息和优化学生管理工作提供了更好的途径。

（公共管理学院　学工办）

参与公管午餐会师生合影

3 月 29 日　物理与电子工程学院党委书记讲授“思政第一课”

为贯彻习近平总书记在学校思想政治理论课教师座谈会上的重要讲话精神，强化青年学生政治思想引领，教育引导青年学生认识和担当时代使命，以坚定的理想信念筑牢精神之基，物理与电子工程学院党委书记陈泽龙于 3 月 29 日下午为光电 182 班全体同学讲授了新学期“思政第一课”。

“思政第一课”主要围绕《习近平新时代中国特色社会主义思想三十讲》中的第一讲“习近平新时代中国特色社会主义思想是党和国家必须长期坚持的指导思想”进行讲授。陈书记首先抛出了三个问题，引导同学们思考习近平新时代中国特色社会主义思想的形成过程、核心内容以及理论意义。课上，陈书记从新时代的历史条件、科学社会主义发展的新态势、世界大变局的新形势，以及党的十八大会议以来党和人民的实践经验四个方面向同学们阐述了习近平新时代中国特色社会主义思想是立足时代之基、回答时代之问的科学理论，在此基础上通过核心要义、核心内容和理论品质分析了习近平新时代中国特色社会主义思想是系统完备的科学体系，进而指出了习近平新时代中国特色社会主义思想的实践意义和理论意义，习近平新时代中国特色社会主义思想是经过实践检验、富有实践伟力的强大武器，是 21 世纪马克思主义、当代中国马克思主义。

正如陈书记所说，新时代催生新思想，新思想引领新时代，作为新时代的青年，同学们要利用课余时间多阅读《习近平新时代中国特色社会主义思想三十讲》，把指引国家建设和实践的理论学懂、学透，在此基础上树立明确的目标。学习之余也要认真思考如何实现个人理想，以及如何担当起国家和民族赋予年青一代的历史使命，为中华民族的伟大复兴贡献应有的一份力量！

（物理与电子工程学院　学工办）

3月30日　生命科学学院分党校开展革命传统教育

3月30日下午，生命科学学院分党校组织学生党员及参加第十五期党课培训班的入党积极分子一起到广州黄埔区的辛亥革命纪念馆开展革命传统教育。全体同学怀着对先烈的无限崇敬之情走进了辛亥革命纪念馆，开始了这次革命之旅。

此次参观，加强了大家对中国近现代史的了解。纪念馆里的一桌一椅、一事一物仿佛带大家回到了炮火连天的年代，解说员生动的解说，让同学们深刻地感受到了那一段历史的动荡、艰险和国家命运的茫然，同时也被忠心爱国的革命党人的那一份火热的爱国之情深深地感染。参观过程中，党员和入党积极分子井然有序、庄严肃穆，展现了广州大学学子的良好形象。

时光流逝，回眸辛亥革命，尽管已经过去一个世纪，看到一张张泛黄的照片、一幅幅惊心动魄的壁画、一篇篇鼓舞人心的文章，即使未能亲身经历，但是看到英勇的战士们为了革命挺身而出保卫国家人民，文人们以笔为矛，用铿锵有力的文字武装人民的思想，这一切都在同学们心中留下了不可磨灭的印记。

（生命科学学院　邓雨）

全体人员在辛亥革命纪念馆前合影

我们的大学

April 四月

四月

4月2日　广州大学经典百书导读活动第1期暨公共管理学院南国读书会第23期顺利举行

南国读书会现场

4月2日，广州大学第十六届校园文体艺术节之经典百书导读活动第1期暨公共管理学院本科生党支部南国读书会第23期于大学城校区B4栋“五室一站”举行。本期活动的特邀嘉宾为公共管理学院政府管理系助理教授彭铭刚、学工办主任谢玲以及政府管理系和社会学系的部分学生。

彭老师基于《天下为公》这本书，强调我们要反思人类共同的命运，灾难来得越猛烈，这一规律就越明显。社会主义的理念在当今焕发生机，中国结合马克思主义思想和现实国情，用与时俱进的思想武装头脑，让社会主义实践在世界上大放异彩。当前，中国已经进入新时代，这是一个注重以“社会”为中心的新时代，以“社会”为中心，就是要学生注重社会公共领域的均等化，就是要让每个人都有希望实现“对美好生活的向往”，就是“以人民为中心”。彭老师的解读引得学生纷纷提问，彭老师逐一认真解答。

此次活动的顺利举行，提醒大家在面临新机遇、新挑战时应该多阅读，多参加校园活动，以提高自身综合能力素质，积极响应学校培育高素质创新人才的号召。

（公共管理学院　学工办）

4月2日　环境科学与工程学院举行“人大代表谈两会精神”组织生活会

4月2日下午，刚刚参加完全国人大十三届二次会议的环境科学与工程学院副院长王筱虹应邀做客梅苑7栋“五室一站”党团活动室，参与环境科学与工程学院以“人大代表谈两会精神”为主题的组织生活会。辅导员吴海威主持本次会议，学院青马班部分学员与入党积极分子参加。

首先，王筱虹副院长向大家展示了一段小视频，这段视频记录了人大代表在参加全国“两会”期间的一些生活片段。随后，王副院长简述了全国人民代表大会和中国人民政治协商会议的概念以及相关知识，并分享了她在全国“两会”期间的主要工作。如作为人大代表，她参与审议了政府工作报告、全国人大常委会报告、两院工作报告以及《外商投资法》。此外，她还围绕着环保主题提出了一些建议。

环境学院组织生活会

王副院长表示，此次全国“两会”召开期间，代表们都十分注重对习近平总书记讲话内容的学习，她列举了习总书记在会议期间的一些重要讲话并分享了她的学习感悟，希望大家能用心领会习总书记的讲话精神。

最后，王副院长讲述了自己参加这次全国“两会”的深刻体会和感触，希望同学们平时多关注时事新闻，关心国家大事，承担公民的责任，实现自我发展。她表示，理工科绝不仅仅只包含各种公式、理论，理科生要更加注重培养自己的文学素养，学习更多的社会经济文化知识，这有助于大家解决更深层次的环境问题，成为一名更加优秀的环境人！

（环境科学与工程学院　学工办）

4月2日　教育学院开展“粤港澳大湾区建设与大学生的使命担当”主题党日活动

4月2日下午，教育学院本科第一党支部在B3栋“五室一站”党团活动室开展“粤港澳大湾区建设与大学生的使命担当”主题党日活动。副校长吴开俊，教育学院党委书记麻彦坤，党委副书记陈宇红，教育学院本科第一党支

教育学院开展主题党日活动

部全体成员、入党积极分子参加此次活动。

首先，支部书记李倩报告了支部党员出席本次活动的情况，接着播放视频“粤港澳大湾区：融合发展新格局”，让大家了解粤港澳大湾区的国家战略部署。结合本次活动的主题，党员同志们从自身专业学习的角度，分享了作为一名处于粤港澳大湾区建设环境下的大学生的所思所想。

学院党委书记麻彦坤充分肯定了学生党员们能结合自身专业，对文件进行深入学习的做法。他指出，党支部要发挥战斗堡垒作用，党员同志们须在日常学习生活中发挥先锋模范作用。

副校长吴开俊对支部党员代表们深入思考、条理清晰的观点表示赞赏，并向同学们提出期盼：一是要珍惜粤港澳大湾区建设背景下的优质教育资源，努力学习。恰逢粤港澳大湾区建设蓬勃开展的契机，新时代广东大学生是直接受益者，理应把握机遇努力学习。二是要努力做能力发展性强的新时代学生，尤其是党员同志要树立使命担当意识。他勉励同学们围绕学校人才培养目标，立足粤港澳大湾区，扎根广东这一改革开放前沿阵地，关注教育现实问题，充分利用学校提供的机会和平台，开阔视野，加强综合素质与能力的培养锻炼。

（教育学院　学工办）

4 月 3 日　人文学院汉教 172 班举行“思政第一课”

4 月 3 日下午，人文学院汉教 172 班“思政第一课”之“努力学习，做一个视野开阔的大学生”于文新楼 304 室举行，校党委书记屈哨兵出席本次活动。首先，屈书记以“什么是视野开阔?”引出本次课程的主题。关于“学习”，屈书记指出，作为学生，除了平常的学习，还应该向习近平总书记学习。他还提出，“视野开阔”应包括两部分的内容：文化自信中的中国视野以及面向世界的国际视野。其次，屈书记通过分析文化自信的重要性，鼓励大家多了解中华优秀传统文化，坚定文化自信。然后，屈书记通过对比“东方式的世界地图”与“西方式的世界地图”的不同，提醒同学们要从不同的角度审视世界、审视中国、审视自我。再次，屈书记分别列出习总书记提出的“构建人类命运共同体”和“一带一路”倡议的见解和看法，指出中国强烈的社会责任感充分彰显大国风范。最后，屈书记通过分享广州大学研究生积极到各国担任汉语国际教师志愿者的例子，鼓励同学们多去外面走走，特别是作为汉语国际教育专业的学生，更应该到国外特别是“一带一路”沿线国家去，为传播汉语、传播中华优秀传统文化奉献力量。

（人文学院　汉教172班）

屈哨兵书记等领导与同学们合影

4月5日　工商管理学院“繁星—瀚海”特色项目拉开序幕

4月5日，工商管理学院在竹苑3栋“五室一站”推出一个全新的红色特色项目专栏：“繁星—瀚海”红色阅读汇。

“繁星—瀚海”红色阅读汇积极贯彻习总书记关于“文化自信”的思想，以“教育强国”为根本理念，与广州大学二十四字人才培养目标衔接，并积极落实学生社区“五育人”体系，以我国独具特色的“红色文化”来培养青年大学生的文化自信。

“繁星—瀚海”红色阅读汇包括三大板块：一是“百典汇·习红旅”，线上进行红色阅读网络专栏、易班阅读打卡活动，线下进行“五室一站”红色书刊专栏、组织“读原著、学经典、作表率”红色经典导读专项活动；二是“品红阁·赏红篇”，分享红色学习心得，征集红色征文并结集成册，观看红色经典影片，组织红色经典书信活动；三是“忆红路·饰红记”，举办红色经典“身临其境”活动、红色微视频制作比赛、红色作品朗读比赛。

通过建设竹苑3栋“繁星—瀚海”红色阅读汇空间平台，打造“红色”阅读文化，组织开展“红色”学习与交流、观赏与品鉴、实践与展示系列活动，有助于大学生了解和学习“红色文化”，在坚定文化自信的同时以优秀的文化塑造大学生自身的精神家园。

（工商管理学院　梁智达）

4月9日　法学院举办法考经验交流会

4月9日晚7时，法学院团委、学生会联络部在大学城校区文新楼113室举办了法考经验交流会。本次活动邀请了四位已通过法考的学生分享经验。2018年是司法考试改革元年，原先的国家司法考试改为全国统一法律职业资格考试。这给备考学生带来了巨大的压力，他们难免有迷茫和难以突破瓶颈的时刻。加上法考每年的通过率只有10%左右，有着“天下第一考”之说。本着为学生服务的宗旨，法学院举办此次法考经验交流会，期望能为迷茫的同学们提供一个交流分享、互帮互助的平台，以加深同学们对法考的了解和重视，增强信心，提高复习效率。

交流会现场

本次经验交流会上，同学们得到了“法考不难，贵在持之以恒”的信心加持；听到了“避免孤军奋战，适合自己的就是最好的”和“紧跟老师的步伐，找到自己的复习节奏，快速过，勤回顾”的肺腑之言；收获了在法考这场马拉松如何维持自己的速度、如何在身边人进度超越时不骄不躁和如何拓宽自己信息渠道的干货分享。

举办法考经验交流会是传递知识和信息的好时机，也是传递爱，联络高低年级学生，促进团结、不断发展进步的好平台。相信本次活动可以为即将踏上新一轮法考征程的学子们扬起闪光的旗帜、树立挺拔的标杆。

（法学院　金婷）

4月9日　人文学院义教队“传承文化遗产，品味历史情怀”活动顺利开展

4月9日，广州大学红十字会人文学院分会义教队“传承文化遗产，品味历史情怀”义教活动于赤岗东小学顺利开展。本次义教授课内容分为介绍物质文化遗产与非物质文化遗产两部分。志愿者通过讲述物质文化遗产概念，展示秦兵马俑与莫高窟等图片帮助学生加深对物质文化遗产的了解。通过讲述非物质文化遗产的现状，引出保护文化遗产的话题，呼吁同学们保护这些民族瑰宝、世界宝藏。志愿者详细介绍了二十四节气与唐卡两种非物质文化遗产，并播放唐卡制作视频，讲述唐卡的文化内涵与制作过程，使同学们更深入地认识优秀民间艺术，树立保护并传承优秀民间艺术的意识。

义教队成员合影

本次义教活动不仅提高了广大学生的师范教学技能，而且传播了文化复兴的声音，使同学们增强了对民族文化的自豪感与归属感。少年强则国强，少年有志于文化传承，则民族复兴可期。

（人文学院　许洋洋）

4 月 9 日　土木工程学院举办“2016 级学生大会暨考研动员大会”

4 月 9 日下午，土木工程学院“2016 级学生大会暨考研动员大会”在图书馆副楼学术报告厅举行。本次会议由 2016 级辅导员房雅萍主持。土木学院党政领导、辅导员、2019 年考研学生代表及 2016 级全体学生参加了本次会议。

大会现场

首先，张永山副院长介绍了近几年我校考研的情况，深度分析了现在考研的形势，建议同学们要结合自己的实际复习情况去申报志愿，不要盲目从众和过度夸大自己。其次，任凤鸣副院长就考研的重要性以及必要性与同学进行了深入的探讨，鼓励同学们深造。然后，张超老师与同学们分享了自己的考研及读书经历，并结合自身情况，建议同学们必须学会做事，培养独立性以及稳定性，规划好人生道路。接着，徐超同学根据个人备考学习经历与大家分享了自己的心得体会，杨显昌同学则根据自己的学习计划来分享考研经验。

最后，院党委副书记邓思清就“谋发展、做准备、好氛围、守底线”四个方面给同学们上了深刻的一课。他强调，同学们应该就人生目标、技术路线、个人特色等方面谋求自身发展；要目标坚定、信心十足、明确方向、坚持不懈地做好万全准备；要营造有担当、有方案、齐协力的良好班级与宿舍氛围；要守好法纪底线、安全底线，抓住机遇，成就自我。通过本次会议，同学们将更加明确自己的奋斗目标，努力发展成为创新型人才，抓住时代机遇，承担起助力国家和社会发展、民族复兴和崛起的重任。

（土木工程学院）

4月9日　物理与电子工程学院举行第十四期分党校入党积极分子培训班开班仪式

4月9日下午，物理与电子工程学院第十四期分党校入党积极分子培训班正式开班，院党委书记陈泽龙、学生处书记王国华、院党委副书记李燕冰、院各学生党支部书记、第十四期入党积极分子参加了培训班开班仪式。

在庄严的国歌声中，开班仪式正式拉开序幕。在李燕冰副书记的带领下，全体党员师生重温了入党誓词，牢记入党时的决心和理想，不忘初心，砥砺前行。随后，陈书记在致辞中指出，上党课既是入党的基本流程，也是党组织对入党积极分子的考验，希望大家能学有所思、学有所用，在学习过程中努力提高自身的政治理论素养，不仅要在组织上有入党的准备，更要在思想上做好入党的准备。

本期入党积极分子培训班邀请了学生处王国华书记担任我院“党校指导老师”，陈书记为王国华书记颁发了聘书。随后，班主任薛敏老师为入党积极分子讲解了本次培训的学习纪律、学习内容以及时间安排。本次开班仪式增强了入党积极分子对党的认识，为学员积极向党组织靠拢打下坚实基础。

（物理与电子工程学院　学工办）

物电学院入党积极分子培训班成员合影

4 月 10 日　广州大学法律咨询服务社举行海报大赛

为了活跃校园海报文化氛围，为喜欢海报设计和绘画的同学提供一个展示自己创新才能与个性风采的平台，同时也为了让同学们学习更多的法律知识，提高法律素养，4 月 10 日，广州大学法律咨询服务社（简称“法咨社”）在桂花岗校区举行了“我有我样”海报大赛总决赛。

本次共有 10 位同学入围总决赛，他们分别来自法学院、经济与统计学院等不同学院。选手上台演讲，阐述自己作品的丰富内涵。经过评委一番热烈的讨论，评选出前三名和若干优秀奖。比赛结束后，大家纷纷表示，这样的活动有趣且有意义，希望以后能举办更多文体艺术活动和比赛。

此次活动加深了同学们对法咨社的理解，展示了法咨社的法律专业性和活动创意性。在参与海报大赛的过程中，同学们不仅发挥了自己的才能，而且学习了法律知识，将生活与法律联系起来，提高了自己的艺术修养和法律素养。同时，此次活动活跃了校园文化气氛，提高了学生的文化艺术品位，丰富了学生的校园生活，展示了学生的才能与创新能力。

（法学院　林钰滢）

4 月 13 日　法学院本科生参加知识产权南湖论坛并作报告

李正同学在论坛会场留影

4 月 13—14 日，2019 知识产权南湖论坛“全球化与知识产权保护”国际研讨会暨第四届知识产权中原论坛在郑州举行。此次论坛吸引了超过 1 200 名学者和相关从业人士参加。大会论文集主要收录硕士及以上学历作者的论文，在各分论坛作报告的多为各高校教师或实务界资深人士。广州大学法学院本科生李正同学因表现优秀有幸在“版权制度的国际化”分论坛上向国内外学者就其论文《网络直播“翻唱”的表演权规制》作了专题学术报告。

在发言中，他介绍了在网络直播“翻唱”问题上我国学界的四种主要研究路径——广播权、表演权、兜底条款和反不正当竞争法路径，并加以评析；接着他对《伯尔尼公约》的英文文本和世界知识产权组织（WIPO）的指导性文件、会议文件加以解析，并引用美国版权法法条和相关判例进行旁证，指出适用表演权路径有利于法律脱离技术性的辩论，专注于传播行为的实质，从而回归著作权法的立法目的。

李正同学表示，本次参会很有收获，今后要借助学校快速发展的契机，更好地提升个人的专业知识和综合素质，努力做能力发展性强的新时代大学生。

（法学院）

4月14日　法学院举办“微辣与小行星之旅”活动

4月14日，法学院在微辣青年和小行星流动儿童社区学校举办了“微辣与小行星之旅”活动，法学院2017级学生李家儿有幸成为微辣和小行星的一员，与一群有着同样信念的大学生一起同孩子们探索、冒险、交谈，一点一滴，每一时刻都弥足珍贵。

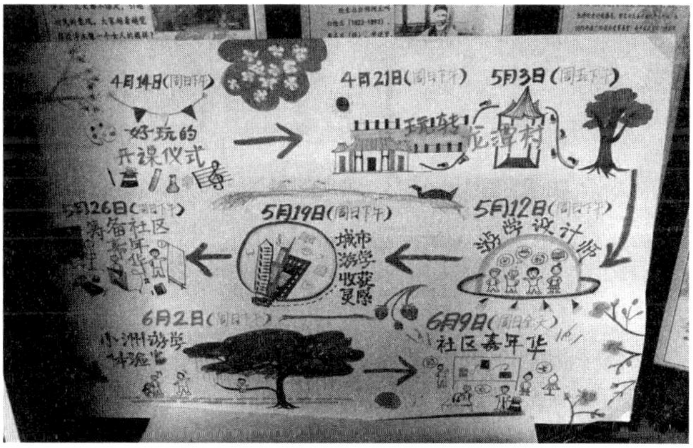

活动日程安排

李家儿和志愿者们先是带着孩子们到市区游学，到广州塔和广州图书馆寻找完善城中村的灵感。随后，李家儿和另一名志愿者带领着三个孩子，从龙潭村出发，先步行至公交站乘公交车，再换乘地铁，一路上，孩子们充满期待，志愿者们细心引领，共同探索，欢乐无比。

李家儿表示，通过此次志愿活动，她对广州市的流动儿童现状有了初步的认识。她因为“喜欢就靠近，热爱就坚持”，更深知“纸上得来终觉浅，绝知此事要躬行”并付诸实践，成了大家的榜样。

（法学院　李家儿）

4 月 14 日　马克思主义学院和公共管理学院举办扫墓志愿活动

4 月 14 日，马克思主义学院青年志愿者协会和公共管理学院青年志愿者协会赴广州起义烈士陵园，举办了以“清明祭先烈，青春正当时”为主题的扫墓志愿活动，以缅怀先烈，铭记历史，砥砺前行。

志愿者们严肃认真地聆听主持人讲解广州起义烈士陵园历史及活动意义并进行一分钟默哀。随后学生代表在纪念碑前敬献花圈，表达全体志愿者对先烈们坚忍不拔、不畏牺牲精神的深深敬意。最后，所有人列队，井然有序地地绕碑一周后，在纪念碑前合影留念。整个活动过程中，志愿者们始终怀着对先烈们的敬仰之情，认真有序地参与本次扫墓志愿活动。

活动结束后，志愿者们纷纷表示，要继承和发扬革命先烈的爱国主义精神，不忘初心，牢记使命，发扬红色革命精神，用自己的实际行动书写祖国美好的未来。

（马克思主义学院）

两院青年志愿者参加扫墓志愿活动

4月16日　工商管理学院成功举办“个性900s”新生演讲比赛总决赛

获奖同学与评委合影

4月16日，工商管理学院在桂花岗校区小礼堂举办了“个性900s”新生演讲比赛总决赛，旨在分享学生的青春，展示学生的多姿魅力，激发学生坚定追求个人兴趣的热情。

此次比赛面向工商管理学院全体学生，共有17个班级参与，分别是工商管理专业的12个班级、工程管理专业的3个班级和物流管理专业的2个班级。同学们首先在各班内进行展示，选拔一名同学代表本班参与比赛。借助这一舞台，同学们有机会展示自己，在有限的时间展现了无尽的个人魅力。

在总决赛中，工商管理学院2018级17位同学分享自己的故事和特长，展现工商管理学院学生的思维模式、兴趣、才能，内容涵盖大学生校园生活的方方面面，如策划活动、球场练球、参与比赛等。他们围绕自己的兴趣和能力所作的分享，展示了当代大学生风华正茂、意气风发的精神面貌。

这一比赛体现了在高水平大学建设背景下，广州大学正在培养符合新时代发展的人才，围绕学校人才培养目标，争取取得培养德才兼备人才的成效。

（工商管理学院　周正）

4月16日　教育学院召开新疆少数民族学生教育大会

4月16日，教育学院在文逸楼309室召开教育大会，院党委书记麻彦坤，少数民族辅导员尔夏提·艾司卡尔，学生工作办公室辅导员陈毅光、张方超、李倩及新疆少数民族学生参加此次会议。

麻彦坤书记以本学期工作所取得的成效为切入点，充分肯定了教育学院学子学习风气正、集体荣誉感强、综合素质高的优点，并同新疆同学分享以下观点：第一，广州大学人才培养目标中的“德才兼备、家国情怀”，集中体现为感恩父母、感恩家乡、感恩祖国。第二，信息多元化形势下，要保持清醒头脑，明辨是非。第三，要认清自己的角色，做好发展规划。

麻彦坤书记与新疆少数民族同学交流

尔夏提·艾司卡尔老师就近期学校少数民族学生工作重点和具体要求布置任务。一是学习方面，要求同学们及时做好学习规划，鼓励新疆同学积极报考研究生。二是安全方面，强调节假日外出须报备以及提升网络安全意识。

随后，教技151班图玛热斯·阿卜力孜同学和应心151班买合皮热提·艾乃吐力同学作参观“大潮起珠江——广东改革开放40周年展览”学习分享。图玛热斯同学结合自身成长经历，通过对比三代人的不同生活状况，感慨幸福生活来之不易，呼吁同学们珍惜青春，创造价值。买合皮热提同学围绕展馆的布置展开，带领同学们回顾参观的历程，分享其所思所想。

陈毅光老师在总结中对新疆同学表达了互相扶持、多与老师沟通交流、对言行有清晰认识和准确判断等期盼。

（教育学院　学工办）

4月16日　人文学院举办“中外经典声乐赏析”学生专场讲座

4月16日下午，广州大学“中外经典声乐赏析”人文学院学生专场讲座于演艺中心111室顺利举行。出席本次活动的老师有：音乐舞蹈学院院长罗洪、人文学院学工办主任吕延明。

首先，罗院长从“文学”“诗歌”入手，提出“音乐跟文学结合，跟诗歌结合，跟人文学院所学专业结合”的观点。其次，罗院长向大家讲述音乐的重要性。他认为音乐能够为学习、实践、创新创业增添趣味。然后，音乐舞蹈学院学生钟钊桦深情演唱《月半小夜曲》《喜欢你》《我的心里只有你没有他》等流行歌曲，现场掌声连连。接着，罗院长为大家讲解流行音乐的鉴赏方法。他提到“洋为中用”的方法，即吸收外国歌曲中好的因素，将它应用到中国的流行歌曲中，并亲授歌唱技巧，带领在场师生齐唱《同一首歌》。吕延明主任在罗院长的钢琴伴奏下倾情献唱，歌声与钢琴声完美配合。最后，吕主任号召人文学子用所学中华优秀传统文化中的华章佳句、家国情怀与音乐相结合，创造出更多优秀的作品，希望人文学子能在博雅人才培养的道路上越走越远，越走越宽阔。

（人文学院　新闻中心）

“中外经典声乐赏析”讲座师生合影

4月16日　广州大学举行第四届主题团日竞赛暨“活力团支部”创建现场评选活动

4月16日下午，广州大学第四届主题团日竞赛暨“活力团支部”创建活动的现场评选于青年活动中心举行。

此次活动自2018年10月启动，各学院广泛发动，各基层团支部积极参与。历时半年，经过严格选拔，各学院择优推荐一个团支部参与校级评审，最终有24个团支部参与现场展示环节。

活动采取文本评分与现场展示评分相结合的方式，最终评选出前十名（一等奖2名、二等奖3名、三等奖5名），入选团支部为本年度“活力团支部”。现场展示坚持众评众议原则，由校级和院级团委老师、学院团干团员代表组成的评审团参与评选。活动现场，各团支部的活动内容丰富、形式多样。如小教 161 团支部充满童趣的图片视频、汉语 174 团支部古色古香的诗文歌曲、美术 172 团支部凸显本专业的扎染设计等。

本次活动是新形势下加强基层团组织建设、进一步活跃基层团组织工作的重要举措，旨在更好地发挥学校共青团的基础性、源头性和战略性作用。校团委副书记林焕清在总结中指出，团日活动应是一项长期活动总结，参赛团支部应结合专业特点和学生日常生活进行主题设计。

（校团委）

4 月 18 日　旅游学院“飞粤计划”航模科普教育活动走进南村镇中心小学

团队成员走进南村镇中心小学

4 月 18 日，旅游学院“飞粤计划”航模科普教育项目团队来到番禺南村镇中心小学，通过开展航模科普教育项目和人工智能编程教育项目，协助学校大力开展“科普大讲堂”“科技创新教育小领袖训练营”“航模小小飞行员”“编程教育训练营”“编程学习——科技游园活动”等多样化科技创新教育系列活动，并为青少年参加科技竞赛提供线上线下教学与辅导。

旅游学院本科生第一党支部与番禺南村镇小教一支部（番禺南村镇中心小学）开展共建党员服务站、成立青少年科技创新教育社会实践服务点。正如番禺南村镇中心小学的“科技乃雏鹰高翔之羽翼”育人目标，“飞粤计划”航模科普教育项目团队将继续面向学校农村儿童、外来务工人员子女等群体开展科技创新教育活动，努力提升科技教育效果和丰富课程内容，加强创新能力培养，激发青少年学科技、爱科技、用科技的意识和能力，从而让创新意识生根，让创新能力发展。

（旅游学院　陈志明　黄桐辉）

4月18日　人文学院举行“领导联系班级暨经典百书导读”活动

4月18日下午，人文学院汉教172班“领导联系班级暨经典百书导读”活动于文新楼217室顺利举行。出席本次活动的老师有：校党委书记屈哨兵、人文学院党委书记王琼、人文学院党委副书记刘军军。

首先，屈书记与同学们一起观看广东广播电视台关于高校推动思政课建设的新闻视频，并鼓励同学们把在思政课上所学的知识运用到学习和生活中，努力成为一名视野开阔的广大学子。在“唐诗之约”——唐诗抽背环节，主持人随机抽取唐诗题目，同学们积极“应约”，流利背诵。伴随着热烈的掌声，辩论赛拉开序幕。辩论赛共两轮，辩题分别是“对《哀王孙》这首诗，评其‘整’好还是评其‘乱’好”和“‘吴楚东南坼，乾坤日夜浮’中的‘浮’字应该读作‘fú’还是‘fóu’”。正反双方你来我往，各抒己见。双方辩手清晰的思路和巧妙的陈词都给同学们留下深刻印象。最后，屈书记对本次活动进行点评与总结。

（人文学院　新闻中心）

屈哨兵书记等领导与同学们合影

4月19日　人文学院“传承红色经典，书写廉政之风”书法比赛顺利举行

4月19日，人文学院“传承红色经典，书写廉政之风”书法比赛顺利举行。人文学院团委副书记韩宝玉出席本次活动。本次比赛分为硬笔书法、软笔书法两组进行。现场同学自信书写，写出了人文风骨。

书法比赛现场

4月23日下午，书法比赛软笔组和硬笔组的决赛作品于行政东前座六楼进行评比。作品受到评委老师的高度好评。最终，汉语171班黄子睿同学获软笔书法一等奖；汉教171班姚光韵同学、汉教171班李绮彤同学获软笔书法二等奖；汉语162班黄瑜珊同学、汉语165班黄浩同学、汉语178班巫志杰同学获软笔书法三等奖；汉语162班许丹莉同学、汉语186班冯顺其同学、汉语174班罗煊同学、汉语174班方梓荧同学获软笔书法优秀奖；汉语189班彭曦同学、汉教171班陈峧江同学获硬笔书法一等奖；汉语172班钟紫君同学、汉教161班程婵媛同学、汉语187班叶定远同学获硬笔书法二等奖；汉语184班李停珍同学、汉语156班杨欣同学、汉语178班巫志杰同学、汉教171班姚光韵同学获硬笔书法三等奖。

至此，人文学院“传承红色经典，书写廉政之风”书法比赛圆满结束。

（人文学院　新闻中心）

4月20日　广州大学第二届环境类综合技能大赛成功举行

为引导大学生自主学习环境专业知识及技术应用，提高综合实验设计、分析和实验操作技能，强化大学生动手能力和实践技能，提高实验教学的质量，广州大学于4月20日举办了第二届环境类综合技能大赛。

本次大赛共分为监测实验、工艺流程设计、调研报告三类。比赛作品由团委书记吴海威等老师进行评选，学院方面也设立了相应奖励鼓励参赛者积极参与。

此次大赛出现了许多优秀的小组以及令人惊喜的成果。希望同学们今后再接再厉，取得更优秀的成绩。

（环境科学与工程学院　网宣中心）

4 月 20 日　物理与电子工程学院开展 2019 年“感恩互助　砥砺成才”资助育人活动

4 月 20 日上午，物理与电子工程学院“感恩互助　砥砺成才”资助育人活动在电子信息楼架空层举行，旨在让受助学生心怀感恩之心，感受互助的力量，奋发前行，铸就自我。

本次活动主要围绕“盲人”与“哑人”的游戏进行。工作人员在电子信息楼架空层精心布置了一条崎岖有趣的“人生路”。参与学生分为“盲人”与“哑人”两种角色，由“哑人”带领着“盲人”缓缓前行。同学们虽然有的不能说话、有的看不到前路，但是通过一双双温暖而有力的手，他们相互帮助和配合，共同跨过了一道道关卡，解决了一个又一个困难，每个人脸上都洋溢着笑容。

通过全部游戏关卡后，“盲人”与“哑人”分享了他们在游戏过程中的体会。“盲人”看不见，是在“哑人”的帮助下，才能走向目的地。他们感恩“哑人”，感激每一个帮助过他们的人。“哑人”因给予了“盲人”力所能及的帮助，内心也感到自豪。学院负责资助工作的指导老师黄毓婵进行了总结，希望同学们在这次资助育人活动中能有一分收获，懂得感恩，回馈社会。

助人与受助，是一个双向的过程。此次活动让同学们受益匪浅，大家纷纷表示要带着一颗感恩与助人的心在人生道路中砥砺前行，迈向远方。

（物理与电子工程学院　学工办）

资助育人活动成员合影

4月21日 美术与设计学院赴清华大学访学

4月21日，美术与设计学院赴清华大学美术学院“第二校园”访学团正式启程。

访学团成员在清华美院前合影

本次访学成员由来自2017级、2018级各专业的12名本科生组成，由团委书记马浩、学工办主任罗兵、美术系许洪林老师带队。

在7天的访学过程中，访学团参观了中国画创作研究院、798艺术区、中国美术馆、清华美院图书馆等。同学们纷纷表示增长了不少见识。

“路漫漫其修远兮，吾将上下而求索”，短短几天的访学研修引导学生进行新的思考。正如中国画创作研究院袁学君老师所教诲的：“大学之大，在于明理，在于大思。”学而思，思而动，我们将立足于现实，用更多的智慧和热情去探索、去耕耘、去努力。

（美术与设计学院 学工办）

4 月 21 日　机械与电气工程学院与华软软件学院电子系举行学生干部交流活动

4 月 21 日，机械与电气工程学院团委学生会以“举引航之灯，照成才之路”为主题，以彰显青春个性，互相学习，共同进步为目的，与华软软件学院电子系团委学生会于大学城校区开展学生干部交流活动。

双方约 100 人参与此次活动，活动分为交流见面会、游览校园、集体趣味游戏三个环节。首先，双方代表分别通过视频或 PPT 介绍了自己的组织。在代表发言完毕后，双方各部门进行了自由交流，分享学校、部门的经验、经历或趣事等，以增进了解，加深友谊，现场气氛十分和谐。交流见面会结束后，机械与电气工程学院团委学生会的代表们分组与华软软件学院电子系团委学生会的代表们同去校内特色食堂用餐，餐后共同游览校园，了解、感受大学城校区学生的日常生活和学习环境。游览校园后休息了片刻，双方代表在电子信息楼架空层进行了集体趣味游戏，现场气氛紧张热烈。最后，于图书馆前，双方代表在活动主题横幅上签名并合影留念。

此次交流活动，进一步加强了机械与电气工程学院、华软软件学院电子系两个团委学生会之间的联系，增进了两院友谊，为学生的学习和交流提供了更广阔的活动平台。

（机械与电气工程学院　李晓琳）

机电团学成员与华软软件电子系团学成员合影

4 月 23 日　环境科学与工程学院举行先进团支部评选摆摊活动

4 月 23 日下午，环境科学与工程学院先进团支部评选摆摊活动在红棉路正式拉开序幕。此次评选摆摊作为“环境节”的子活动，旨在向全院乃至全校师生展现学院团支部“不一样的风采”，让学院团委的活动从室内走向室外、从幕后走向台前、从学院走向学校，让大家看到真实的支部风采。

此次活动主要面向 2016—2018 级 10 个非毕业班团支部。各团支部精心布置自己的摊位，自主设计风格、自由搭配元素，以多样化的形式及内容展现团支部的风采及文化建设成果。

通过本次活动，同学们深刻体会到班级给大家带来的美好生活，感受到为同一个目标而共同努力的乐趣，并为支部之间彼此了解、交流、增进感情提供了很好的平台。

（环境科学与工程学院　网宣中心）

4 月 23 日　机械与电气工程学院赴清华大学开展“第二校园”访学活动

机电学院访学团成员在清华大学合影

4 月 23 日，由王沁芳、欧阳曦老师带领的 13 名优秀学生组成的广州大学机械与电气工程学院“第二校园”访学团，赴清华大学电机工程与应用电子技术系进行访学交流。清华大学作为中国著名高等学府，是学子们心中的学术科研圣地，访学团一行在活动期间谨遵“博学笃行，与时俱进”的校训，着力加强校际沟通交流、开阔学生视野，在人才培养、学风建设、学生工作等方面学习了宝贵经验。

访学期间正逢清华大学举行108周年校庆活动，108个实验室全部开放参观，其中包括多个教育部、国家重点实验室，清华大学实验室负责人热情、主动、耐心、细致的讲解，帮助访学团一行人学习与探讨学术科研前沿领域。

访学归来，学院组织的分享会上，访学团各成员在第一时间、以第一视角向同学们分享了此次访学的所见所闻。最后，欧阳曦老师对此次访学所活动进行了总结，并对同学们提出了殷切希望，鼓励大家好好学习，争取参与其他访学活动。她认为：“这样的访学活动，很有可能因此影响一个人以后的人生道路，或许能因此激励其考上当初所访学校的研究生。”

（机械与电气工程学院　江卓飞）

4月23日　旅游学院开展“读原著、学经典、作表率”系列读书活动

4月23日，为带领学生走进经典、诵读经典、学习经典，树立学生争当表率的意识，党建办联合学院学生党总支在梅苑9栋“五室一站”党团活动室组织开展了“读原著、学经典、作表率”系列读书活动。旅游学院党委书记刘向晖，党委副书记刘绍东，党委委员何向、肇博，学生党总支书记陈志明以及马克思主义学院詹明鹏副教授参与本次活动。詹明鹏副教授作为主讲人，带领梅苑9栋学生党员及入党积极分子学习了《共产党宣言》。

本次系列读书活动旨在帮助学生党员和入党积极分子养成以红色经典涵养思想品行的好习惯，用不同视角分析解读马克思主义思想，使学生对此形成高远、深刻、全面的认识，认真学习《共产党宣言》等经典原著，并内化于心，外化于行，坚持马克思主义真理，切实应用到实践当中，做到真懂、真学、真信、真用。带动身边的同学关心了解国内外形势和院校的建设发展，为共同把宿舍建设成为落实立德树人根本任务、助力学生提升素质的“成长社区”而积极努力。

（旅游学院　陈志明　何夏程）

4月23日　生命科学学院举办第五届中国“互联网+”大学生创新创业大赛宣讲会

4月23日，生命科学学院举办第五届中国“互联网+”大学生创新创业

大赛宣讲会。宣讲会由学院副院长柯德森主讲，院团委书记刘月华主持。

柯德森副院长从七个方面详细地向学生介绍大赛有关事项，包括大赛起源、大赛价值及时间节点等。同时，他分享了自己参与比赛的网上报名经历，指导学生进行网上申报。他强调，“互联网+”大学生创新创业大赛有助于培养学生的创新创业能力，更有利于学生将来就业。

刘月华书记对往年参赛的学生表示肯定，并鼓励更多的学生积极申报。她表示，学院团委科技部会为遇到困难的学生提供帮助，为创新创业大赛提供坚实的保障。

宣讲会激发了学生的参赛激情，让学生对大赛有了更进一步认识。通过参赛，学生的创新创业能力一定能得以提高。

（生命科学学院　学工办）

4月23日　四院联合环校跑活动顺利举行

为鼓励广大同学积极参加体育运动，锻炼强健体魄，4月23日下午，物理与电子工程学院、生命科学学院、新闻与传播学院、环境科学与工程学院在A1广场联合举办了“情驻广大，奔向未来”环校跑活动。

教师为环校跑活动加油打气

物理与电子工程学院党委副书记李燕冰在致辞中指出，环校跑活动是积极响应党的十九大报告中所提出的“健康中国”战略，践行学校人才培养目标中“爱体育、懂艺术”的目标理念和“走出宿舍，走下网络，走向操场”的生活理念的举措，希望同学们能够积极参与，在校园内营造积极向上、青春阳光、热爱运动的氛围。

在领操员的带领下，全体师生一起做热身运动，激扬的音乐和有力的热身让大家热血沸腾。热身环节结束后，伴随着广播一声长鸣，比赛正式开始。师生们从演艺中心门口出发，沿指定路线前进，完成签到点的打卡后，按指定路线返回到终点。师生在广大外环路共同奔跑的身影，成为学校一道靓丽的风景线。

本次环校跑活动既展现了四院学子的良好精神风貌，也拉近了师生间的距离，激发了师生的运动热情。

（物理与电子工程学院　学工办）

4 月 23 日　物理与电子工程学院开展红色经典诵读活动

为提高入党积极分子的思想觉悟，弘扬红色精神，传承红色基因，在全院营造浓厚的红色经典诵读氛围，4 月 23 日下午，物理与电子工程学院第十四期入党积极分子培训班举行了红色经典诵读活动。

培训班学员演绎红色经典

本期入党积极分子分为 7 个小组，每个小组自选红色经典书目中的段落进行诵读。各小组成员以饱满的精神、激昂澎湃的声音演绎红色经典。其中，张慧怡小组带来的《七律·长征》，激情澎湃，回顾了长征所战胜的艰难险阻，满怀喜悦的豪情；詹映柔小组带来的《傅雷家书》（节选），将苦心孤诣、呕心沥血、充满父爱的“教子篇”娓娓道来；林青霞小组带来的《呐喊》，诵读形式新颖，以插画、表演形式让杨二嫂形象栩栩如生；黄昌侨小组带来的《七古·送纵宇一郎东行》，表达了毛泽东探索人生、追求真理的伟大抱负。他们慷慨激昂的语调，充沛饱满的情感，自然大方的举止，赢得了观众阵阵掌声。

此次活动，不仅加强了入党积极分子对红色经典文化的深入了解，而且使他们进一步感受到红色经典文化的魅力。入党积极分子对坚忍不拔、勇往直前的革命精神和全心全意为人民服务的无私奉献精神有了更加深刻的感悟，思想觉悟得到了提升，加入中国共产党的信念更加坚定。

（物理与电子工程学院　学工办）

4月24日　人文、机电、旅院三院联合荧光夜跑活动顺利开展

4月24日，人文、机电、旅院三院联合荧光夜跑活动于A1广场顺利开展。

首先，裴九雄老师为本次活动致辞。他带领各位选手高喊广州大学校训，并希望各学院学子能在跑步过程中喊出自己学院的口号，喊出青春活力与朝气，将“爱体育”精神发挥至极致。随着开跑口令响起，选手们如同离弦的箭，朝第一个游戏点飞奔而去。选手们手中挥舞着的荧光棒在夜晚发光发亮，不仅照亮比赛路线，更照耀了他们的青春之路。各位选手陆续到达第一个游戏点后，在现场工作人员引导下，选手们有序按个人组与团体组完成游戏。个人组选手需将书本放于头顶行走一段距离且在行走途中不用手触碰书本，还需保持书本不落地。团体组选手则需通过团队配合，每人运用不同工具进行乒乓球传递接力。选手们相互鼓励，凭借十足的默契完成挑战。紧接着，在第二个游戏点的“正话反说”与“同舟共济”游戏环节中，选手们“快准狠”完成了任务。选手们步伐矫健，向着终点一路奔跑，闪闪荧光照亮他们青春的脸庞。汗水划过脸颊的那一刻，他们明白结果并不重要，过程中美好的回忆会使他们铭记于心。随着夜幕降临，选手们纷纷冲过终点。

至此，人文、机电、旅院三院联合荧光夜跑活动圆满结束。

（人文学院　新闻中心）

三院联合荧光夜跑活动成员合影

4 月 24 日　人文学院举行北大访学会议

4 月 24 日上午，人文学院北大访学会议顺利举行。出席本次活动的老师有：北京大学中文系党委副书记金锐、团委书记安晶丹，广州大学人文学院中国语言文学系副教授马将伟、人文学院学工办主任吕延明、人文学院团委书记张立。

首先，金副书记与吕主任分别作会议致辞。金副书记对广州大学人文学院访学团队的到访表示热烈欢迎，并希望通过本次的交流分享会，学习对方在各方面工作上的成熟做法，促进两院工作共同进步。其次，吕主任结合广州大学人才培养目标与北大“铁肩担道义，妙手著文章”的人文信念和学术传统，对本次访学及分享会寄予了“学习并传递北大精神，造福广大人文学子”的热切期望。再次，北大中文系学生会主席陈牧川围绕团委、学生会“组织架构、主席团职责、学工特点”三方面工作一一展开，为师生介绍北大中文系团学组织的基本工作。随后，北大中文系团委、学生会的骨干逐一上台，介绍其所在部门的主要职能与特色工作。最后，广州大学人文学院访学团成员吴凯桐结合学院特色人才培养目标，为大家介绍人文学院的基本概况与学生工作的基本框架。在自由交流环节，双方就课程设置、课堂学习、活动开展等方面进行了互动交流，气氛融洽。

至此，广州大学人文学院北大访学会议圆满结束。

（人文学院　新闻中心）

广大人文学院访学团成员与北大中文系师生合影

4月25日　体育学院举办2017级体育教育专业实践说课大赛

4月25日，体育学院2017级体育教育专业实践说课大赛如期举行。担任本次说课大赛评委的是体育学院商执娜老师、隋岩老师以及2015级参加省第三届基本功大赛获奖选手钟菊婷。

商执娜老师主持本次说课大赛

想要成为一名合格的体育教师，必须具备过硬的教师基本功，说课就是其中一个重要的环节，说课的音准、音量、语调、形象以及神态等都会直接影响最后的得分。

比赛开始前，主持人兼评委商执娜老师对出席的评委老师、计时员、选手和观众表示热烈欢迎。主持人讲完比赛要求、致辞结束后，本次说课大赛正式开始。

选手们站在三尺讲台上的风采，给评委和观众们留下了深刻的印象，也为自己积累了经验。每一位选手都竭尽全力展现精彩纷呈的课堂，也让在座的观众受益匪浅。

尽管说课的内容多种多样，但是他们选择用最精彩的方式展示，让台下的观众直观地感受到说课的魅力，赢得了观众的阵阵掌声，台上的他们是最棒的。

说课结束后，评委为选手们的精彩表现认真评分，并对选手们的表现进行了独到的评价，指出其存在的问题，如台上不够自信、说课音量小、时间分配不合理等，并给予了一些建议，让选手们学以致用，提升自身。

（体育学院　易县军　张景锋）

4月26日　环境科学与工程学院举办成立15周年庆、首届环境节闭幕式暨2019届毕业晚会

4月26日，环境科学与工程学院（以下简称“环院”）成立15周年庆、

首届环境节闭幕式暨2019届毕业晚会在大家的期待中顺利开展。

晚会伊始，肖唐付院长上台致辞，肯定了环院15年来的建设发展，展示了环院所取得的重要成就，表达了对环境人的自豪与对今后环院发展的期望。紧接着，陈迪云教授作为第一任环院院长上台发言。陈教授以幽默的口吻感叹时间的飞逝，表扬了环境学子们“珍惜时间成就自己”的精神，并表示正是他们的奋斗努力，让环院迈向更好的明天。

肖院长与陈教授在环院一路走来的回忆以及对未来的期盼让在场的环院学子备受鼓舞。在肖院长和陈教授的致辞后，晚会表演正式拉开帷幕。几场表演过后，曹小安、姚泊、陈穗玲、王湘云四位老师讲述了自己在环院15年成长过程中的深切感受。喝水不忘挖井人，学院的发展离不开老师们的辛勤付出。

激动人心的抽奖环节，精彩绝伦的表演，台上台下的精心准备，这场毕业晚会为环院学子留下了很多珍贵回忆。毕业生们即将远行，带着对母校的眷恋与对未来的憧憬，踏上新的征途。前方的路途充满未知，但环院的每一位毕业生定能披荆斩棘，去迎接更好的明天。在庆祝环境节顺利闭幕的同时，也祝福环院发展得更好，迈向更高更远的未来。

（环境科学与工程学院　陈思畅）

环境学院领导与教师在晚会现场合影

4月26日　环境科学与工程学院联合美术学院举办环保时装设计大赛

4月26日，由环境科学与工程学院、美术学院联合举办的环保时装设计大赛为广大学子提供了一个展现自我、提高自信的舞台，让参加者做自己的设计师。

活动以利用身边“废物”设计衣服并秀出来的方式，圆了许多人自己设计衣服、亲身走上舞台表演的梦想。在比赛中，参赛者们穿着自己设计的服装，脸上洋溢着自信、开心的笑容。

环保时装设计大赛提倡学生利用自己的想象力和创造力改造身边的“废物”，变“废”为“宝”，也体现了广州大学二十四字人才培养目标的“懂艺术”要求。

（环境科学与工程学院　网宣中心）

4月27日　工商管理学院在第三届“嘉诚高顿杯”省赛中斩获佳绩

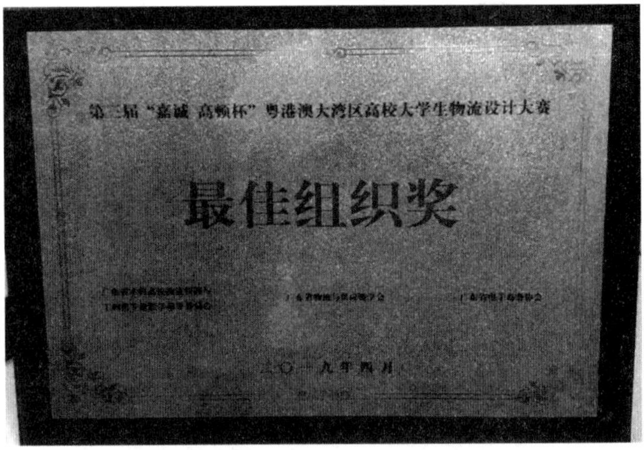

工商管理学院在省赛中获“最佳组织奖”

4月27日，第三届“嘉诚高顿杯”省赛于华南农业大学举行。此项比赛旨在培养大学生在物流与电商及相关领域的能力，为大学生提供展示自己的机会。

广大学子秉承爱体育、懂艺术、能力发展性强的理念参加比赛。比赛中，每支队伍都展示了各自的风采，发挥自己的长处，以新颖的创意、多样的形式向评委和参赛者展示自己的作品。在创新组的比赛中，“Intelligent Logistics”团队的《智能快递柜的优化方案——基于结构设计、逾期收费、选址的改进》获得二等奖。在创业组的比赛中，“马鞍山五壮士”团队的《马钢汽车后市场业务拓展计划》获得二等奖。

由于学生出色的组织能力，广州大学也荣获了“最佳组织奖”。荣誉的获得，离不开选手们的付出，同时也感谢广州大学“嘉诚高顿杯”暨“马钢杯”大赛校赛的组委会评审团和各参赛队伍指导老师的辛勤付出和指导，以及物流学会对这次大赛校赛的承办和在相关事项中的支持。

博学笃行，与时俱进！广大学子从未停下脚步，他们是满怀激情的逐梦人，决心在未来的日子里再创佳绩！

（工商管理学院　何洁莹）

4 月 27 日　教育学院开展“脚步丈量历史，重走成长之路”主题活动

为缅怀和继承“五四”光荣传统，弘扬“爱国、进步、民主、科学”的五四精神，值此五四运动 100 周年之际，教育学院本科第二党支部在 4 月 27 日开展了“脚步丈量历史，重走成长之路”主题活动。活动路线从“团一大”纪念广场、中山图书馆、鲁迅纪念馆到“中共三大”会址纪念馆，此次活动回顾了党史历程，提高了党支部的凝聚力和执行力。

在“团一大”纪念广场，党员及入党积极分子站在团旗前，面对团旗庄严宣读入团誓词，回顾当年入团时的情景。紧接着，活动队伍前往中山图书馆和鲁迅纪念馆参观。大家在中山图书馆和鲁迅纪念馆内认真阅览和观看，并不时拍照记录。

离开中山图书馆和鲁迅纪念馆，一行人出发前往最后一个站点——“中共三大”会址纪念馆。这是一座三层建筑，队伍一行从负一层一直走到二层，眼前的展示资料丰富、翔实，呈现形式多种多样，阅览中就如同站在那些伟人的身旁，耳边响起那些慷慨之词和豪言壮语，一时间让人恍如穿越。

此次活动采取拍照“打卡”的形式，要求大家在参观过程中拍摄自己认为有意义的地方。同学们表示，在参观中深切体会到了在当时严峻的条件下，中共党员为实现共产主义抛头颅洒热血的奉献精神，他们将铭记先辈的苦难，积极学习、努力发展、艰苦奋斗，为实现中华民族伟大复兴的中国梦奉献自己的力量。

（教育学院　学工办）

支部党员合影

4月27日　四院联合举办“青春心向党·建功新时代”纪念五四运动100周年团日活动

4月27日上午，物电、地科、音舞、卫斯理安四院联合举办的“知行”青马班前往“团一大”纪念广场，开展“青春心向党·建功新时代”纪念五四运动100周年团日活动。

团日活动在重温入团誓词中开始，在团旗下，全体师生举起右手，庄严地重温了入团誓词，铿锵有力的誓词在广场里回荡。为了加深当代青年学生对五四运动历史意义和时代价值的认识，“知行”青马班有幸邀请到“团一大”纪念广场志愿驿站站长、党支部书记甘永乐同志担任青年导师，甘站长为学员们讲解团一大历史的同时，不忘勉励学员们：“要努力学习，勇做新青年，成为一个对社会有用的人。”

继承和发扬五四精神，是我们一代又一代有志青年的使命。本次团日活动首次采用线上直播的方式，观看人数超过1万人次；还现场采访了青马学员代表何雨东、物电学院团委书记王志杰、“团一大”纪念广场的志愿者们，让更多的人感受现场的氛围，了解当代青年对五四精神的理解和“团一大”纪念广场的历史由来。

今年恰逢中华人民共和国成立70周年，历史交汇形成新的起点，伟大事业呼唤再起征程。越接近实现中华民族伟大复兴的目标，就越需要广大青年紧密团结在以习近平同志为核心的党中央周围，树牢“四个意识”、坚定“四个自信”、做到“两个维护”，发扬五四精神，锐意进取、开拓创新，为实现中华民族伟大复兴的中国梦而不懈奋斗。

（物理与电子工程学院　学工办）

四院青马班学员在"团一大"纪念广场合影

4月28日　化学化工学院举办考研经验分享会

为了给同学们漫长而艰辛的考研之路指点迷津，4月28日，化学化工学院在文新楼召开了考研经验分享会。化院优秀学子讲述了关于考研的经验与体会。

备考期间，只有明确了考研之于自己的未来是否有必要或是能从中获取什么优势，才能确立考研的决心，端正认真复习考研的态度。对于想考取的目标学校和学科，应当第一时间尽可能地获取该校和该学科的信息，如目标学校的出题特色、教学内容与本校本科学习内容的出入等。只有第一时间掌握了准确的信息，才能有针对性地高效率复习，为考研做好充足的准备。

此外，同学们还提到，考研其实并没有想象中那么难，只要能够发现自身的长处，扬长避短，并且做好充分的准备，就有很大的机会能够考上。并且，在经过了那一段全靠自律撑过的日子后，意志力会得到很大的提升。

考研经验分享会的举办，为准备考研的同学们明确了考研的目标，帮助他们掌握了一些考研技巧、了解到了更多的考研信息，坚定了他们的考研信心。希望同学们能以积极乐观的心态迎接考研这一巨大挑战，在考研的道路上顺利前行。

（化学化工学院　学工办）

考研经验分享会师生合影

4 月 29 日　法学院赴桂花岗小学开展普法宣传活动

4 月 29 日，法学院实践部带领志愿者赴桂花岗小学进行普法宣传。小学生们正处于快速成长的阶段，大多数只有朦胧模糊的法治意识，但他们却是不法分子最容易进行侵害的对象，因此，对小学生进行普法宣传，增强其法律意识刻不容缓。

法学院的学生肩负着作为法律人的责任，将自己所学予他人、助他人、护他人是法律人的职责所在，通过开展普法宣传，可贡献微薄的力量。实践部在策划之时，考虑到小学生活泼好动，偶尔冲动意气用事的性格，便想设计生动有趣、贴近小学生生活、寓教于乐的活动方式。在跟小学老师充分沟通后，最终决定以主题班会、游园会、法律小品的方式举办活动。随后，实践部招募了一批有想法又能干，具有热情与奉献精神的志愿者，并与他们进行了数星期的小品排练。志愿者们则自己设计了以禁毒为主题的班会流程、教学 PPT 与讲话稿，又努力寻找能够最大限度融合法律知识的游园会游戏。尽管同学们会遇到排练不顺意，模拟教学不流畅，游戏存在漏洞等困难，但是大家仍然在学好自己课业的同时，努力克服困难。

此次活动圆满结束，收获了来自老师和学校的赞誉，同学们不仅提高了自己的知识输出能力，而且增强了小学生们的法律意识、提高了他们保护自己的能力。同学们表示，要建设一个法治强国，增强社会各群体的法律意识是基础，因而作为法律人的他们义不容辞。

（法学院　陈皓滢）

志愿者给小学生进行普法宣传

4月29日　工商管理学院召开新时代“五四精神”团学干部座谈会

4月29日，工商管理学院新时代“五四精神”团学干部座谈会于行政东楼614室召开，学院党委书记李芬和团委书记周云将团学骨干聚集在一起，以“五四精神”为主题，共同回忆历史，展望未来。

首先，李书记提到，五四运动是一场彻底的反帝反封建运动，五四精神在不同的时代背景下不断焕发新的生命力。她通过分享习近平总书记在中共中央政治局第十四次集体学习时强调的“四个讲清楚”，让在座团干们深刻理解了五四运动的深远历史意义。基于此，李书记提出了几点要求：工商学子们要审视自己的历史定位，拥有坚定的信念，做有志气、有担当的青年学子；既做好自己，也带好身边人，志存高远，心怀祖国，才能拥有大格局。

其次，学院学生会主席卓越以宿舍垃圾分类为例，表达了有担当就要从身边小事做起的观点。体育部部长林妙容结合自身担任团学干部等经历，认为应将好的精神和品质传递下去。新媒体副主任沈天琪则就“五四精神”中的“爱国、民主、进步、科学”提出了自己的见解。

最后周云老师在讲话中强调：大家既要明确时代使命，也要脚踏实地，学习好自己的专业，以身作则。

本次座谈会让学生明白，青年与国家的命运息息相关，因此有责任和义务将国家放在心里，将未来扛在肩头。愿中国青年脚踏实地，立鸿鹄之志，有一分热，发一分光！

（工商管理学院　彭璟怡）

李芬书记与青年团员干部座谈

4月30日　人文学院心理卫生协会“灵心巧匠，共饰驿站”活动顺利开展

4月30日下午，人文学院心理卫生协会“灵心巧匠，共饰驿站”活动于B8栋心情驿站顺利开展。活动中，协会成员围坐成一圈，桌面上摆满五颜六色的黏土。同学们一起动手，将原本平淡无奇的黏土捏出活灵活现、栩栩如生的形状，使整个心情驿站鲜亮起来。通过此次活动，心协全体成员感受到了创作的乐趣，彼此也在交谈中加深了友谊。

（人文学院　心理卫生协会）

协会成员在活动后合影

4月30日　广州大学科技辅导团物理与电子工程学院分团举行科技大使换届大会

4月30日下午，广州大学科技辅导团物理与电子工程学院分团（以下简称“科辅团物电分团”）举行了科技大使换届大会。学院党委书记陈泽龙、广州大学关心下一代工作委员会科技辅导团指导组组长余连德等老师，以及科辅团物电分团科技大使、科辅团物电分团全体成员参加了换届大会，众多指导老师和团员的到来，为科辅团物电分团注入了一股强大的科技指导力量。

首先，科辅团物电分团团长邓晓琪介绍了科辅团物电分团的组织架构和团内活动。秉承“以提高师范技能为主，以增强动手能力为辅”的理念，科辅团物电分团开展了出团活动、培训大会、青少年科技辅导技能大赛等活动，增强了团员们的知识储备和实践技能。随后，邓晓琪、陈玲姗两位团长表达了对科辅团物电分团未来发展的期望，希望团内成员更加团结协作，寻求与更多学校开展合作的机会。

余老师介绍了广州大学科技辅导团的基本情况，回顾了科辅团2018年的工作，并予以肯定。余老师勉励团员们在学好专业课的同时，也要积极参与相关科技活动，充实自己。

陈书记在总结中表示，希望科辅团物电分团坚持亮点工作，坚持办好科辅团的出团活动；利用好广州大学的优秀资源，以多种形式提升中小学生的科技知识，拓宽辅导范围，走向更多的科学基地、单位，将科学知识传播给更多的人。

（物理与电子工程学院　学工办）

科辅团成员与老师们合影

我们的大学

May 五月

5月2日 旅游学院新疆少数民族学生座谈会顺利召开

5月2日下午，旅游学院在文俊东楼406室成功举行了新疆少数民族学生座谈会。会议由旅游学院党委副书记刘绍东主持，院长张河清、副院长何向、党委委员肇博、学工办辅导员、少数民族办公室热比娅老师以及五位学生代表参加了本次会议。

座谈会师生留影

座谈会上，五位同学分别就自己的学习、生活、就业情况进行了分享。在老师和同学的帮助下，五位同学的专业课和实习都促进了他们对专业的认知，帮助他们更好地规划未来的职业生涯。他们纷纷分享自己下一年的计划，希望弥补自身不足，为未来的职业生涯发展做足准备。

张院长表示，从学校到学院，各个层面都十分关心新疆籍同学，期望通过这个座谈会了解同学们的困难，尽力帮大家解决。此外，他对在座的同学提出了三个要求：一是要在学习上更严格要求自己；二是要遵守学校、学院的规章制度，积极配合学院的专业实习、毕业论文等一系列工作安排；三是要严格遵守国家法律法规。

刘副书记对本次座谈会进行了总结。他向同学们表达了学校、学院对新疆籍同学的关怀，也对同学们所取得的进步和所克服的困难表示认可和理解，同时提出了三个希望：希望同学们成为德才兼备、有家国情怀、视野开阔的人，感恩于心，回报于行；希望同学们仰望星空，脚踏实地；希望同学们遵纪守法，为学弟学妹树立良好榜样。

本次座谈会的开展加深了师生之间的交流，愿来自新疆的少数民族学生在旅游学院度过美好充实而温暖的大学时光。

（旅游学院　刘绍东　马静　张翩　谢宁力）

5月4日　广州大学学子参与央视“五月的鲜花”文艺会演录制

5月4日晚，由中共中央宣传部、教育部、共青团中央指导，中央电视台承办的“五月的鲜花”全国大中学生文艺会演在北京举行，广州大学街舞协会18名演员和新闻与传播学院唐毓同学应邀参加晚会多个节目的录制，并接受央视《朝闻天下》节目采访。

街舞协会同学表演现场

唐毓同学

街舞协会主要参与音乐舞蹈类节目——《欢乐的演奏会》的表演录制。该节目由华南理工大学广州学院、西安电子科技大学和广州大学共 57 名同学合力上演，以街舞为主要表现形式，结合上海戏剧学院特别出演的木偶戏，并在流行舞蹈中融入交响乐元素，创意十足。观看晚会后，微博网友纷纷评论该节目兼具艺术性和趣味性，体现了大学生自由奔放的青春面貌，是整场晚会的一大亮点。同时，唐毓同学作为百所高校学生代表之一，参与了“成年宣誓”及《我们都是追梦人》《青春片段》《不一样的年代一样的青春》等八个节目的录制。

“五月的鲜花”全国大中学生文艺会演自 2001 年创办以来，于每年五月举行，是全国高校推进校园文化建设和素质教育的重要载体，被誉为全国青年人的“春晚”。今年会演以“我们都是追梦人”为主题，通过一系列富有艺术性、思想性和观赏性的文艺节目展示新时代青年学生的朝气面貌。广州大学学子此次登上央视舞台，是学校公共艺术教育成果的又一集中体现，充分展现了广州大学学生的自主学习和艺术创作能力，生动诠释了学校人才培养目标中“爱体育、懂艺术，能力发展性强”的广大特色。

（校团委）

5 月 4 日　环境科学与工程学院召开“五四精神，有我传承”纪念五四运动 100 周年主题座谈会

5 月 4 日 19 时，环境科学与工程学院在 B7 栋“五室一站”举行“五四精神，有我传承”纪念五四运动 100 周年主题座谈会。

会议伊始，大家共同观看了微电影《青春与祖国同在》。影片通过一幕幕经典历史场景，展现了一代代青年继承五四运动“爱国、进步、民主、科学”精神不懈奋斗的历程，引领在座的新时代青年树立远大理想、热爱伟大祖国、担当时代责任、勇于砥砺奋斗、练就过硬本领、锤炼品德修为。

观看影片后，李慧老师表示，一百年前的青年们用他们的热血与行动改变了国家的命运，希望大家像一百年前的青年们那样充满勇气和干劲，为国家发展而奋斗。

吴海威老师提出以下观点：青年人须具备批判精神，养成独立思考的习惯，培养批判思维。

肖杏烟副书记结合习近平总书记讲话中对青年的要求，劝勉大家：一是爱

国有理想，脚踏实地，在实际学习、工作中塑造自己的家国情怀；二是奋斗有担当，不怕苦不怕难，力求在工作中做到最好；三是修炼有本领，努力学好自己的专业知识，为生态文明建设贡献自己的绵薄之力。

最后，肖书记带领大家重温入团誓词与团歌。铮铮的誓言，让大家感受到了青春的活力与激昂；磅礴的歌声，让大家铭记青年的担当与使命。

（环境科学与工程学院　陈思畅）

与会人员合影

5月4日　马克思主义学院学生志愿者参与第125届广交会志愿服务活动

广交会——中国进出口商品交易会，是当前中国规模最大的会展，被誉为“中国第一展”，每年春秋两季在广州琶洲国际会展中心举行。本学期，马克思主义学院青年志愿者协会组织学院学生志愿者参与了第125届广交会的志愿服务活动。

在广交会开始前，志愿者们都需要参加志愿服务培训，如模拟用英文对话问路情景，如何正确穿着和交还志愿者服装。

5月4日，广交会志愿活动正式开始。为了能及时、更好地给所有慕名而来的客商提供力所能及的帮助和服务，所有志愿者早早地到达集合点。签到、发放志愿者装备、简单的岗前培训、分组站岗……一切都进行得有条不紊。虽然活动期间天公不作美，下起了小雨，但仍然无法阻挡志愿者们坚守岗位的热情。

在整个活动过程中，镜头记录了志愿者们认真参加培训、仔细做笔记的场景，记录了他们微笑解答客商问题的礼貌和友好，记录了他们热衷志愿服务的真心……志愿者们也从这一活动中收获颇丰。

（马克思主义学院　青年志愿者协会）

志愿活动结束后志愿者们大合影

5月5日　公共管理学院“第二校园”访学团访问云南大学

5月5—13日，公共管理学院“第二校园”访学团赴云南大学开展为期9天的访学活动。访学团由公共管理学院党委副书记何瑞豪、学工办刘志东老师、政府管理系助理教授李利文及14名品学兼优的学生代表组成。公共管理学院“第二校园”访学项目既得到学校的支持，又获得广东省公共管理教育综合改革试点项目资助，是公共管理学院专业教育综合改革实施的重点项目之一。

公共管理学院“第二校园”访学团重点访问了云南大学公共管理学院。访学期间，师生深入云南大学学生课堂，旁听了该校公共管理学院的本科生课程；参加学习讲座，聆听了该校校内外名师名家讲座；与该校公共管理学院师生举行座谈会，交流学生工作经验，搭建了两个学校、两个学院之间的友谊桥梁；参加了该校校园学生活动，感受该校丰富多彩的校园文化生活；组织参观该校校园，领略了该校深厚的校园文化底蕴。

访学活动结束后，师生们都表示收获颇丰。在云南大学访学的9天时间里，访学团成员加强了专业学习，结交了良师益友，拓宽了视野，明确了大学生涯奋斗目标，获得了一次意义非凡的人生体验。

（公共管理学院 “第二校园”访学团）

访学团成员合影

5月5日 化学化工学院师生赴厦门大学访学

在学校的大力支持和学院领导老师的有序组织下，化学化工学院赴厦门大学访学团于5月5日正式启程。

此次活动旨在为品学兼优的学生提供国内“双一流”学校学习经历，使其成长为不同专业、不同行业所需的创新型、应用型人才，提高人才培养质量。出发之前，访学团举行了多次筹备会议，促进各位成员互相认识并熟悉，齐心协力做好访学的前期准备工作，其中主要包括：全面了解厦门大学及其化学化工学院、收集并整理学习要点、准备所需物资、规划出行路线等。

访学团由带队老师李燕兴、指导老师韩东方和10名学生组成，将通过一周的访学活动，搭建两所学校之间学习交流的桥梁，促进双方发展，实现共赢。

（化学化工学院 赴厦大访学团）

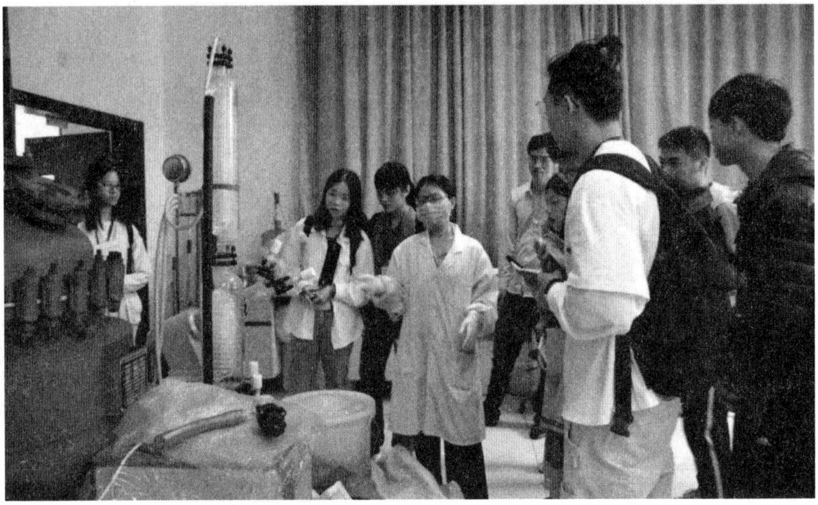

访学团参观厦门大学实验室

5月6日　广州大学举行五四红旗团委评比

5月6日，2018—2019年度广州大学五四红旗团委现场评选会在图书馆副楼五楼报告厅举行，聂贵新、郑美玲、聂衍刚等校领导出席并担任评委，另有各学院团委优秀学生干部应邀作为评比观众出席。

在经历了前期打分、众评投票等环节后，最终有10个学院团委进入现场评比环节。

各个入围学院团委在2018—2019学年紧密围绕学校党委和上级团组织的中心任务展开工作，扎实推进共青团的各项工作，取得了令人欣喜的成果。如经济统计学院团委围绕“新常态与新青年”这一主线，创新团组织工作，激发青年“新活力”；人文学院团委围绕“德才兼备、家国情怀、视野开阔，爱体育、懂艺术，能力发展性强”的人才培养目标，使青年学生在各项活动中完善自我、锤炼品格、服务社会。

在评比现场，各团委书记妙语连珠，金句频出，展现了学院风采。最终，经济统计学院团委、教育学院团委、人文学院团委、物理与电子工程学院团委、机械与电气工程学院团委、美术与设计学院团委与法学院团委获得“2018—2019年度广州大学五四红旗团委”称号。

本次活动既是一次评比，更是一场交流，各学院团委通过不同的方法方式，激发基层团组织的活力，各学生干部也从中学习到其他兄弟学院的好想法、好做法，在不断的学习中提高自身工作能力，提升学院各项工作的实效，为学校共青团工作奉献青春力量。

（校团委）

评选会工作人员合影

5月6日　生命科学学院组织优秀学子赴南开大学访学

为培养一批德才兼备、有家国情怀、视野开阔的高素质创新型学子，生命科学学院于5月6—9日组织访学团赴南开大学进行为期4天的学习交流活动，带队老师为刘吉升副教授、团委书记刘月华。

5月6日，访学团首先来到南开大学生命科学学院，与该院党委副书记李营和团委书记由佳就学生工作和校园特色活动进行交流，随后参观了存放各类精尖仪器的学院公共实验平台并参加了南开大学“百名青年学科带头人”的讲座。5月7日，访学团参观了天津市重要爱国主义教育基地——周恩来和邓颖超纪念馆。接着，访学团又参加了南开大学老师和优秀学生的座谈会，聆听了关于“生物学科”在线课程建设和互动教学分享的讲座。5月8日，访学团一行人走进南开大学教学大楼，旁听了该校生科院潘皎教授的微生物生理学课程，领略了传统授课和网络教学相结合的优势。5月9日，访学团来到“爱国奋斗、公能日新”南开大学百年校史主题展现场，深刻感受南开大学的百年奋斗历程，加强了爱党爱国爱校思想理念。

至此，生命科学学院学子赴南开大学访学活动落下帷幕。本次活动中，访学团成员始终展现出良好的精神风貌和学习态度，并从南开百年历史中领悟到，作为当代大学生，要弘扬爱国主义精神，传承“五四精神”，承担起新时代赋予的历史使命和时代责任，为实现中华民族伟大复兴努力奋斗！

（生命科学学院　学工办）

访学团成员在南开大学实验室合影

5月7日　法学实践教育新模式启用——模拟法庭

随着我国法学教育由注重理论教育向注重实践教育转变，模拟法庭作为一种实践性非常强的教学与活动模式，被广泛应用于现代法学教学中。有人说“法学教育不仅仅是单纯的知识传授和学术培养，而是一种职业训练”。的确，模拟法庭无疑能够弥补传统教学模式中的缺陷，为传统的法学教学模式开辟一条新路。

在此背景下，法学院团委、学生会学术部成功举办了模拟法庭活动。活动时间为5月7日、5月9日、5月10日，历时三天。活动内容为2017级各班级就某一法律案件进行改编并进行模拟法庭表演，由台下的法学院老师以及法律专业人士如检察官、法官、律师等进行打分点评，指出其优点与不足，最终评选出“最佳组织奖”

模拟法庭现场

"最佳法官""最佳公诉人""佳辩护人"以及"优胜班级"。

模拟法庭活动展现了法学院学生运用法学的能力和老师法学教研成果，有利于学生了解和掌握处理案件的方法和技巧，锻炼他们的理论知识应用能力、创造思维能力、事实认证辨析能力、案例分析能力、语言表达能力、协作应变能力、社会交际能力等。这些能力的提高不仅依赖于对相关法律知识的了解，而且依赖于对各种相关学科和知识的掌握和应用。

本次活动能帮助学生更好地理解课堂知识，同时通过老师以及社会法律界精英人士的点评，学生能够对如何将书本知识运用于实践有一定的了解，从而更好地理解当前法律的运用情况与困境以及当代法学生的任务与目标。

（法学院　李莉敏）

5月7日　旅游学院举办"志愿新彩，创益青春"大学生志愿服务创意设计大赛

5月7日晚，由旅游学院本科学生第一党支部、团委实践部及青年志愿者协会联合举办的"志愿新彩，创益青春"大学生志愿服务创意设计大赛总决赛在文清楼518室进行。本次活动邀请旅游学院学生党总支书记、本科学生第一党支部书记陈志明，会展协会会长戴金勇，青年志愿者协会会长高洁茹担任比赛评委。

此次比赛以室内路演的形式进行，分为八分钟展示与三分钟答辩。每个小组围绕项目内容的重点，从创新性、可行性、社会性等角度全面阐述，评委则根据公益项目综合介绍、实践情况及现场展示答辩表现进行评分。经过一番激烈角逐，旅游学院"志愿新彩，创益青春"大学生志愿服务创意设计大赛总决赛圆满结束。

志愿服务活动因创意精彩纷呈，创意在志愿服务活动中发挥了巨大作用。此次比赛提高了同学们参加全国"互联网+"大学生创新创业大赛的积极性，培养了同学们的创新精神，充分发扬了志愿服务精神，更好地体现了青年学生的责任与担当！

（旅游学院　陈志明　张晴　黄桐辉）

老师与参赛选手合影

5月7日　外国语学院本科生党支部举行“寻访优秀党员活动”成果汇报会

5月7日下午，外国语学院本科生党支部“寻访优秀党员活动”成果汇报会在该院党员活动室举行。学院副院长苏远连，党支部书记任洪蔚，辅导员黄顺婷、柳叶及学生党员参加了汇报会。

支部各党员纷纷就寒假期间的寻访活动进行汇报和分享。英语168班的麦芯羽同学在寒假期间采访了家乡的村支部书记麦青杰。通过采访，她了解到麦青杰同志不平凡的经历：先是入伍原北京军区空军某部队，后成为镇计生办统计员，现为村党支部副书记。在采访过程中，麦青杰同志提到，作为一名村委党员干部，要做到为村里办实事，大力发展新农村建设，带领村民致富；要建立健全各村村

汇报会现场

小组的领导班子，使乡村发展有带路人；要树立村民们的文化自信，传承粤西地区优秀传统文化。英语169班的洪巧凤同学分享了其在家乡寻访优秀党员吴光文同志时的所见所感：吴光文同志讲述了其入党历程以及他对新一代党员的要求和期望，并从新农村建设出发，谈到了作为党员、作为村委会干部应发挥的带头作用和作出的贡献。洪巧凤同学结合优秀党员事迹，从自身实际出发，提出无论身处何位，党员应该肩负起自己的历史使命和时代重任，做到“平常时候看得出来，关键时刻站得出来，危急关头豁得出来”。

本次活动旨在让学生党员放下课本，走出校园，走向社会，寻访优秀党员，了解其事迹，领会其精神，学习其行为，向榜样看齐。

（外国语学院　麦芯羽）

5月8日　人文、建院、机电“文墨青春，筑动年华”三院艺术团联合文艺晚会顺利举行

5月8日，人文、建院、机电“文墨青春，筑动年华”三院艺术团联合文艺晚会于学生活动中心顺利举行。

同学们在倾情演出

晚会以人文与建院舞蹈队合作的 *Holly High* 开场，炫酷劲爆的舞姿迅速燃遍全场。建院学子的吉他弹唱《安静》，唱出理科男的浪漫诗意世界。建院话剧《幕中无人》带来笑料百出的剧组故事。人文与机电器乐队合作的《茶底世界》与《违背的青春》提醒同学们即使遭受挫折、暂时蛰伏、身处低谷时期，也要不忘初心，勇往直前。机电舞蹈队的 *Street Funk Show* 带来含Breaking、Hip-Hop、Jazz等舞种的舞蹈盛宴。人文、机电及建院歌咏队合作的《经典之声》带来多首精彩动听的歌曲，致敬经典。人文哼哈话剧社《哼哈传·缘劫》告诉同学们应勇于追寻真爱。最后，晚会以机电与建院模特队合作的 *Clr* 结束。本次晚会有青春之歌，诉说着对未来的憧憬，亦有激情汗水，

跳动着青春的脉搏。

至此，人文、建院、机电“文墨青春，筑动年华”三院艺术团联合文艺晚会圆满结束。

（人文学院　Uni 艺术团）

5 月 9 日　《回家》舞剧首演圆满成功

5 月 9 日，由广州大学音乐舞蹈学院特聘教授黄蕾老师编导，舞蹈编导 152 班全体同学及 182 班 9 名同学参演的原创舞剧《回家》在广州大学演艺中心隆重首演。《回家》以农村生活为背景，通过讲述三名不同年代的农村女性围绕各自“家庭”“家园”所发生的故事，展现了中国农村 70 年来物质文明、精神文明发生的深刻变化。

舞剧《回家》剧照

《回家》是当代现实主义农村题材原创舞剧作品的重要尝试。区别于《白鹿原》《红高粱》等以文学作品改编的现实主义农村题材舞剧作品，舞蹈艺术创作者竭力观照当下农村现实生活，通过三段式舞剧故事结构，讲述了体现农村社会女性命运的时代主题的故事。

同学们在老师的指导下，从对人物形象的揣摩和刻画，到舞蹈动作的排练和拿捏，再到服装的设计与再加工，包括演出节目单的制作等，每一个环节都力求卓越，注重细节。这是音乐舞蹈学院毕业生首次以原创舞剧的形式作为毕业汇报演出，同学们从中学到了专业知识，锻炼了综合能力，并得到了观众的一致好评。

（音乐舞蹈学院　舞蹈系）

5 月 10 日　旅游学院 2018 级学生海南认识实习获实习单位好评

5 月 10 日，旅游学院 2018 级 134 名同学在 8 位指导老师的带领下，赴国际旅游岛——海南岛进行为期一周的认识实习。

在参观学习的过程中，旅游学院 2018 级同学们表现出浓厚的学习兴趣和求知欲，认真听讲解，积极向讲解员提问和参与专业实践体验活动。在公共场合，同学们遵守秩序，谦逊有礼，乐于助人。

特别值得一提的是，在入住酒店期间，同学们有序排队，文明就餐，在就餐高峰期主动收拾自己的盘子，更主动为工作人员提供帮助，受到现场国内外客人的点赞，获得酒店方的高度评价。酒店负责人对旅游学院学子称赞有加，认为同学们充分展现了当代中国青年的优良素质，展现了新时代大学生的风采，也展现了广州大学优良的校风和学风。同学们所展现的优良素质，得益于学校教育浸润，也得益于学院老师孜孜不倦的教诲。

认识实习是旅游学院学生专业学习的一次重要经历。希望全体同学继续秉承广州大学二十四字人才培养目标，珍惜时光、积极进取，努力锤炼本领，争做德才兼备、有家国情怀、视野开阔，爱体育、懂艺术，能力发展性强的新时代好青年。

（旅游学院　刘绍东　赵双双　吴静　李佳莎）

5 月 10 日　数学与信息科学学院开展“尚行伴我行，闪亮三公里”荧光夜跑活动

5 月 10 日傍晚，数学与信息科学学院尚行社与兰苑 5 栋“五室一站”以“绿色 · 健康 · 运动”为宗旨，以广州大学教学区与生活区的校道为跑道，联合举办了“尚行伴我行，闪亮三公里”主题荧光夜跑活动，让广大学子通过“慢跑 + 游戏”这一健康、有趣的运动方式放松身心、强身健体。

本次荧光夜跑活动在保证参与人员安全的前提下，既提供了一次让广大学子放松身心、激情运动的机会，又兼具趣味性。此次活动参与方式具有多样性，分为个人、双人、团体三种，在短短的三公里跑道中设置了“夹气球（24 点）”“呼啦圈”“踢毽子”“口算”以及“一起拍合照”5 个简单有趣的小关卡。

活动开始前，相关负责人认真准备物资，以应对活动中可能发生的意外事件，确保同学们的安全和活动的顺利举办。活动过程中，每个参赛同学手腕上都佩戴有各种颜色的荧光手环，随着他们的奔跑，荧光手环在朦胧夜色中不断舞动，展现出他们青春、活力的身姿。通过完成各种小游戏来过关，促进了同

学之间的友谊与默契。活动结束时，大家脸上都洋溢着快乐的笑容。

此次荧光夜跑活动响应了广州大学二十四字人才培养目标中的“爱体育”，提醒广大学子在认真学习知识的同时，也应留出足够的时间用来运动，从而保证自己更有效地学习、生活。

（数学与信息科学学院　尚行社）

5月12日　第九届“广大、华农”时政案例分析交流大赛举行

5月12日下午，由广州大学行政管理协会和华南农业大学行政管理协会联合举办的第九届“广大、华农”时政案例分析交流大赛在华南农业大学教三楼302室顺利举行。受邀的嘉宾评委有广州大学公共管理学院丁魁礼老师、刘建义老师和王洁老师以及华南农业大学公共管理学院朱正伟老师、何煜老师和王静老师。

各组选题新颖，紧扼时事热点。第一组从政府及村委等角色切入，对农村产业化模式下村民的“失语”现象进行深入剖析。答辩环节中，丁老师就麦克拉夫林互动模型的关联性提出考核。第二组采用相声的形式，从问题、分析和对策三方面演绎了农村殡葬改革中的困境。刘老师认为其理论框架较明确，但分析稍欠缺。第三组运用协同治理理论，挖掘长生疫苗造假背后的利益链条和逻辑机制，并呼吁社会力量参与肃正疫苗风气。接下来两个小组分别选择了看病难、食品安全引发舆论危机的经典案例，深入探究其成因并提出解决对策。最后一组选择“为村”热点话题，并就如何缩小城乡数字鸿沟提供可行性建议。

展示环节结束后，两校教师代表都表示，案例分析交流大赛的举办，为文科生锻炼综合素质提供了优质平台。与此同时，老师们建议参赛选手多研读有代表性的论文，掌握且灵活运用经典理论来分析时事。

本次案例分析交流大赛充分展现了公管学子的风采，为培养学生专业素养提供了极好机会，增进了两校师生的友好情谊。

（公共管理学院　学工办）

5 月 13 日　生命科学学院动植物野外实习顺利开展

草长莺飞的 5 月，是生命科学学院学子们最期待的月份，又是一年一度野外实习的好时光。

5 月 13—17 日安排的是植物学实习。学生们走过一条条广州大学校道，翻过白云山山岭，穿梭在大夫山森林公园、华南植物园之间，跟着老师的步伐认识生活中常见的以及躲在小角落生长的植物。虽然天气炎热，但能了解这些安静的生命，学生们脸上写满了兴奋和求知欲，他们的青春灿烂与植物的生机勃勃在炎日下交相辉映，格外耀眼。

5 月 20—24 日安排的是动物学实习。学生们来到实习基地的海边亲自拾贝类，紧握着捕虫网到丛林间捕捉昆虫并亲手制作标本，老师还带着学生们到海鲜市场认识基本的海鲜水产。

实习过程中，老师们不辞辛苦地照顾学生，指导学生学以致用。同学们收获了很多书本上难以获得的知识和宝贵的经验，增强了操作应用能力，有效提高了生物科学素养。

（生命科学学院　韩佳怡）

5 月 13 日　音乐舞蹈学院“第二校园”访学行

5 月 13—17 日，音乐舞蹈学院音乐学专业的 26 名同学在学院刘小燕副书记、何艳珊老师的带领下，前往首都师范大学、中央音乐学院开展为期 5 天的交流学习。

访学期间，访学团成员深入首都师范大学和中央音乐学院音乐学系课堂，旁听了“丰富的中国民歌”“印度尼西亚佳美兰乐队演奏与实践课”“印度尼西亚安格隆演奏课”“合唱”“西方音乐史”等专业课程。

首都师范大学的课堂专业理论性强、学生思维视角广阔；中央音乐学院的课堂教学深入浅出，学生专业素养高，带给访学团学子们不一样的课堂体验和深刻的专业学习感悟。

此外，访学团利用课余时间，参观了首都师范大学的图书馆、学生活动中心、音乐学院琴房楼，中央音乐学院的书店、琴房楼、歌剧音乐厅等校园基础设施，感受两大知名学府各具特色的校风和学风。在刘小燕副书记的组织下，访学团还观看了天安门升旗仪式，接受爱国主义教育，她强调新时代大学生要有责任与担当，要为国家作贡献。

此次访学意义非凡，学子们开拓了专业视野，体验了名校优良学风，结交了良师益友，受益匪浅，满载而归。未来音舞学子们将继续保持谦虚谨慎的心，珍惜与各大名校相互交流的机会，为促进自身的进步、提高自身的素质而不断努力！

（音乐舞蹈学院　陈倚晴）

访学团成员在北京西站合影

5月14日　广州大学第十六届校园文体艺术节之2019年“中华经典诵读”知识竞赛总决赛顺利举行

5月14日晚，广州大学第十六届校园文体艺术节之2019年“中华经典诵读”知识竞赛总决赛于图书馆讲学厅顺利举行。

本次大赛共有24位同学入围决赛。他们被随机分成8个小组，每个小组由3人组成，各小组依序进行比赛，每轮获胜者将获得下一轮比赛资格。决赛现场，来自各学院的同学尽显风采，用丰富的学识与独特的见解引得现场观众掌声连连。最后，经过三轮激烈比拼，比赛结果出炉。其中，谭婧萍同学获得冠军，余涵柔同学获得亚军，张莹莹同学、胡舒玥同学获得季军，吴艾婷同学、冯美瑜同学、卢辉源同学、林煜丹同学获得优秀奖。

此次比赛不仅传播了中华经典作品知识，还激励同学们阅读更多优秀经典诗词歌赋，提升自身人文修养与学识。

（人文学院　新闻中心）

比赛选手合影

5 月 14 日　广州大学励志课堂与你共赴一场英语和科技之旅

5 月 14 日，广州大学新长城自强社（广州大学勤工助学服务中心）29 名学生来到广州市从化区吕田中学，与该校近 200 名初一学生开展了以“科技创意串串烧，趣味英语快乐行”为主题的励志课堂活动，受到吕田中学师生的热烈欢迎和高度好评。

本次励志课堂活动分别在室内和室外开展。室内课堂里，自强社学生通过“认识科学”“英语趣配音”“科学小实验”以及“英语总动员”等活动，向吕田中学学生介绍了黑洞、航空母舰以及克隆技术等科学知识，引导孩子们发现生活中蕴藏的科学道理，学会观察探索身边的事物，并通过有趣的科学小实验和英语配音等吸引中学生们积极参与体验。室外课堂上，“气球运输”“照镜子”以及“运球接力”等丰富多彩的活动项目让孩子们乐此不疲，笑声此起彼伏，让他们体会到互相帮助、齐心协力的重要性。

广州大学已连续四年与吕田中学合作开展励志课堂活动，旨在通过室内课堂和室外游戏，向吕田中学学生传递正能量，引导他们积极向上，努力进取，同时也为在校大学生提供锻炼和成长的平台。

（广大学工）

自强社成员合影

英语趣配音

5 月 14 日　机械与电气工程学院举办团日活动评比大赛

5 月 14 日，机械与电气工程学院团委学生会组织部联合“五室一站”举办团日活动评比大赛。学院团委书记冯荣光老师出席本次活动，并对各团支部的活动展示做出评价和指导。

此次活动旨在加强各支部团员对班团一体化建设的深刻理解，帮助团员树立正确的意识，提高团员参与党团活动的积极性。活动中，各团支部积极踊跃参加，各团支部书记作为代表依次上台发言，对团支部所举办团日活动的意义进行介绍和总结。期望各团支部成员能够继续前进，严格要求自我，更加积极地投身到团的建设中来。

（机械与电气工程学院　团委组织部）

大赛成员合影

5月14日　广州大学第十六届文体艺术节之“时光机”微电影创作大赛首映礼顺利举行

5月14日下午，广州大学第十六届文体艺术节之“时光机”微电影创作大赛首映礼于文清楼107室顺利举行。

主持人宣布大赛开始后，12部微电影依次于大屏幕播放。其中，有提醒同学们珍惜时间及身边人的清新爱情故事——《夕拾》，有讲述青春烦恼并鼓励同学们勇敢面对生活的青春励志电影——《殇往希至》，还有纪念五四运动、传承五四精神的历史题材电影——《时光之旅，遇见百年辉煌》……这些微电影自由多样、异彩纷呈的表现形式，富有深意的故事情节，为现场观众带来了一场视听盛宴。观众深深沉浸在电影营造的氛围中，不时发出阵阵惊呼。

戏影系王晓通老师对此次比赛进行点评。他首先对参赛作品多种多样的表现形式及蕴含的深厚人文底蕴表示充分肯定，同时指出影片存在的不足，建议同学们加强拍摄技巧的练习，尽量还原现场，予人身临其境之感。此次大赛不仅体现出广大学子昂扬向上的精神风貌与人文风采，还激励同学们注重观察生活，创造更多精品。

（人文学院　新闻中心）

首映礼师生留影

5 月 14 日　生命科学学院开展“读原著、学经典、作表率”系列读书活动

为提高党员的思想觉悟和理论水平，加强党员的党性修养，5 月 14 日下午，生命科学学院生物工程专业学生党支部在“五室一站”党团活动室举行了学生党员先锋行动之“读原著、学经典、作表率”系列读书活动。

会议由支部委员胡仪同学主持，邀请学院党委书记陈筠为大家作红色经典书目《共产党宣言》导读。陈书记首先带领同学们观看了《共产党宣言为何吸引人》《理解马克思》《共产党宣言的味道》三个视频，并结合 PPT 展开讲解，引导党员同志了解学习经典的目的和意义，并深入阐述了马克思主义在中国传播的历程。其次，各位党员同志分享了自己对《共产党宣言》的理解和看法。最后，陈书记表示，党中央对马克思主义高度重视，鼓励我们去品读经典，提高自己对马克思主义的认识和理解。

通过陈书记的导读分享，同学们对《共产党宣言》有了进一步的认识和理解，对自身的发展有了更明确的方向。大家纷纷表示在今后的学习和工作中，会更加严格自己，全面提升自己的能力，努力做到把自身的发展融入中华民族伟大复兴的实践，肩负好新时代青年的使命。

（生命科学学院　学工办）

“读原著、学经典、作表率”系列读书活动现场

5 月 16 日　广州大学游泳队在广东省大运会夺得首金

5 月 16 日下午，广东省第十届大学生运动会游泳项目比赛在华南师范大学大学城校区游泳馆举行。本届广东省大运会，广州大学共派出 354 名人员参加甲组、乙 A 组、乙 B 组三大组别的田径、游泳等 11 个项目的比赛。广州大学经济与统计学院张裕君同学获女子甲组 200 米自由泳金牌，为学校夺得本届大运会首枚金牌。同时，人文学院麦子晴同学获女子甲组 100 米蛙泳银牌，体育学院姚豪烨同学获乙 A 组女子乒乓球单打银牌。

（体育学院）

颁奖现场

5 月 17 日　物理与电子工程学院举行 2019 届贷款毕业生会议

5 月 17 日下午，物理与电子工程学院 2019 届贷款毕业生会议于行政西楼前座 210 会议室举行。会议由负责学院资助工作的黄毓婵老师主持，9 名贷款毕业生参加。会议旨在加深贷款毕业生对还款知识的了解，加强贷款毕业生诚信教育，督促其按时还款，并掌握贷款毕业生的就业去向及联络方式。

会议主要讲解的内容包括：第一，国家助学贷款的相关政策和基本知识，包括借款期限、利息、利率、提前还款等；第二，学生在线服务系统的个人信息变更、毕业确认申请、提前还款申请及支付宝还款操作；第三，提前还款的办理流程及学校关于毕业前还款的激励政策；第四，诚信教育，包括个人征信系统、违约责任等。

会上，贷款毕业生们认真聆听讲解，黄毓婵老师强调了贷款学生严格履行还款义务的重要性，并与毕业生确定了毕业后固定联系人和本人联系方式。讲解结束后，所有与会的贷款毕业生现场填写了《还款确认书》，并现场完成学生在线服务系统中的个人信息变更以及毕业确认申请。

本次会议不仅使贷款毕业生明晰了国家助学贷款的还款流程，而且帮助学生牢固树立诚信观念，将诚信意识内化于心，外化于行。

（物理与电子工程学院　学工办）

黄毓婵老师讲解国家助学贷款还款知识

5月21日 师生“同唱一首歌”向祖国“表白”

“我和我的祖国，一刻也不能分割；无论我走到哪里，都流出一首赞歌……”5月21日下午，广州大学“我和我的祖国”“同唱一首歌”第五届学生校歌合唱比赛开幕，万名师生现场用歌声真情献礼中华人民共和国成立70周年，献礼新时代。伴随着《我和我的祖国》的旋律，全体师生挥舞着小国旗齐声共唱，比赛正式拉开帷幕。现场，师生们满怀激情，分别演唱了指定曲目《广州大学校歌》以及自选歌曲《我和我的祖国》《我的中国心》《爱我中华》《走向复兴》等，用歌声向祖国致敬。

校党委书记屈哨兵介绍，此次活动，全校共有3万多名学生、800多个班级以及各种学生社团参加。比赛采取“团支部—学院—学校”三级赛制，在全校范围内掀起了传唱校歌和红色歌曲的热潮。

为庆祝中华人民共和国成立70周年，广州大学接下来还将在师生中广泛开展“我和我的祖国”系列主题宣传教育活动，如“腾飞中国、辉煌70年”巡讲活动、“时代新人说——我和祖国共成长”主题演讲比赛、五四和七一表彰活动、“我和祖国共奋进”主题团日活动、红色主题暑期“三下乡”主题社会实践活动。学校将通过形式多样、内容丰富的主题教育活动，在师生中大力弘扬爱国主义精神，激励和动员广大师生不忘初心、牢记使命、砥砺前行。

（广大学工）

合唱比赛现场

5月21日　马克思主义学院在“广州大学2019年五四表彰大会”中荣获佳绩

5月21日，“广州大学2019年五四表彰大会”在演艺中心隆重举行，马克思主义学院捷报频传，荣获多项省级、校级荣誉，学院学生思想政治教育工作成果再创新高、再创辉煌。

其中，思想政治教育专业2015级1班团支部获评“广东省五四红旗团支部”；思想政治教育专业2015级1班龚利鑫同学获评“广东省百佳团支部书记”；思想政治教育专业2018级1班团支部获评“广州大学活力团支部”“广州大学五四红旗团支部”；刘悦等三人获评“广州大学优秀共青团干部”；冯楚贤等二人获评“广州大学优秀共青团员”。

2018年，马克思主义学院各级团组织和广大团员、团干部高举习近平新时代中国特色社会主义思想伟大旗帜，在学院党委与上级团组织的领导和指导下，围绕学校人才培养目标，坚持把服务青年学生的成长成才作为共青团建设的出发点和落脚点，不断增强团组织的凝聚力和战斗力，充分发挥了共青团组织作为党的得力助手和后备军的作用。此次多项荣誉的获得，是上级团组织对马克思主义学院共青团工作成效的充分肯定，今后学院将再接再厉，坚持锐意进取、奋发有为的斗志，不断加强团的基层组织建设，扎实做好团务工作，在平凡的工作中，作出应有的贡献。

（马克思主义学院　团委）

5月21日 经济与统计学院举办考研留学分享会

优秀学生分享考研经验

为帮助2016级、2017级同学在考研留学方面获得更多的经验，争取更大进步，经济与统计学院各系考研留学分享会于5月21日晚上在文新楼204室、文新楼223室两个分会场举行。会计系主任黄琼宇、会计学牛倩老师和辅导员林晓珊出席了本次会议。交流嘉宾为部分2015级考研成功、留学归来的同学。2016级和2017级同学积极参与，全场座无虚席，交流氛围十分活跃。

在会计系考研留学分享会专场，黄琼宇老师对2019届成功考研和出国留学的学子们表达了衷心的祝福，也希望2016级和2017级学生争取更大的进步。在分享交流过程中，会计151班王玉筱同学建议同学们要找准方向，做好前期的考研准备；会计154班周颖瑶同学分享了英国留学经历，提醒同学们要把握时间提升自己的硬实力……分享结束后，牛倩老师指出，学习是破釜沉舟的过程，如果选择了考研，就要无畏前方可能遇到的困难。既然选择了远方，便只顾风雨兼程。亲切的话语中满载对会计学子的鼓励及殷切的期盼。

在经济类统计类专业考研留学分享会上，辅导员林晓珊老师为同学们介绍了当下的考研形势，并鼓励同学们在考研路上坚定目标、坚持不懈。接着，金融153班林嘉纯同学阐述了“选好学校不如选对学校”的道理；经济152班朱文钦同学结合自己的考研经历，对真题的题型、分值作了介绍，干货十足……

通过这次分享会，同学们获得了一些新的感悟和体会，对于未来也更加坚定与自信。在优秀同学的带领和鼓励下，经济与统计学院学子将脚踏实地，积极进取，再创佳绩！

（经济与统计学院　陈茵）

5月21日　人文学院第十二届“明师杯”师范技能大赛顺利举行

5月21日，人文学院第十二届“明师杯”师范技能大赛于文清楼206室顺利举行。

大赛吸引众多同学前来观摩学习

经过初赛与复赛选拔，共有10位选手进入决赛。选手被分为三组，轮流进行7分钟模拟授课、2分钟情景问答与3分钟即兴演讲。模拟授课环节中，选手们授课风格各有不同，授课内容充实丰富，思路清晰。情景问答与即兴演讲环节中，选手们抽取题目并经过短暂思考进行回答。选手们从容不迫地表达自身想法，精彩的演讲与较强的应变能力赢得观众的阵阵掌声。比赛环节结束后，评委老师对选手表现进行了点评并提出建议。温小军老师提到教学课堂要展示教师特长，提高课堂教学吸引力。李芳清老师对参赛选手的表现给予肯定，同时提醒同学们重视专业基础知识的学习，避免授课过程中出现知识性错误。随后，禤健聪老师谈到选手应把握展示时间，演讲内容需简洁明了、重点突出。同时，他还鼓励参加师范技能校赛与省赛的选手们为学院争光。最后，孙廷林老师建议同学们加强专业知识、教育学理论及教学设计等方面的学习，争取更大进步。

本次大赛为人文学子提供了良好的教学技能展示平台，极大调动师范生学习热情，激发人文学子从教乐教情感，进一步提升了学子们的师范教育水平，有助于培养具有扎实教学技能与先进教学理念的优秀教师后备力量。

（人文学院　新闻中心）

5月23日　公共管理学院举行第一期榜样引航暨星级党员颁奖活动

5月23日，公共管理学院本科生党支部以“读懂中国——榜样引领前进，明灯指引方向”为主题，开展了第一期榜样引航暨星级党员颁奖活动。公共管理学院党委副书记何瑞豪、本科生党支部书记谢玲及党支部部分党员前往高志光老同志住处，聆听榜样故事。

学生党员和引航人高志光同志围坐一团，进行深入交流。高志光老同志分享了他在革命年代中的成长故事，谈及革命家庭背景与学生运动对他的熏陶和培育。1947年，他正式加入中国共产党，在党的领导下，经历了对敌地下斗争的锻炼和被敌人逮捕、坐牢的严酷考验，这让他毕生难忘，也使他逐渐成长为一名坚定的革命战士。中华人民共和国成立后，他听从党的召唤，接受光荣使命，一直从事青年团的组建和领导工作，并于1955年被评为全国青年社会主义建设积极分子。他指出，学校最根本的基础性工作就是培养人，要从教育出发，相信学生，培育学生成才。

不仅如此，高志光老同志还写下寄语，希望青年一代未来发展口径要宽，无论处在哪一行业和岗位，都要有实干精神，认真对待，努力奋斗，不忘初心，热爱祖国，为人民服务，随时接受党的召唤。

最后，高志光老同志为星级党员（德才之星、先锋之星、博学之星、文体之星、进取之星）颁发了荣誉证书，师生党员还一起合唱了《我和我的祖国》，祝愿国家繁荣昌盛，人民幸福安康。

（公共管理学院　本科生党支部）

高志光与学生党员分享交流

5 月 23 日　第十六届校园辩论赛圆满落幕

5 月 23 日，以“展理性睿智　铸智慧人生”为主题的第十六届校园辩论赛冠军赛暨颁奖典礼在图书馆副楼举行。土木工程学院辩论队获得冠军，人文学院辩论队获得亚军。

本次冠军赛，正方人文学院辩论队和反方土木工程学院辩论队围绕“自媒体时代，我们离真相更近了/远了”的辩题展开了激烈的辩论。正方结合时代现状和自媒体平台的优势，从多角度论述了相较于大众媒体时代，自媒体时代的我们离真相更近的原因。而反方则从更深入的角度，探讨真相的本质以及自媒体平台的弊端，来论述为什么自媒体时代我们离真相更远了。

在金句频出、字字珠玑的总结陈词环节中，反方展示了丰厚的文学底蕴，以“不识庐山真面目，只缘身在此山中”来比喻人们身处自媒体时代，以为真相触手可及的处境。正方则展现出极高的媒介素养，结合“南应”“重庆公交坠河”“咪蒙”等社会热点事件，据理力争，辩黑白曲折之理，论古今中外之事。

最终，经评委投票，反方土木工程学院辩论队以 15 比 6 的优势战胜了正方人文学院辩论队，摘得了本次冠军赛的桂冠，反方四辩夏星宇获得“最佳辩手”称号。至此，历时 51 天的广州大学第十六届校园辩论赛圆满结束。

（新闻中心　幸雨婷　杨亚晨　沈楠）

辩论赛现场

5 月 25 日　广州大学举办第十二届暑期兼职招聘会

5 月 25 日上午 9 点，由学生处主办、勤工助学服务中心承办的第十二届暑期兼职招聘会（以下简称“暑招会”）在我校图书馆前广场正式拉开帷幕。此次暑招会共有 56 个商家到现场招贤纳士，吸引了近 14 000 名学子前来应聘。

第十二届暑招会以“心有所‘暑’，期职未来”为主题，共提供了 120 多种共 2 000 多个兼职、实习岗位，以满足不同专业、不同层次应聘者的需求。此外，工资待遇较去年呈整体上升趋势，月工资为2 500 ~ 5 500 元，每小时工资为 15 ~ 30 元，其中家教类每小时工资为 60 ~ 150 元。

暑招会不向参会商家和应聘学生收取任何费用。在入驻商家进场前，勤工助学服务中心严格审核商家的资质，并与商家签订协议，要求商家为聘用学生购买用工期间的意外保险，同时确保学生在兼职、实习期间的各种合法权益，最终从 100 多个企业中精选了 56 个商家入驻。与此同时，到场的商家都充分肯定暑招会，他们认为能在这里招聘到合适的兼职人员，对我校学生的整体素质表示满意，并乐意为在校学生提供锻炼和提升自我的机会。

暑招会旨在为在校学生提供服务社会、锻炼自我、提升自我的校外勤工助学机会。此类活动的开展，有助于我校着力培养学生自强不息、创新创业的进取精神，把“扶困”与“扶智”“扶志”结合起来，全面推进教育部《高校思想政治工作质量提升工程实施纲要》提出的资助育人体系。

（广大学工）

招聘会现场

5月25日　土木工程学院“互联网+”参赛项目数量位居全校第一

邓思清老师带队参赛

5月25日，广州大学第五届中国“互联网+”大学生创新创业大赛校赛决赛在行政西楼二楼会议厅举行，全校31个项目进入决赛现场路演项目名单，土木工程学院6个项目入围，占全校总数的20%，其中5个项目斩获金奖。其中，罗甜恬同学的“Asquared新型胶凝材料——全球环保高性能建材领跑者”项目、林健颖同学的“双探头技术——建筑结构智能检测领航者”项目、陈涛同学的“生态混凝土的关键技术研究”项目、张小婧同学的“通感——气体检测传感器服务商”项目荣获创意组金奖。张亚飞同学的“乡村‘隔楼’——偏远农居地震安全的守护者”项目荣获公益组金奖。此外，杜柯同学的“BeeM——新型气凝胶泡沫混凝土”项目荣获银奖，陈栋同学的“大湾区云科”项目、彭厦同学的“天气旅行”项目荣获铜奖。至此，土木工程学院共取得5金1银2铜的历史最好成绩，实现了学院在历届“互联网+”大学生创新创业大赛中金奖数量的突破，金奖数量位居学校第一名，占学校金奖总数的50%。学院荣获“优秀组织”奖。

土木工程学院高度重视“互联网+”大学生创新创业大赛工作，将大赛与学生创新意识培养、创业能力培训、教育教学改革有机结合起来，认真组织、积极发掘创新创业项目，多次召开大赛组织工作会议，调动广大同学参赛的积极性和教师指导的积极性。本次大赛，学院共有104组项目参赛，参赛项目数量位居学校第一位。

（土木工程学院　团委）

5月26日　广州大学再捧“挑战杯”广东大学生课外学术科技作品竞赛“优胜杯”

5月25—26日，第十五届“挑战杯”广东大学生课外学术科技作品竞赛在佛山科学技术学院隆重举行。广州大学4项参赛作品喜获特等奖，以团体总分第三的成绩再次捧得“优胜杯”。

参赛队伍向领导们介绍作品

广东省副省长张光军、共青团广东省委书记池志雄等出席开幕式并参观作品展，他们与广州大学参赛团队亲切交流，肯定了学校创新创业工作的成果。校党委副书记聂贵新率队参加终审决赛，相关学院领导、团委书记、作品指导老师等一行40余人参与观摩指导。

本届“挑战杯”省赛，广州大学共报送30项作品，经评审委员会初审、复审，最终有27项作品入围终审决赛，参赛数量在全省高校中居第二。其中，哲学社科类作品12项，自然科学类和科技发明类作品共15项，涉及校内13个学院。历经15届的积淀雕琢，“挑战杯”省赛已走过30个年头，广州大学是省内较早参与“挑战杯”赛事的高校之一，在筹办“挑战杯”相关工作中不断取得进步、整体实力不断提升，走在全省乃至全国同类高校的前列，已连续十届成为“挑战杯”全国发起高校之一。

近年来，学校通过前端培育、中端实践、后端孵化，构建了完善的“三创”工作体系，取得了较大的成效。广州大学大学生课外学术科技作品竞赛先后获得全国奖项54项，省级奖项252项，其中全国特等奖1项、一等奖7项；省级特等奖36项、一等奖61项。“挑战杯”已成为广大学子成长成才、实现梦想的广阔舞台。

（校团委）

颁奖现场

5月26日　外国语学院英语拔尖创新人才实验班师生赴南京师范大学访学

5月26日至6月1日，外国语学院何爱晶和任洪蔚老师率领2017级英语拔尖创新人才实验班的8位同学前往南京师范大学进行访学交流。访学团一行受到了南京师大外国语学院的热情接待。访学过程中，该院安排了学术讲座、随堂听课、外语午餐会、师生交流会等丰富的活动。

5月28日，南京师大外国语学院院长严志军在化成楼为访学团师生开设主题为“语言学与人工智能”的学术讲座，介绍了该院概况及“世界文明”“神经语言学”“符号学”三大学术平台，讲述了人工智能的研究历史，并深入讲解了何为人工智能，人工智能语音识别系统如何为人类打开语言学与人工智能融合的大门。

5月29日，南京师大外国语学院院长助理许多副教授作了题为“关注翻译过程——中国文学外译的译者因素”的讲座。许老师介绍了译者模式，即“译入”与“译出”，其中“译出”模式鼓励中国文化“走出去”。随后，他强调了要关注译者身份。以《三国演义》的英译本为例，他指出译者身份在翻译前影响翻译动机和翻译文本、底本的选择；在翻译过程中影响译者注释的使用及演绎形象阐释的主观性。最后，他结合《推拿》的翻译过程，阐述了译者与作者的互动，提到翻译过程中容易忽略词语的原义，此时应鼓励译者从文化差异的角度进行求证。

此次是外国语学院 2017 级创新班的第二批同学走进名校课堂进行学习交流活动。两院教师对访学团学生的授课和指导激发了他们对语言学习的浓厚兴趣，为他们的语言研究提供了新的视角和切入点，开阔了他们的学术视野。

（外国语学院）

访学团成员与南京师大老师合影

5 月 27 日　教育学院“第二校园”访学活动圆满结束

5 月 18—27 日，教育学院由大一至大三共 10 名学生组成的访学团在辅导员张方超和李倩老师的带队下，前往北京师范大学开展为期一周的第二校园访学活动。本次访学围绕“博学笃行，行为世范”进行思想与文化的交流，在活动中践行广州大学二十四字人才培养目标，展现具有广州大学底色的学子风采。

在我院窦凯老师的带领下，访学团与北京师范大学的邢爱玲主任会面，了解后期课程和活动安排。访学团学生按兴趣爱好和调研计划，旁听所选课程，参加组会、活动并进行访谈、调研等。在北京师范大学谷沛嫱老师、我院李倩老师的带领下，学生参观了心理学部的心理学实验中心、创新创业教育中心和心理健康服务中心。在暖心箱庭体验活动中，学生释放情绪情感；组会讨论时，学生分享经验收获。

在我院南威治老师的引荐下，访学团参观了中国科学院心理研究所的“心理梦工厂”。该研究所的吴坎坎和李晓景老师介绍了梦工厂以科技为依托，科普心理学知识、体验心理学等功能。访学团成员还自主参与、体验了脑力控制下的“龟兔赛跑”、调节情绪状态的“放松荷花”等趣味仪器。

访学京师，砥砺前行。此次赴北京师范大学访学，拓宽了学生的视野，激发了学生的社会责任感、创新意识和科研精神。访学团成员在感受深厚的师范教育底蕴，接受难忘的思想洗礼和学术熏陶的同时，也必将博学之、笃行之，开拓进取，与时俱进。

（教育学院　学工办）

访学团成员合影

5月28日　由广州大学承办的广东省第十届大学生运动会篮球比赛圆满结束

5月28日，由广东省教育厅、广东省体育局主办，广州大学承办的广东省第十届大学生运动会篮球比赛（乙A组）迎来了收官之战。赛场上，运动员们尽情挥洒夏日激情，将历时5天的赛事推向高潮。最终，华南师范大学和广州体育学院分别获得乙A组女子项目冠军和乙A组男子项目冠军。

赛后，颁奖仪式在广州大学何世杰体育馆举行。出席本次颁奖仪式的有广东省第十届大学生运动会组委会副秘书长、省教育厅体卫艺处副调研员董业权，广东省第十届大学生运动会竞赛部副部长、广东省学生体育艺术联合会主席郭鼎文，广州大学副校长郭兴蓬，以及来自各参赛院校的领导和嘉宾。

本次比赛有来自全省11所高校的16支队伍共200多名运动员参赛。自5月24日开赛以来，每天进行8场比赛。经过40场比赛的激烈角逐，我校乙A组男队和女队分别取得了季军和第四名的好成绩。同时，我校获得篮球乙A

组男子项目“体育道德风尚”奖；我校教练员隋岩、郑汉获得“教练员体育道德风尚”奖；我校学生郑伟健、郭耀威、陈康均、林婷婷、李湘毅、黎宇丝获得“运动员体育道德风尚”奖。

（体育学院 任佳妮 张祖浪）

赛后留影

5月28日 广州大学举办2019年“身边的榜样”——考研优秀学生事迹分享会

为进一步营造人心向学的良好氛围，充分发挥广州大学学生先进个人的典型示范带动作用，引导和激励广大同学勤奋成才，5月28日下午，学校在图书馆讲学厅举办了2019年“身边的榜样”——考研优秀学生事迹分享会。

今年广州大学2019届毕业生考研初步统计情况：共7 507名毕业生，有1 873名学生选择报考研究生，报考率为24. 95%，截至5月24日，共有843人考上研究生，录取率为45. 01%，考研深造率为11. 23%。本次分享会旨在通过四位保研、考研成功的同学分享其心路历程，以提升同学们的考研热情，帮助同学们进一步认识考研、了解考研、参与考研，最终考上理想学校。

在分享环节中，来自地理科学学院的陈说同学和来自新闻与传播学院的赖新旖同学先后分享了她们的保研经历。陈说同学介绍说，学分绩点、学术论文、项目经验以及学校举办的夏令营活动等都很重要，要抓住每一个环节。她还给同学们推荐了学习小工具，以方便同学们记录自己的学习时间，强调要克制频繁玩手机的冲动，保持自律，严格要求自己。

考研优秀学子在分享经验

本次2019年“身边的榜样”——考研优秀学生事迹分享会是助力学生考研，提高考研深造率的重要举措，未来各学院也将结合学院特色及实际情况，陆续举办各学院的考研分享会，切实提高学生考研热情，提升考研深造率。

（广大学工）

5月28日　广州大学举办第三期校领导午餐会

5月28日中午，广州大学在菊苑饭堂举办了2019年第三期校领导午餐会。来自各学院的15名已考上研究生的毕业生代表参加了午餐会。吴开俊副校长，研究生院、学生处负责人在午餐会上与学生代表进行了互动交流。

会上，学生代表们围绕“助力学生考研，着力提高考研率”，结合自己的经历、经验，针对考研现状指出了存在的问题并提出了有益的建议。

化学化工学院2015级伍子婷同学目前已考取华南师范大学的研究生，她表示化学化工学院经常开展学术科研动员会议，学术氛围很浓，对提高学生考研热情很有帮助。物理与电子工程学院2015级汪爱玲同学目前已考取中国科学院上海天文台的研究生，她表示，有些院校的复试非常重视学生科研能力，物理与电子工程学

午餐会现场

院在学生大一大二的时候就安排其跟导师做项目，这对学生考研非常有帮助。土木工程学院2015级杨显昌同学目前已考取哈尔滨工业大学（深圳）的研究生，他表示，学生扎堆报考目标院校情况比较严重，这难免导致内部激烈竞争，建议学校能在学生报考研究生阶段多提供一些指导。

吴开俊副校长回应了同学们的问题及建议，同时也表达了对同学们的祝福，希望同学们能走得更好、更稳；要求同学们将做人做事放在第一位，多帮助其他人，学会团队协作。他还期望同学们有时间能多回学校看看，多关注学校的发展。校领导午餐会是校领导与同学们面对面交流的重要渠道，也是同学们参与校园治理的重要途径。

（广大学工）

5月28日　美术与设计学院举办2019届服装设计毕业作品汇报展

5月28日，美术与设计学院2019届服装设计毕业作品汇报展在广州大学图书馆举行。这是一场特殊的展演活动，是一次服装动态和行为艺术相结合的尝试，它虽然没有绚丽的灯光、音乐和T台，但是它的舞台是全国最大的校园单体图书馆，也是广州大学城标志性建筑之一。

出席本次毕业展开幕式的领导有学校党委书记屈哨兵，学校党委副书记聂贵新，学校纪委书记龚红，学校副校长郭兴蓬，学校图书馆馆长邓尧伟，学校教务处副处长韩伟宁，美术与设计学院党委书记吴宗敏、院长王丹、副院长贺景卫、党委副书记蔡琼生。

开幕式由书记吴宗敏主持，开幕式伊始，他对展览情况和学科情况作了简要介绍：此次毕业展是由服装与服饰设计和服装模特表演两个专业的学生共同完成的，展览分为动态和静态两部分，是同学们对自己四年学习成果的一次汇报，也是一次师生教学交流的展演。

学校党委书记屈哨兵在开幕式上致辞。屈书记高度肯定了美术与设计学院在学校“爱体育、懂艺术”的人才培养过程中所作出的成绩，对同学们获得的成果表示祝贺。他用殷切的话语表达了对同学们寄予的厚望，希望同学们能为广东省相关行业的发展、为广东省文化大省建设、为粤港澳大湾区的繁荣与发展贡献自己的力量。

（美术与设计学院　学工办）

屈哨兵书记等校领导与美院教师合影

5月28日　“四院联合青年马克思主义者培养工程”中期交流会成功举行

5月28日下午，广州大学在桂花岗校区科学报告厅举行了“四院联合青年马克思主义者培养工程”中期交流会。经济与统计学院赵梅岳老师、石红梅老师和法学院王文锐老师为学员们指出了之前的不足与未来的方向。通过相互交流，大家不仅检验了自身在学习过程中的收获与成果，更明确了今后学习生活的目标与动力。

从近代到当代，从认识到实践，青马学子一步一个脚印，不断学习和掌握党的理论和创新成果，了解社会生活，认识国家情况，武装头脑，提高素质，增强能力。在小组的轮番演讲中，青马学子以不同的主题展示不同的知识，通过相互交流学习，明白了马克思主义的发展历程，深化了班团一体化背景下仪式教育的研究，了解了当代大学生价值观……

青马学子参观团一大旧址

在深入学习和贯彻马克思主义理论的过程中，学员们明白了马克思主义的科学性和重要性，同时也深知，青年马克思主义者任重而道远。他们将不断深入社会实践锻炼，提高政治素质、理论水平、创新能力、组织能力，增强社会责任感，保持饱满的爱国热情，坚定马克思主义理想信念，高举中国特色社会主义旗帜，努力成长为中国特色社会主义事业的合格建设者和可靠接班人！

（法学院　吴可荻）

5月28日　工商管理学院大数据创新实验班开展“知行”活动

活动现场

5月28日下午，工商管理学院的“知行”活动如期举行。在市场营销系主任张魁峰和数据科学与管理工程系主任田泉的带领下，大数据创新实验班全员集结，前往天河富力盈泰广场DataStory公司（广州数说故事信息科技有限公司）开展企业参观调研。

通过该公司负责人及数据工程师的讲解，同学们了解到DataStory公司的公司理念，公司目前的发展状态，公司的人员构成，以及DataStory公司是如何通过全面精准的数据能力去打破数据边界，形成一站式的大数据产品服务的。同学们还了解到DataStory公司围绕“人—货—场—介”，为互联网行业、3C行业、零售行业和快消行业等行业的客户提供全面的解决方案，助力数据驱动智能商业决策。

“知行”，知是一种探索和学习，探索世界未知事物的本质，行是一种实践，将知的积累应用到现实世界的改造中。知与行不能分割，也不分孰轻孰重，只有两者相结合才能达到最优效果。此次活动正是将知与行相结合，带领同学们从书本走向社会，从理论走向实际，培养同学们对数据敏感的商业嗅觉。

（工商管理学院　陆建桦）

5月29日　音乐舞蹈学院叶梦凡获校园“十佳歌手”大赛冠军

广州大学第十六届校园文体艺术节之第十一届校园“十佳歌手”大赛历时三个多月，经过海选、复赛、线上投票等选拔环节，在5月29日落下帷幕，参与人数高达600余名，最终音乐舞蹈学院叶梦凡同学获得了冠军。

（音乐舞蹈学院　新媒体中心）

5月30日　广州大学举行“峥嵘七十载，同梦十七年”主持人形象大赛决赛

为丰富校园文化生活，激发广大学子对播音主持的兴趣，并为优秀学生提供媒体工作机遇，广州大学广播台连续十七年举办主持人形象大赛，为大学生们打造了一个追逐梦、享受梦、实现梦的舞台。

大赛选手合影

5月30日晚，广州大学第十七届主持人形象大赛隆重举行，各选手相约演艺中心，上演“神仙打架”。比赛第一阶段为“开场秀”，选手们依次上台进行个人特色表演，尽显个人魅力。第二阶段为“最佳搭档”，通过赛前随机组队，各个戏精小分队擦出激烈的火花，令人眼前一亮！第三阶段为“一对一比拼”，选手们展示了如何优雅地“怼”人，为时一分半钟的辩论过程，唇枪舌剑中尽显锋芒。第四阶段为“临场救急”，作为一名合格的主持人，临场救急的能力是必不可少的。面对各种突发状况，选手们拿出了他们的看家本领，征服了评委嘉宾和观众，赢得了属于他们的奖杯和掌声！

主持梦的实现，不仅需要满腔热血，更重要的是懂得把握机会。期待主持

人大赛能够越办越好，更多怀有主持梦的同学能够在这里大放异彩！

（校团委）

5月30日　广州大学职业发展教研室开展模拟面试活动

同学们在模拟无领导小组讨论

5月30日下午，广州大学职业发展教研室组织电子商务专业的大三学生在文新楼511室采用无领导小组讨论的方式模拟面试。无领导小组讨论是当今面试中经常使用的一种测评技术，其采用情景模拟的方式，通过给一组考生一个问题，让考生们进行一定时间的讨论，从而考查考生的能力和素质。

在模拟面试开始前，指导老师将全班分成若干个8—10人小组，另外抽选两位同学与老师一起作为面试官，其他同学则作为面试者。模拟面试开始后，老师将事先准备好的试题分发给每位面试者，大家有10分钟时间阅读题目并组织答案；其后，面试者在组内轮流发言，陈述自己的观点；接着，进入激烈的讨论环节，此过程一般为30—40分钟，面试者须在组内达成统一意见，并派代表总结陈词，模拟面试至此结束。在此过程中，两位面试官同学与老师分别在模拟面试评分表上对每位面试者的表现进行评分，评分标准包括组织协调能力、口头表达能力、辩论能力、说服能力、情绪稳定性、人际关系处理、非语言沟通能力等。面试结束后，老师邀请面试者发表模拟面试的感受与收获，同时邀请两位面试官以旁观者的角度评价各位面试者的表现，最后老师对各位同学的表现进行评价，并总结面试技巧。

一个学期以来，职业发展教研室已在多个专业中开展无领导小组讨论模拟面试的有益尝试，接受训练的同学纷纷表示，模拟面试能更好地锻炼自己的沟通表达能力和组织协调能力，有利于他们为即将到来的应聘求职作充分准备。

（职业发展教研室　周子乔）

5月30日　物理与电子工程学院访学团前往南京大学开展“第二校园”访学活动

5月30日至6月4日，物理与电子工程学院“第二校园”访学团在南京大学开展了访学活动。访学团由学院党委副书记李燕冰、物理系教授张艳阳、辅导员王志杰及12名学生代表组成。

访学团一行到访南京大学鼓楼校区的物理学院，深入学生课堂，旁听了本科生课程，与物理学院师生举行座谈会，与南京大学名师名家访谈，参观了南京大学校史博物馆、固体微结构物理国家重点实验室和南京大学声学研究所，体验南京大学深厚的校园文化底蕴，领略了南京大学的大学精神，收获颇丰。

访学团此行得到了南京大学物理学院的热情接待。南京大学物理学院党委副书记鞠艳，团委书记王玉婷，辅导员王寅龙、袁紫燕、蒲婧翔及学生代表与访学团成员进行了交流座谈。鞠艳副书记向访学团介绍了南京大学的校情，特别是“诚朴雄伟，励学敦行”的校训精神以及南京大学物理学院的建院历史、发展历程。会上，双方就学科建设、本科生培养机制和毕业生深造、就业等问题展开交流。访学团成员旁听了南京大学物理学院的“数字信号处理实验”“热物理基础”“量子计算”等课程。

通过南京大学“第二校园”访学之行，访学团成员加强了专业学习，开阔了眼界，结交了良师益友，获得了一次意义非凡的人生体验，也使学院在人才培养、学风建设、学生工作等方面积累了丰富而宝贵的经验。

（物理与电子工程学院　学工办）

5月31日　广州大学获省大运会甲组团体总分一等奖

5月31日下午，由广东省教育厅和广东省体育局主办的广东省第十届大学生运动会闭幕式在广东外语外贸大学大学城校区举行。

本届运动会，广州大学代表团由副校长郭兴蓬担任团长，共派出24支运动队、354人参与田径、游泳、武术、篮球、排球、足球等11个竞赛项目奖项的角逐和科学论文报告会的评选。广州大学还承办了大运会乙A组篮球比赛。在本届运动会上，广州大学运动队交出了一份令人满意的答卷：获得7金9银17铜共33枚奖牌；获甲组团体总分一等奖、乙A组团体总分二等奖、乙B组团体总分三等奖，同时获得“体育道德风尚奖代表团”和“优秀赛区奖”

荣誉，取得竞赛成绩和精神文明双丰收。

本届省大运会历时 26 天，由中山大学、广州大学等 13 所高校分别承办 11 个运动项目的 40 个大项、487 个小项的比赛。全省 133 所高校派出 1 025 支队伍参赛，其中，本科院校 62 所、专科院校 71 所，参赛运动员 11 600 余人、教练员 3 500 余人、裁判员近 1 000 人、各代表团团部人员 1 000 余人，总人数超过 17 000 人。有 25 人 37 次打破 28 项省大运会纪录。本次大运会的主题为"团结、奋进、文明、育人"，充分展现了举办大运会的初心与运动场上不可或缺的精神。

（体育学院）

获奖选手与郭兴蓬副校长等领导合影

我们的大学

June 六月

6月2日 “循迹海丝之路，追惜海贸繁华”——教育学院本一支部开展主题党日活动

支部党员在省博前合影

根据团中央、团省委和学院党委的部署要求，弘扬新时期大学生精神，响应国家“一带一路”倡议，引导青年坚定“道路自信”和“文化自信”，自觉将个人发展与祖国、民族的发展统一起来，积极投身建设中华民族伟大复兴的中国梦，教育学院教育学院本科生第一党支部于6月2日下午，在广东省博物馆开展“循迹海丝之路，追惜海贸繁华”主题党日活动。教育学院本科生第一党支部书记李倩、党员、入党积极分子参加了本次活动。

支部成员前往广东省博物馆参观“大海道——‘南海Ⅰ号’沉船与南宋海贸”展馆。此展馆精选“南海Ⅰ号”最新发掘文物400余件，通过文物展览、实物模型、纪录片播放等方式，生动展现了南宋时期海上丝绸之路的繁荣，折射了古人的智慧之光，讲述了今人保护水下文化遗产的努力。支部成员认真观看，细心聆听，在感受南宋时期海上丝绸之路繁荣的同时，感慨如今发达的科学技术给观众带来的更为直观的视听体验。

支部成员领略了“南海Ⅰ号”的震撼，各式各样的铁器、瓷器、金饰等文物让他们目不暇接，他们惊叹于南宋文物的精美，惊叹于当时海洋贸易的发达，也惊叹于我国现代化的水下考古技术。支部书记李倩表示，此次活动加强了支部成员的凝聚力，使他们提升了整体文化素质，增强了民族自信心和自豪感。她勉励支部成员把握“一带一路”建设的契机，练好本领，以实际行动积极投身于中华民族的伟大复兴事业。

（教育学院　学工办）

6月3日　人文学院举行2019届贷款毕业研究生会议暨诚信教育活动

6月3日下午，人文学院2019届贷款毕业研究生会议暨诚信教育活动于文新楼422室顺利举行。

师生交流

首先，学院资助工作负责人韩宝玉老师发表讲话，以花呗等网上贷款平台还款为例，提醒同学们牢记归还贷款金额及日期，切勿因延期还款而影响个人信誉，给自己带来后续不良影响。其次，韩老师大力号召同学们根据自身情况积极提前还款。然后，人文学院学生会勤助部的干事向人文学院2019届生源地助学贷款毕业研究生详细介绍了还款确认书的填写要求，提前还款、还款计划变更的办理流程，以及还款流程等事宜。

会后，韩老师及勤助部干事详细地指导同学们填写还款确认书，并耐心为同学们答疑解惑，确保其能够顺利完成系统填报工作。

（人文学院　学工办）

6月4日　教育学院举办“教师应不应该拥有管教权”辩论会

2019年4月，广东省司法厅官网公布《广东省学校安全条例（草案）》，首次对中小学教师的管教权进行了明确——学校和教师可依法对学生进行批评教育甚至采取一定的教育惩罚措施。但因并未对“教育惩罚措施”的程度、范围和方式进行明确规定，草案引起社会各界的广泛热议。在此背景下，广州大学教育学院小学教育171班围绕“教师应不应该拥有管教权”这一话题开展非正式辩论会。广州大学副校长吴开俊及教育学院党委书记麻彦坤、副书记陈宇红、辅导员陈毅光参加了此次活动。

本次辩论会分为开篇立论、论证辩驳、听众发言、总结陈词和老师点评五个环节，环环相扣，层层推进。双方辩手准备充分，紧扣辩题多角度提炼自己的观点，展开激烈的思想碰撞。听众踊跃参与，各抒己见，观点呈现多元化。

辩论会现场

点评老师以辩题选择的背景为切入点，充分肯定此次辩论会锻炼了同学们的逻辑思维能力和语言表达能力，增强了班级同学之间的沟通交流，提升了班级凝聚力，展现了班级团结协作、奋发进取的良好精神风貌。

吴开俊副校长对同学们深入思考、条理清晰、语言流畅的表达表示赞赏，指出此次班会活动关注教育政策，抓住教育实践过程中的现实话题，以辩论形式引导学生搜集资料素材、探讨教育热点问题、增长社会见识，是一次成功的活动；同时指出，在辩题的背景、原因以及政策的连续性方面，同学们可结合专业作进一步深入的探讨与阐述；此外，他还勉励教育学院学子有效利用学校提供的资源，期待班集体有更多精彩的活动呈现。

（教育学院　学工办）

6月5日　环境科学与工程学院开展世界环境日“熄灯一小时”活动

6月5日是世界环境日，为响应“保护同一个家园”的号召，环境科学与工程学院在梅苑7栋“五室一站”开展世界环境日熄灯一小时活动，以及《重返地球》环保电影鉴赏。

“关掉我们的电灯，点亮我们的未来。”本次活动用一个小时的短暂黑暗，换来更多的绿色和光明。熄灯一小时虽不会对全球变暖产生明显影响，却能成为同学们环保思想的催化剂，催生同学们思想及行为上的变化。

《重返地球》是一部以生态环境保护为主题的电影，它在给人带来视觉和听觉享受的同时，让同学们了解到真实的生态以及它潜在的问题，从而让同学们对环境问题有了正确的认识，更好地树立环保意识。

（环境科学与工程学院　学工办）

6 月 11 日　广州大学在市属高校大学生第八届“中华经典诵读”竞赛中获佳绩

6 月 11 日，广州市属高校大学生第八届“中华经典诵读”竞赛颁奖活动在广州广播大厦举行。广州大学在本次竞赛中共有 11 名同学获个人奖一等奖，7 名同学获个人奖二等奖，1 名同学获个人奖三等奖，并荣获团队奖一等奖。

广州市属高校大学生“中华经典诵读”竞赛颁奖活动以中华经典、中华优秀传统文化为依托，比赛内容涵盖名著、民族音乐、民族戏剧、国画、书法、礼仪思想、名胜古迹、传统习俗等，涉及的文篇体裁有古诗、词、曲、赋、古文等。自 2012 年至 2019 年，广州市属高校大学生“中华经典诵读”竞赛已连续举办 8 届，参赛学校由原来的 9 所高校发展到如今的 11 所高校，影响了 20 多万大学生。在广州市教育局的大力支持下和市属高校的积极参与下，该竞赛已经发展成为广州市经典阅读推广活动的品牌项目。

本届竞赛活动由广州市教育局主办，广州大学和广州广播电视台、广州新闻电台 FM96. 2、花城 FM 共同承办，旨在深入学习贯彻习近平新时代中国特色社会主义思想和党的十九大精神，落实全国教育大会精神，庆祝中华人民共和国成立 70 周年，引导广大青年学生厚植爱国主义情怀，传承和弘扬中华优秀传统文化，推进“广州读书月”活动。竞赛吸引了来自广州大学、广州医科大学、广州航海学院等 11 所高校的学子参加。竞赛于 4 月 23 日启动，6 月 6 日结束，历时一个半月，最终评选出 120 个优秀选手和 9 个优秀团队。

（图书馆）

颁奖现场

6 月 11 日　“绽放青春之花，不负彩色年华”——两院联合举办彩色跑活动

6 月 11 日，数学与信息科学学院和计算机科学与网络工程学院两院联合举办了激情四射的彩色跑活动。

作为数院第一届“闪耀热火青春，细数璀璨星光”体育节的收官活动，两院联合彩色跑备受大家的期待。彩色跑活动吸引了不同学院热爱跑步的同学参加，还包括两院的许多老师，大家热情高涨，在活动开始之前就早早地在何世杰体育馆等待。

伴随着礼炮声的响起，一百余名师生纷纷冲出起跑线，沿着活动路线开始前进。途中还有“跳大绳猜歌”“挤破气球”“你喷我挡”的小游戏，不仅考验大家的默契，还为跑步增添了不少乐趣。大家乐在其中，在校园的林荫道上奔跑着、感受着穿过树叶间隙的温暖阳光，环校路也因此别有一番韵味。

彩色跑的亮点当然是色彩，每个游戏完成后，老师和同学们都会被喷上无害无污染的不同颜色的玉米粉，大家都慢慢变成了“小彩人”，成了学校的一道风景线。大家在跑道上获得快乐，在漫天绚丽中寻找更多生活和学习的色彩。

活动结束后，大家期待以后可以写下更多多彩故事，让大家更享受运动、更热爱生活。

（数学与信息科学学院）

师生合影

六月

6月11日　刘耀光院士为广州大学师生作学术报告

刘耀光院士在作学术报告

6月11日，由生命科学学院承办的第38期广州大学“名师大讲堂”，邀请中国科学院院士、教育部“长江学者”特聘教授、华南农业大学刘耀光研究员，为生科院师生带来了一场主题为“杂交稻育性控制的分子遗传基础”的高端而精彩的学术报告。报告会由学院田长恩院长主持，学院师生以及校内其他学院师生共200余人参加。

刘耀光院士团队几十年专注于“杂交稻育性控制的分子遗传机制”研究，在植物功能基因组和水稻重要育性基因的克隆与分子机理研究等领域取得了重要的学术成就，学术水平处于国际领先地位。

虽然本次的学术报告会水平顶尖，但刘耀光院士却把它讲得像一堂本科生的课程，通俗易懂且专业严谨。他尽可能让不同专业、不同水平的师生都能听得懂，都能够学到东西。杂交稻育性控制的分子遗传机制相关知识体系非常庞杂且晦涩难懂，讲得深入浅出实属不易，由此也可以看出这个报告凝结了刘院士大量的心血，经过了精心准备。

在5分钟提问环节中，老师和同学们提出了很多“尖锐”的问题，从自然科学、社会伦理和经济效益等角度与刘院士进行了深入讨论。

（生命科学学院　学工办）

6月11日　“我和我的祖国”广州大学学生艺术团第三届成果展演暨第十六届校园文体艺术节圆满落幕

6月11日晚，“我和我的祖国”广州大学学生艺术团第三届成果展演暨第十六届校园文体艺术节闭幕式在演艺中心举行。校党委书记屈哨兵，副校长郭兴蓬、吴开俊和师生共同观看了演出。

学生们在倾情演出

广州大学学生艺术团由学生艺术团管弦乐团、合唱团、话剧团、舞蹈团、啦啦队、龙狮队和新疆民族舞蹈队组成，其作为学校公共艺术教育的主力军，近年来在各类国家级、省级艺术展演中多次斩获大奖，辐射带动上万名非专业学生走近高雅艺术。

本届校园文体艺术节以“筑梦新时代，文体展风采”为主题，涵盖了“经典百书导读”系列讲座、十佳歌手大赛、主持人大赛、五四表彰暨“同唱一首歌”校歌合唱比赛等校园文化品牌活动四大板块，共计 22 项子活动。文体艺术节历时 3 个多月，活动开展 116 场次，覆盖 2 万余名学生，集中展现了我校学子“爱体育、懂艺术”的青春风采，成为有品质校园生活的一道亮丽风景线。

（校团委）

6 月 12 日　公共管理学院举办 2019 考研保研经验分享会

6 月 12 日，公共管理学院“回归学堂”系列第 4 讲之考研保研经验分享会顺利举行，特邀考研、保研成功的优秀毕业生为同学们指点迷津。

被北京大学录取的林倩莹认为，选择考研时，尤其是想要考一个比较好的学校时，就需要学会取舍，全身心投入备考。能通过初试进入面试阶段的人的实力水平都相差无几，面试的时候，考官更看重科研能力，更关注考生阅读过多少与专业相关的文献，以及是否将理论运用到科研中。

保研到暨南大学的王文巧认为，保研首先是需要早做准备的，时间节点尤为重要，其次是要在申请保研前就让自己逐步具备保研的条件。保研更看重的是一个人的综合素质，既要有综合实力，又要注重内在品质。

被复旦大学录取的吴梦鑫提醒同学们，要充分利用暑假黄金期全力备考，要注重梳理脉络，制定并严格遵循计划表；摆正心态，注重劳逸结合，坚持奋斗到最后一刻。

保研到中国人民大学的张依依建议同学们要做好规划，并针对自己的目标了解相关信息、准备材料；平时要做好准备，如保持高绩点、关注热点、提高分析能力等；要以考研的心态参加保研，在学有余力的基础上积极开展学术研究。

最后，学院团委书记付艳期望同学们学好英语，做好规划，保证效率，学会坚持，保持信心。愿同学们在考研路上披荆斩棘，勇往直前。

（公共管理学院　学工办）

活动成员全体合照

6月13日　土木工程学院举办"第二校园"访学成果展

6月13日晚上，土木工程学院"第二校园"访学成果展在文清楼210室举行。学院团委书记黄元丰、访学团成员以及2017、2018级部分同学参加。

黄书记从学校"德才兼备、家国情怀、视野开阔，爱体育、懂艺术，能力发展性强"的高素质创新型人才培养目标的角度，围绕大学生如何成为视野开阔的高素质创新型人才的问题，强调了学校"第二校园"访学项目的实施背景和现实意义，介绍了本次赴天津大学"第二校园"访学的报名选拔、实施过程、主要内容等基本情况，简要介绍了这批同学在天津大学的访学、学习和交流情况。

访学团团长冯鑫同学向大家讲述了此次访学过程和收获，还简单介绍了天津大学的历史背景、特色建筑等。其他访学团成员也纷纷进行了访学感想分享：他们参观了天津大学图书馆，徜徉于设备齐全、环境良好的馆舍。他们聆听了天津大学规格最高的讲座“北洋大讲堂”之刘经南院士专场。他们在天津大学校史博物馆，品读天津大学的前世今生；流连于充满人文气息又蕴藏着丰厚历史底蕴的五大道、西开教堂和津门故里。他们看到了天津大学老师与学生的专业性与前沿性，感受到了天大学子的自律与刻苦，感受到了他们充足的知识储备所带来的由内而外的自信，更感慨于他们身上求知若渴的态度，深感其上进心强、志存高远。

参与访学项目，能看到自身与他人的差距，激励自己。“见贤思齐焉”，良好的环境能让人变得更好。访学归来的同学们将更加努力学习、励志奋发有为，建功新时代。

（土木工程学院）

6月13日　美术与设计学院第六次团员、学生代表大会胜利召开

6月13日，美术与设计学院第六次团员、学生代表大会在图书馆一楼讲学厅隆重召开。

校团委副书记周臻高度肯定了美术与设计学院在贯彻落实上级团委和学校党委的工作布置和要求中所作出的优异成绩。

校学生会副主席赖倍平对我院学生会工作在遵循贯彻校团学工作、举办各类品牌活动、丰富大学生课余生活等方面卓有成效的贡献表示诚挚的感谢。

学院党委书记吴宗敏立足学院实际，对学院的青年学生和团学工作提出了三点新要求。

嘉宾领导发言完毕后，主持人通报2018—2019年度团会费用收支情况，青年学生、团员代表团审议通过。

学院团委书记马浩作工作报告，汇报学院团委在全面提升思想政治教育水平、增加团委自身建设能力和推进实施主题实践活动方面取得的成绩。

大会审议通过了第六次团委学生会工作报告、委员选举办法，以无记名投票方式进行民主选举。

大会计票期间，学院党委副书记蔡琼生作大会总结讲话。蔡书记对即将完

成使命的第五届团员、学生代表表示感谢，并对即将选举产生的新一届代表表示祝贺。

大会最后选举产生了马浩、王威等 7 名共青团委员会委员和王琦、叶浓等 15 名学生委员会委员。

（美术与设计学院　学工办）

全体代表合影

6 月 13 日　广州大学举办学生艺术团管弦乐团普及音乐会

6 月 13 日，2019 年广州大学学生艺术团管弦乐团普及音乐会在演艺中心隆重举行，师生代表共 700 余人一同欣赏了这台阵容强大的表演。

本场音乐会由学生艺术团管弦乐团倾情演出，由第七届中国音乐“金钟奖”“最佳作品奖”获得者罗中允、管弦乐团常任指挥黄雨加、管弦乐团指导吴滢、优秀校友祝宇航、学生指挥梁其伟担任演出指挥，并邀请了音乐舞蹈学院唐馨副教授、唐颖老师担任钢琴伴奏嘉宾。

广州大学学生艺术团管弦乐团是一个拥有完整音乐培养梯队的非专业学生艺术团体。现已发展成两个管乐团、三个弦乐团和一个管弦乐团，目前在团人数超过 200 人。乐团自 1999 年成立至今已有 20 年，为社会直接或间接培养了 3 700 余名非专业艺术人才，并通过各种表演带动 25 000 余名学生接触高雅艺术。

（校团委）

演出现场

6月14日　广州大学作为广东省首批中华优秀传统文化传承基地参加交流活动

6月14日上午，广东省高校美育工作现场交流活动在华南师范大学大学城校区音乐厅隆重举行。此次活动由广东省教育厅主办、华南师范大学承办，来自134所高校的500余名代表参与。广州大学作为我省首批10个中华优秀传统文化传承基地之一参加了现场的交流活动，广州大学音乐舞蹈学院副院长刘瑾教授及社会音乐系主任黄颖仪教授、杜帅黎老师带领音乐舞蹈学院民乐团的35位同学代表广州大学进行了成果展示，展现了广州大学美育工作的特色成果。

广州大学音乐舞蹈学院十分注重岭南本土音乐的传承，广东音乐更是音乐舞蹈学院的品牌项目。自广东省中华优秀传统文化基地“粤乐—广东音乐”落户广州大学以来，音乐舞蹈学院多次开展广东音乐的活态传承与研究活动，在课程建设、社团建设、工作坊建设、广东音乐研究、舞台实践等方面均收获了丰硕的成果，达成了“系列课程拓视野、原汁原味保传承、舞台表演促推广、科学研究求创新”的建设效果。

在活动现场的成果展演中，共有来自7所高校的9个节目参演。广州大学音乐舞蹈学院民乐团演奏的广东音乐合奏《小鸟天堂》旋律活泼欢快、粤韵十足，充分突出了广州大学在基地建设上注重舞台实践人才的培养以及对传统音乐的推广与传承的工作重点。广州大学将继续依托中华优秀传统文化传承基地这一平台，深化传统文化艺术教育的普及与美育工作的推进。

（音乐舞蹈学院）

广州大学音乐舞蹈学院民乐团合奏广东音乐《小鸟天堂》

6月14日　“一九季夏，延续过往”——新闻与传播学院举办“壹起”毕业展

新闻与传播学院2019年“壹起”毕业展于6月14日在演艺中心大剧场举办，共展出了5部优秀学生影视作品。

就像《导演的起点》里写的那样，“如果你想成为一个导演，首先你要关注人”。我们不仅是在展映5部影像，更是在展现导演生命的结晶。作为大学生群体，作为导演，我们通过这几部展映的影片展现了我们眼中的世界。

关注人的状况，进而关注社会的状况；关注身边的世界，用对他们的关注表达关怀。由此能听见他人的声音，更可以和内心的自己进行对话，用艺术改变社会，促进自身成长。

这一次影展，让观众体会到了“当我透过你的镜头看世界，我便成为你”的奇妙感受。

（新闻与传播学院）

6月16日　工商管理学院在第九届全国大学生电子商务“创新、创意及创业”挑战赛省赛创佳绩

6月16日，由教育部主管、教育部高等学校电子商务类专业教学指导委

员会主办，华南师范大学承办的第九届全国大学生电子商务“创新、创意及创业”挑战赛（以下简称“三创赛”）广东赛区选拔赛在华南师范大学大学城校区举行。

此次比赛旨在激发大学生的兴趣与潜能，培养大学生创新意识和团队协作的能力。广州大学在经历校赛的角逐后，派出10支优秀队伍作为代表队参加三创赛广东赛区选拔赛。在经历了层层筛选和激烈的竞争后，有5支队伍荣获一等奖，分别为三支虫草队、南国最相思队、星创队、IAP team队以及疆味队；有两支队伍获得二等奖，分别是汇才艺队和益出好戏队；有两支队伍获得三等奖，分别是心领诚会队和肆月队。其中，南国最相思队还荣获了“最佳创业奖”，疆味队获得了“最佳创意奖”，而广州大学也荣获院校“最佳组织奖”。

广州大学工商管理学院学子参赛合照

此次三创赛的圆满结束，让我们感受到了广大学子的创造与智慧，获奖队伍发扬了“博学笃行，与时俱进”的广大精神，激励着广大学子不断尝试，迎接新的挑战。

（工商管理学院）

6月16日　建筑与城市规划学院师生赴厦门大学开展“第二校园”访学活动

6月16日，建筑与城市规划学院由13名本科生组成的赴厦门大学建筑与土木工程学院“第二校园”访学团，在骆尔提老师与江颖桥老师的带领下，前往“文艺之都”——厦门，开启了为期6天的访学之旅。

6月17日，访学团来到厦门大学进行参观学习，受到了厦门大学建筑与土木工程学院院长王绍森等老师以及同学们的热情接待。

在访学启动会上，王绍森院长介绍了本次访学的主要活动“广州大学—

厦门大学侨乡文化联合工作营”，访学团成员将和厦门大学学生一同参与厦门大学短学期夏令营的调研活动，在感受厦门城市历史韵律和浓厚侨乡文化的同时进行两院学术交流。骆尔提老师对能参与本次厦门大学学术活动表示荣幸，并对厦门大学的热情接待表示感谢，随后两院互赠纪念品并合影留念。紧接着，由厦门大学游玉峰同学讲解本次调研村落——萧厝村的大致情况以及目前调研进度，并作相关工作安排。访学团成员获赠纪念书签和调研工作服，两院学生交流甚欢。访学启动会至此圆满结束。

会后，在厦门大学老师的带领下，访学团成员参观了厦门大学的群贤楼群、海洋楼、映雪楼、芙蓉湖以及该校著名操场——上弦场。

通过初步了解厦门大学建筑与土木工程学院情况、参观厦门大学校园以及与厦门大学师生的深入交流，访学团感受到了厦门大学建筑与土木工程学院浓厚的学术氛围，受益匪浅。

（建筑与城市规划学院）

访学团成员合影

6月17日　教育学院木铎合唱团获“红棉杯”2019广州流行合唱大赛银奖

6月17日晚，“红棉杯”2019广州流行合唱决赛在星海音乐厅举行。本次比赛由广州市文学艺术界联合会、广州市音乐家协会、广东省流行音乐协会联合举办。由教育学院37名同学组成的木铎合唱团经过初赛和复赛，从众多参赛队伍中脱颖而出，并在决赛的合唱组中与其他8支参赛队伍展开激烈角逐，最终以精神饱满、富有激情的演唱歌曲《羊角花开》《东方之珠》荣获合唱组银奖。

此次合唱比赛充分展示了团队的风采、彰显了集体的力量，提高了学生的艺术表现力、创造力和鉴赏力。教育学院学子将继续保持良好的精神风貌，以富有特色的艺术形式释放激情，抒发情怀，营造积极健康、奋发向上的校园文化氛围。

（教育学院　学工办）

合唱团献唱

6月17日　物理与电子工程学院举办2019届毕业生党员与教师代表座谈会

6月17日上午，物理与电子工程学院在行政西楼前座210室举行了“不忘初心，行远思恩，我为学院发展献一策”2019届毕业生党员与领导教师代表座谈会，物理与电子工程学院全体党政领导、党委委员、各系主任、学院三办主任、全体辅导员、研究生党支部和本科生党支部毕业生党员出席了本次座谈会。师生们共聚一堂，开怀畅谈。

座谈会现场

会上，学院党委书记陈泽龙首先代表学院感谢毕业生党员们关心学院的发展，对学院提出的宝贵意见和建议。陈书记指出，毕业生党员与领导教师代表座谈会是贯彻落实立德树人、创设更好的育人环境，为学院学生铺设更好的成长道路的重要举措。

毕业党员就本科教学、课程设置、学生科研、实习、研究生培养教育、学生管理、班主任工作等方面提出了自己的看法和建议，学院领导老师悉心听取毕业生党员提出的意见和建议，并一一回应。在认真听取同学们的发言后，学院领导和老师们充分肯定了大家提出的宝贵建议，并对毕业生们表达了深切的祝福与期望。

本次座谈会是物理与电子工程学院2019年毕业生文明离校教育活动的重要内容之一，也是加强毕业生党员教育的重要活动，有利于进一步强化学生党员的责任担当意识，引导毕业生党员更好地服务社会发展和国家建设，以实际行动为学院建设和发展添砖加瓦。

（物理与电子工程学院　学工办）

6月18日　化学化工学院学生获省大学生职业规划大赛二等奖

6月18日下午，由广东省教育厅主办，广东省高等学校毕业生就业促进会和广东省大学生创业就业促进会共同举办的第九届广东省大学生职业规划大赛圆满落幕。广州大学化学化工学院学生吴炫君荣获二等奖。

本届大赛以“规划生涯，点亮梦想”为主题。大赛自3月22日启动以来，得到了省内高校和学生的积极响应，共有153所高校的44.2万名学生报名参赛，提交的参赛作品达 28.8 万份。广州大学从项目立项、组建参赛队伍到正式参赛历时三个月，在此期间，学校就业指导中心和各学院给予参赛学生充分的指导和帮助。大赛有效促进了我校学生自我认识、职业认知、目标确立、计划实施和解决问题等方面能力的提升，同时也提升了就业服务的精准化水平和教师的职业指导能力。

（招生就业工作处）

颁奖现场

6 月 18 日　体育学院师生在省第十届大学生运动会中荣获佳绩

6 月 18 日下午，广东省第十届大学生运动会广州大学代表团总结会在图书馆副楼五楼会议厅举行，校长魏明海、副校长郭兴蓬，相关职能部门负责人，教练员和运动员代表等近 200 人参加会议。大会表彰了一批先进集体和个人。

本届大运会，广州大学派出 24 支运动队共 354 人参与田径、游泳、武术、篮球、排球、足球等 11 个竞赛项目的角逐和科学论文报告会的评选，并承办了乙 A 组篮球比赛。经过全体人员的团结协作，努力拼搏，获得 7 金 9 银 17 铜共 33 枚奖牌。广州大学甲组获得团体总分一等奖；乙 A 组获得团体总分二等奖；乙 B 组获得团体总分三等奖；4 篇论文获得大运会报告会论文二等奖、4 篇获得三等奖；代表团和我校分别被大会授予“体育道德风尚奖”代表团称号和优秀赛区称号。广州大学在本届运动会中取得了体育竞赛、精神文明、体育科学研究成果的全面丰收。

魏校长代表学校对获得表彰的先进集体和个人表示热烈祝贺，对积极参与本届大运会的全体教练员、运动员和工作人员表示衷心感谢。在本届大运会中，广州大学体育健儿努力拼搏，各部门团结协作，充分展现了广大学子良好的精神面貌、竞技水平和体育素养，充分体现了运动训练和组织保障的积极成效。

（体育学院　学工办）

大会合影

6 月 18 日　土木工程学院开展“福霖班”见面会

6 月 18 日，土木工程学院“福霖班”见面会在行政西楼会议厅举行。周福霖院士、崔杰院长、童华炜书记、张永山副院长、任凤鸣副院长、荣宏伟副院长、吴会军副院长、邓思清副书记以及“福霖班”导师和全体“福霖班”同学参加会议。

会议首先由任凤鸣副院长对土木工程学院“福霖班”的管理方式、选拔条件、培养方案等方面进行基本介绍。为了加强“福霖班”的凝聚力，会上还正式公布了周院士亲自选定的“福霖班”班徽，其中蕴含着福霖精神——“协作、开拓、精进、奉献”，也饱含了老师们对土木学子的殷切期望。

然后，院党委书记、“福霖班”工作指导委员会主任童华炜宣读了 2018 级“福霖班”导师聘任文件。

在随后与同学们的交流互动中，周福霖院士对“福霖班”同学寄予了厚望。他通过分享自己的亲身经历，从应当志存高远、找准人生目标，做人做事做学问，有意义地度过大学生涯三个方面鼓励“福霖班”学子追求卓越，在学术、生活、追求理想上争取做到极致，做一个对社会和国家有用的人。

最后，崔杰院长表示，建立“福霖班”的基本方针是“因材施教”，主要目标是让“福霖班”学子能够在与“双一流”高校学生同台竞争中胜出，能为国家建设贡献土木人自己的力量。

见面会在全体参会人员合影留念后完美落幕。通过本次见面会，老师和同学们都进一步明确了目标，将一起积极探索土木工程人才培养新举措，争取早结硕果，让“协作、开拓、精进、奉献”的福霖精神传承下去。

（土木工程学院）

见面会现场

6月19日　人文学院开展2019年“勿忘国耻铭于心，禁毒防毒我先行”主题“七一”活动

6月19日，人文学院组织开展了以“勿忘国耻铭于心，禁毒防毒我先行”为主题的“七一”活动，引导学生深入了解中国人民严禁鸦片的决心和反抗外来侵略的历史，传承红色基因，坚定爱国爱党信念，杜绝毒品危害，争做主动承担民族复兴大任的时代新人。在学院党委副书记刘军军、学生第二党支部书记陈楚敏、学生第三党支部书记张立的组织带领下，人文学院学生党支部全体成员一同前往东莞虎门进行参观学习。

19日上午，学生党员参观了海战博物馆、威远炮台，通过观看《鸦片战争海战》和《虎门海战》半景画等馆内陈列，深入了解中国军队英勇抗击英国侵略者的故事，感受虎门军将率中国军民抵御外侮、誓死捍卫祖国每寸土地的民族精神；驻足炮台遗址前，亲临历史现场，更加直观地感受到了历史的厚重。

下午，学生党员来到了虎门鸦片战争博物馆，在林则徐销烟池旧址上，感受林则徐“苟利国家生死以，岂因祸福避趋之”的赤诚之心，学习其爱国主义气节和禁毒的坚定信念。学生党员也通过录制禁毒宣传视频的方式来表达“禁毒防毒我先行”的决心。

返程路上，学生党员纷纷发表学习收获感言，表示通过回望过去有了更多的切身体会，从中汲取了巨大的精神力量，也更加坚定自身理想信念，愿继承和发扬先烈的爱国精神，为中华民族的伟大复兴而奋斗终生。

（人文学院分党校）

人文学院学生党支部成员合影

6月20日　教育学院召开毕业生党员专题教育大会

6月20日下午，教育学院在文新楼119室召开毕业生党员专题教育大会。学院党委书记麻彦坤、副书记陈宇红及学工办辅导员陈毅光、李倩出席此次会议。

麻彦坤书记以“初心与使命：为人民谋幸福　为民族谋复兴”为主题开展专题微党课教育，鼓励学生在毕业季多走一走、看一看，到祖国需要的地方去建功立业。麻书记通过一组精准扶贫的数据和甘肃省、云南省、广西壮族自治区发展的照片，生动诠释了中国特色社会主义制度的优越性，并深刻地教导学生党员关注主流媒体报道，以身作则、谨言慎行，在思想上听党的话，在行动上跟党走。最后，麻书记情真意切地给即将毕业的学生党员提出几点就业建议，并深情寄语：情系母校，常回家看看。

麻彦坤书记为毕业生党员讲党课

最后，陈毅光老师对六月份民主生活会和毕业生离校工作进行部署，要求围绕学习习近平总书记在“不忘初心，牢记使命”主题教育工作会议上的重要讲话精神，联系指导老师，落实场地，并做好毕业生党员党组织关系转移工作。

（教育学院　学工办）

6 月 20 日　学生公寓党小组组长代表参加校领导午餐会

6 月 20 日中午，学校在菊苑饭堂举办了 2019 年第四期校领导午餐会。来自不同学生公寓楼栋的 15 名学生公寓党小组组长代表参加了午餐会。屈哨兵书记、周云副校长、吴开俊副校长，党办、校办、学生处、研究生院、后勤服务处负责人在午餐会上与学生代表进行了互动交流。

学生代表在发言

会上，屈哨兵书记询问了同学们“党小组如何在‘五室一站’宿舍文化建设中发挥作用”“学校人才培养目标的达成”“有品质的宿舍生活建设”“学年礼”“经典百书阅读”等14个问题。学生代表们一一作了回答。

此外，学生代表们还围绕“发挥学生公寓党小组在学生公寓文化建设工作中的重要作用”，结合自己的经验，提出了学生公寓党小组应在学生公寓文化建设工作中发挥重要作用，以及对学校饭堂餐厅、教育教学、宿舍住宿等方面存在的问题提出相关建议。

屈哨兵书记充分肯定了学校及各学院在宿舍楼成立党小组的努力，肯定党小组在多方面起到的先锋模范带头作用。同时，屈哨兵书记还对学生党员及党小组提出了更高的定位要求。他要求同学们努力学习，成为一个“德才兼备、家国情怀、视野开阔，爱体育、懂艺术，能力发展性强”的社会主义建设者和接班人，将来作为参与者、建设者亲自见证中华民族走到世界舞台中央的那一刻，无愧于这个伟大的时代。

校领导午餐会是校领导与同学们面对面交流的重要渠道，也是同学们参与校园治理的重要途径。

（广大学工）

6月21日　人文学院2019级导生第一次培训交流会顺利举行

师生合影

6月21日上午，人文学院2019级导生第一次培训交流会于文新楼201室召开，2019级新生辅导员韩宝玉老师出席本次活动。

首先，2017级导生李金华同学为新导生介绍了导生的流程性事务，明确对导生的基本要求及导生的基本职责，并提醒导生们要提前熟悉学院办事地点，以便解答新生的问题，为新生入学办理相关事务提供引导。2018级导生叶慧君同学对新生军训前期及军训期间的工作安排进行介绍，并提醒导生要多关注新生身心状态，导生之间要互相配合。然后，谭资美同学讲解指导新生参与活动与社团的注意事项。她强调，一方面，导生应该是引导者而不是包办者，要充分调动班委的积极性，指导班委组织活动并营造良好的活动氛围。另一方面，导生要多鼓励新生参加有意义的活动，努力学习，争取评奖评优机会。她还简单介绍了导生组长的工作，强调了导生之间相互配合的重要性：导生组由导生组长统筹管理，组内要合理分工。最后，韩宝玉老师对本次培训交流会进行总结，从“导”字出发，提出引导要从“寸”：导生不能包办新生事务，成为新生依赖的对象，而要注重从精神方面进行引导，给新生树立正确的价值观，教育他们遵守学校纪律和道德规范；导生要懂得“助人自助”，让新生学会独立处理好自己的事务。

（人文学院）

6月24日　公共管理学院举行2019年度政务礼仪考核示范活动

6月24日，公共管理学院2019年度政务礼仪考核示范活动——“跨越时空的城市，永不磨灭的印记”礼仪专题会演在演艺中心隆重举行。本次会演由公管学院政府管理系徐凌副教授组织。莅临本次活动的领导和嘉宾有广东财经大学教授龙国智、广州大学校长办公室副主任许洁丹、广州大学公管学院教授王枫云、广州大学公管学院党委副书记何瑞豪以及各系各办教师代表。

本次会演共分为三场，每场会演均分为两部分：第一部分为各班级进行政务礼仪展示，各班同学身穿笔挺西装，用整齐划一的站姿、坐姿、走姿等，展现政务礼仪的端庄姿态。第二部分为各班级带来不同国家的风采展示，包括古希腊圣火庆典礼仪、古埃及开罗庆典礼仪、古印度华氏礼仪和古中国长安宫廷礼仪表演，古罗马教廷礼仪、中世纪英国贵族礼仪和日本京都艺伎与武士文化礼仪表演，东方夜上海文化礼仪和西方纽约舞会礼仪表演……本次会演精彩纷呈，让观众大饱眼福，并让观众在不同国家和民族的文化碰撞中获取知识，开阔眼界。最后，行管161班的古希腊礼仪模块，公管161、162班的日本礼仪模块，行管162班的纽约礼仪模块荣获“最佳模块奖”。

本次活动不仅让同学们学习到了更多的礼仪知识，更让同学们明白了礼仪是一种约定和尊重。懂礼仪的人是美丽的，是幸福的。爱礼仪的人是聪慧的，是高尚的。让我们把礼仪的美洒向生活，洒在公管学院的每一处。

（公共管理学院）

6月25日　广州大学2019年毕业典礼暨2019年学位授予仪式隆重举行

毕业典礼现场

6月25日上午，广州大学2019年毕业典礼暨2019年学位授予仪式第一场在何世杰体育馆隆重举行。校党委书记屈哨兵、校长魏明海等出席了毕业典礼。典礼由吴开俊副校长主持。全体将被授予学位的研究生，经济与统计学院、工商管理学院全体将被授予学位的本科生，相关职能部门负责人及学位授予人，学院副书记、负责研究生教育的院领导、辅导员、优秀教职工代表、优秀校友代表、家长代表等参加了毕业典礼。

今年，我校共有8 254名毕业生获得学位，其中获得学士学位毕业生有6 933名，获得博士学位毕业生有12名，获得学术型硕士学位毕业生有405名，获得专业型硕士学位毕业生有904名。在研究生毕业生中，有116名学生获得“优秀毕业研究生”光荣称号。在本科毕业生中，有353名学生获得“优秀学生”光荣称号，有588名学生获得“优秀学生干部”称号，有267名学生获得“优秀实习生”称号，有388名学生的论文入选“优秀毕业论文（设计）”，有372名学生获得一等奖学金、596名学生获得二等奖学金、890名学生获得三等奖学金。

（广大学工）

6月27日 体育学院举行期末考试考风考纪教育大会

教育大会现场

6月27日上午，体育学院在何世杰体育馆召开期末考试考风考纪教育大会，出席本次会议的有体育学院党委副书记张志明、学工办主任孟伟婷、院团委书记任佳妮，以及体育学院2016级、2017级、2018级学生。

任书记公布了体院团委学生会新一届主席团名单，并强调以下几点：①正式放假时间为7月13日—8月22日，8月23日开始报到，报到需在学工办进行签到，8月26日正式上课；②下个学期的迎新活动，希望大家积极报名，迎接2019级新同学的到来；③想要参军的同学可以在网上进行报名，征兵网站开放至8月份，在进行网上报名后需及时跟老师联系，并把报名表发给老师。

随后，孟主任特别强调期末考试考风考纪，明确考试作弊所带来的后果，要求同学们养成良好的考试习惯，不带手机、小抄进考场，在考试中做到零作弊；同时表示体院学生训练辛苦，希望同学们养成良好的作息习惯，遵守学校规章制度，共创优良宿舍环境，并提高个人素养，维护好体育人形象。孟老师还强调了假期安全问题，提醒留宿的同学要进行登记；建议同学们在新的学年里购买医保。

最后，张副书记再次提醒同学们要认真对待期末复习，特别是在考试时不要夹带复习资料进入考场。在正式放假之前，必须听从学校、学院的教学安排，不得缺席教学活动，并预祝同学们考试顺利、假期平安。

（体育学院）

我们的大学

July 七月

7月1日　广州大学—意大利帕多瓦孔子学院举行夏令营开营仪式

意大利帕多瓦孔子学院学生在观看演出

7月1日晚，由国家汉办主办，广州大学孔子学院办公室、意大利帕多瓦孔子学院、广州大学国际教育学院、音乐舞蹈学院和广东省高校中华优秀传统文化传承基地承办的“国际中学生夏令营”开营仪式在广州大学演艺中心111室小功能厅成功举办。广州大学国际教育学院李毅院长、蔡一帆副院长，广州大学音乐舞蹈学院李颂东书记、刘瑾副院长等相关领导出席了本次活动。

李毅院长用英文致辞，欢迎远道而来的意大利帕多瓦孔子学院师生，并向他们介绍了广州的历史人文底蕴和广州大学的优秀文化传统。意大利帕多瓦孔子学院负责人用汉语致辞表达谢意。而后，广州大学音乐舞蹈学院民乐团为师生们献上了一场具有广州特色的、丰富多彩的艺术盛宴。

音乐舞蹈学院黄颖仪教授还向意大利师生们逐一介绍了二胡、高胡、扬琴、琵琶等民族乐器，并邀请同学们上台体验演奏技法，进一步拉近了意大利学生和中国传统音乐的距离。

本次活动还邀请了广东省武术运动管理中心的魏红教练进行了《南拳》的表演和讲解，使意大利师生近距离接触了他们最感兴趣的中国功夫；来自广州市二中应元学校的同学们还表演了《明月几时有》诗词吟诵和《超能陆战队》电影片段英语配音，为本届“国际中学生夏令营”开幕活动增添了新意。

意大利帕多瓦孔子学院负责人对主办方和承办方表达了衷心的感谢，并认为这一活动对于促进中国文化在意大利的传播、加强两国青年学子的文化交流和相互理解具有重要意义。

（音乐舞蹈学院　何艳珊）

7月2日　新闻与传播学院毕业生获赠“私人订制”中国方印

在毕业离别之际，新闻与传播学院为500多名2019届毕业生每人订制了一枚中国方印，为毕业生送上“毕业之后要堂堂正正做人”的寓意祝福。

为毕业生订制的中国方印

印章章体正面镌刻了校徽、院名及校训等，底部用行楷字体刻着毕业生的姓名。小小的方印将毕业生的姓名与学院的名称连在了一起，刻录着每一位毕业生在新闻与传播学院这四年的美好时光，既是一种时间的铭记，也是一份成长的见证。在四年的时间里，同学们与广州大学的故事，与学院的故事，此刻就凝聚在一枚小小的印章里。

毕业生们纷纷表示，能够收到这样一份祝福很惊喜，这一份毕业礼物给他们带来了感动，使他们对母校更加留恋，也让他们对于未来有了更坚定的方向感与信心。相信他们在未来会继续为了“堂堂正正做人”而拼搏努力。

（新闻与传播学院　新传网）

7月4日　土木工程学院打造“行走”的课堂

7月4日下午，土木工程学院“不忘初心·筑梦科技”科普实践团的成员们在琶洲街团工委、琶洲街文化站的支持下，来到黄埔中学，为该校学生带来了“阅建筑之美·品构筑之魂”的结构设计体验课。

这次的科普实践课将科普知识与广州大学结构设计竞赛的作品相结合，为该校学生展示了建筑之美、结构之魂。

课堂上，实践团成员为黄埔中学的同学们讲解了古今中外各异的建筑样式，通过一些著名的建筑案例来介绍不同建筑外形的设计理念和灵感来源，并且通过展示广州大学结构设计竞赛的优秀作品向同学们介绍了中国的传统建筑特点和传统建筑元素。接着是建筑结构分析，通过一些著名高楼和桥梁的结构介绍，让同学们初步了解了结构的概念；通过广州大学结构设计协会制作的模型和模型受力的视频，使同学们认识了结构的受力方式和设计安全的结构的重要性。最后，让同学们通过自己的想象和创造力，设计并搭建一个承重结构模型，同学们由此提高了动手能力，也在了解模型承重的过程中深刻认识到安全、精确的结构设计的重要性。

活动充分展现了广大学子的奉献精神和担当意识，培养了他们学以致用、知行合一的能力，增强了他们的社会责任感，推动了学校“德才兼备、家国情怀”人才培养目标的充分达成。

今后，“不忘初心·筑梦科技”科普实践团将继续以结构设计体验课的形式，持续开展科普进校园、进社区系列社会实践活动，为启发青少年科学兴趣、培养青少年科学意识、向青少年传播科学知识、推动高等教育和基础教育融合发展而努力。

（土木工程学院　团委学生会公关部）

7月8日　计算机科学与网络工程学院“景中班”开展暑期集训

自7月8日起，计算机科学与网络工程学院“景中班”全体同学在计算机实验楼409实验室参加院士实验班的首次集中学习和实训。首训的主题为“基于Alpha－Beta剪枝极大极小博弈算法设计与实现”，拟通过实例让同学们学习Java语言，利用问题导向的方式来提高同学们的运用实践能力。首训课程旨在培养同学们解决问题和实践动手的能力，提高他们的思维创新性。同学们普遍表示：这种与具体实例相结合的学习方式比较有利于对知识的理解和掌握，老师的讲解思路清晰且富有条理，大家

“景中班”同学参加院士实验班学习

都易于接受。

首训于暑期第一周在实验楼半封闭进行，集训后需完成相应的项目作业。根据院士团队对“景中班”的暑期安排，接下来将为第二次集训做准备，7月29日至8月下旬将有一半同学参加2019年数学建模竞赛的暑期集训，另一半同学需完成一定量的固定作业，9月回校后再进行集中汇报。同时，也要不断加强和完善“景中班”制度建设。

（计算机科学与网络工程学院　学工办）

7月9日　土木工程学院师生赴黄埔古村开展社会实践活动

为了加强对建筑与给排水专业知识的理解，感受黄埔古村的风土人情并深入贯彻落实党中央关于禁毒防艾工作的重要指示精神，进一步提高广大人民群众对毒品、艾滋病危害的认识水平和自我防范能力，土木工程学院在琶洲街黄埔古村建立社会实践基地。7月9日早上，“不忘初心·丝路新语”实践团来到黄埔古村开展古村探访、丝路文化研习、专业调研和青少年禁毒防艾宣传暑期实践活动。

黄埔古村古色古香的建筑散发着独有的古朴气息。志愿者首先参观古村博物馆，深入了解丝路文化。随后，志愿者前往社区中心领取物资并搬到指定地点，建好调研宣传点。志愿者两两组成一队上街派发问卷，结合土木工程专业知识进行相关调研。

实践团成员合影

本次社会实践活动让同学们深入了解了丝路文化，加深了他们对给排水专业的理解，也提高了他们对禁毒防艾的认识水平，鼓励他们积极学习，传播知识，担当社会责任，推动学校“德才兼备、家国情怀”人才培养目标的充分达成。

（土木工程学院　青年志愿者协会）

7月9日　公共管理学院暑期“三下乡”活动在佛冈县甲名村开展

7月9日，公共管理学院2019暑期清远“三下乡”活动正式开始，公共管理学院党委副书记何瑞豪及学工办谢玲、刘志东等老师和18位同学出发前往广东省清远市佛冈县迳头镇甲名村，开启了为期10天的“三下乡”之旅。

“三下乡”团队在清远甲名村耕读楼前合影

在经历将近三个小时的车程后，公共管理学院“三下乡”团队全体成员到达目的地甲名村，并受到了当地县委、村委、村民的热情迎接。短暂休息调整后，村主任带领同学们参观了文化阅览室、紫阳书屋、甲名民俗博物馆等，并向同学们介绍了当地民俗风情。

清远市的代表们对公共管理学院“三下乡”团队一行的到来表示热烈的欢迎，希望“三下乡”团队可以在甲名村有所收获，并且给孩子们带来欢乐；希望他们能够成为孩子们的榜样，带动孩子们好好学习，让孩子们拥有积极进取的心态和知识可以改变命运的信念。最后，学院何瑞豪副书记进行总结发言，他对于佛冈县对公共管理学院的热情和支持表示感谢，希望“三下乡”团队能在为期10天的支教生活中收获满满，开阔眼界。

在接下来的“三下乡”活动期间，18 位同学将在甲名村开展支教活动，在广阔的农田中体验乡村生活，并深入当地村落进行文化调研。他们将发挥党团积极分子的先锋模范作用，为乡村振兴作出贡献。

（公共管理学院　学工办）

7 月 9 日　机械与电气工程学院师生赴云浮燕子岩村开展暑期“三下乡”社会实践活动

志愿团出发前合影

7 月 9 日，由机械与电气工程学院团委学生会实践部组织的美丽乡村志愿团赴云浮市云安区镇安镇燕子岩村开展为期一周的暑期学生志愿者“三下乡”社会实践活动。志愿团秉持“思行并重，服务乡村”的理念，以“科技下乡造福万家，和谐社会共同构建”为目的，充分发挥专业特长，为服务乡村建设（医疗卫生、安全知识宣传，科技作品展览、创新实践），促进农村发展，缩小城乡差距，贡献自己的一份力量。

活动期间，学生志愿者着重为实践地的小朋友们开展一些素质拓展活动，在日常辅导小朋友做作业之余，举办一系列小讲堂，包括制作 LED 流水灯、科学小实验、环保绘画大赛、手工课等。在课堂上，小朋友们对未知的知识领域充满好奇并努力探索，从中增长了知识。学生志愿者运用所学知识引导小朋友们开阔眼界、认识世界，用自己的专业知识做有意义的事。他们通过走访宣传的形式了解当地人的生活、教育、环境情况，收集相关数据，进行有关精准扶贫的调研工作，分析扶贫后云浮当地的相关情况并提出可行性建议。通过走访村民、学校老师（包括已经退休的老师）询问以前的教育情况，以及在他们眼中现在的教育与以前的区别，比较以前和现在农村教育的差距。

此次活动有助于大学生服务乡村，辅助建设文明乡村，普及宣传党团建设，锻炼他们的社会实践能力。

（机械与电气工程学院　朱翠珊）

7月10日　工商管理学院举办“聚力·领航”学生领袖训练营

学生干部是引领青年前进的重要力量，做好学生干部队伍培训，是青年成长成才教育的关键一环。为此，工商管理学院全体学工老师倾力打造本次“聚力·领航”学生领袖培训活动，力图集中力量带领新一届学生干部踏上正确的成长发展征途，为学院立德树人的建设出一分力。

参加本次领袖培训活动的有工商管理学院团委学生会主席团，各部门部长及部委代表，工商管理学院主管社团协会负责人，2019级导生，学生党支部和党总支副书记等。其中，课程教学团队成员有院党委副书记甘健强、院团委书记周云和副书记邹婷、学工办主任曾梅华和副主任陈媛以及辅导员孙碧菡、梁世健和谢灿杰。

活动通过老师授课、师生交流、小组展示和团队游戏等方式进行。其中，周云老师主讲“思维导图入门”，邹婷老师主讲“团队合作与沟通技巧实践拓展”“学生干部生涯规划与成长探索”等课程。老师们通过两天的课程引导大家思考身为学生干部应有的精神面貌和意识，如何提高团队合作能力、领导力、号召力等多方面的综合能力，如何在实践中发挥自己的引领作用。

通过本次培训活动，同学们受益颇深，增强了对学校和学院的归属感和责任感，加深了作为新时代大学生的责任意识和担当意识，明白了在新时代建设中要发挥学生干部的先锋模范作用！

（工商管理学院　何洁莹）

训练营成员合影

7月10日　外国语学院师生前往连山县开展国家资助和贷款政策下乡行活动

服务队给中学生开展国家资助和贷款政策下乡行宣讲

7月10—14日，外国语学院云帆服务队在指导老师陈远明的带领下，前往清远市连山壮族瑶族自治县小三江镇开展国家资助和贷款政策下乡行活动。

活动期间，云帆服务队全体队员先后与对口学校小三江中学相关校领导举行座谈会，给全体中学生开展国家资助和贷款政策下乡行宣讲，到当地困难家庭开展入户走访调查，在集市上进行设点摆摊宣传。其间，连山壮族瑶族自治县教育系统党委书记、教育局局长蒋振江，外国语学院党委副书记鄢智青，连山壮族瑶族自治县教育局黎京军，小三江中学校长黄常周、小三江中学副校长谢先育等领导、老师先后来到现场指导活动的开展。

5天下来，带队老师和队员们的足迹遍布小三江镇多个地方，了解了当地资助和贷款工作基本情况，创新了当地资助工作的宣传形式，有效地促进了当地资助和贷款工作的开展。同时，队员们通过此次社会实践，走出校门，服务社会，用实际行动展示了新时代学生朝气蓬勃、昂扬向上的精神风貌。

（外国语学院　陈远明）

7月11日　新闻与传播学院学生荣获全国大学生广告艺术大赛36项大奖

7月11日，第十一届全国大学生广告艺术大赛（简称“大广赛”）广东赛区获奖作品名单在全国官网公示，广州大学新闻与传播学院学生再创佳绩，成绩喜人，共获得36项奖项，其中一等奖6项、二等奖11项、三等奖19项，涉及平面、视频、策划、广播和文案等多个类别。获奖作品已报送北京，代表广东赛区参加全国总决赛。

大广赛是参与规模大、覆盖面广、参与师生人数多、作品水准高的全国性文科大赛，在这一比赛中取得佳绩，正是对同学们专业能力的一种肯定。

参赛的同学们以指定内容为主题，结合主题特色与专业所学知识，通过头脑风暴等方式创作出广告创意作品，这其中的准备与创作过程彰显了同学们优良的专业素养与创意创作的努力。虽有部分同学并未获奖，但参赛过程所积累的经验，在同学们的头脑中留下奋斗的痕迹。

（新闻与传播学院　新传网）

7 月 11 日　土木工程学院义教队赴南亭村义教

为深入学习贯彻习近平新时代中国特色社会主义思想和党的十九大精神，切实在服务乡村振兴战略、助力脱贫攻坚等社会大课堂中受教育、长才干、作贡献，积极响应团中央“三下乡”的“投身脱贫攻坚”专项计划——“推普脱贫攻坚”全国大学生暑期社会实践活动，也为了丰富大学生的课余生活，感受外面世界的精彩，同时让南亭村的孩子们增加学习热情，提高交际能力，7 月 11 日，土木工程学院“不忘初心 · 筑梦未来”义教队赴南亭村开展暑期社会实践。

烈日炎炎，也没能阻止义教队的脚步。早上 8 点，志愿者们陆续集合，一起前往南亭村。

爱心义教在早上 9 点正式开始，此次活动主要以辅导当地孩子们做作业以及普通话教学为主。在向孩子们做了简单的自我介绍后，志愿者们开始了辅导功课以及普通话教学的课程。在授课过程中，孩子们虽然一开始会有些怕生，但是在大家耐心和幽默的讲解之下，孩子们很快就打开了心房，学习渐入佳境。

在志愿者们的耐心辅导之下，孩子们很快就顺利完成了他们的任务，义教活动也在不知不觉中进入了尾声。孩子们在完成自己功课的同时，普通话水平也有了一定的提高。本次活动虽然短暂，但意义很大，志愿者通过义教平台奉献了自己的一份爱心，同时也架起了“大手拉小手”的桥梁和平台，他们将以此次活动为契机，将爱心的火炬传递更远，将社会主义核心价值观落到实处，引领全院同学树立友善、大爱以及奉献的思想。

（土木工程学院　青年志愿者协会）

7月11日　音乐舞蹈学院开展暑期黄沙艺术帮扶夏令营活动

志愿者们与当地孩子徒步

7月11—21日，音乐舞蹈学院学工办主任廖争荣老师带领24名“圆梦”志愿服务队成员，赴梅州市梅县区桃尧镇黄沙村进行2019年“不忘初心，共筑山村艺术梦”黄沙艺术帮扶夏令营实践活动。在为期10天的夏令营活动中，圆梦志愿服务队怀着“做孩子艺术道路启发人”的初心，积极投入到夏令营工作中，把孩子们从零基础培养到能够上台演出的水平，给山村的孩子们带来了学习艺术的机会，搭建了艺术的舞台。

今年的夏令营活动一共有116名学员，开设了竖笛、吉他、古筝、钢琴、葫芦丝、口风琴、声乐（独唱、小组唱）、中国舞、民族舞、啦啦操、国标舞（模特秀）、广场舞、水彩画、篮球共15门兴趣班课程以及手工折纸、科学探索2门通识课程。

除了课程设置丰富，今年的夏令营活动还有一个特色：“圆梦”志愿服务队成员不仅有音乐舞蹈学院的学生，还有物理与电子工程学院、美术与设计学院的本科生，土木工程学院的研究生，以及一名中学生和一名小学生。这样的人员构成，不仅丰富了教学中的课程设置，还更加有效地为帮扶对象设计了教学方案。

9天的课程，都是为了最后一天的成果展演晚会做准备。7月20日晚上，音乐舞蹈学院党总支副书记刘小燕来到了晚会现场，并授予黄沙村“广州大学音乐舞蹈学院社会实践基地”牌匾，双方达成了长期进行暑期艺术帮扶的共识。梅县电视台“梅县民声”栏目对此次成果展演晚会进行了采访报道。晚会共有30个节目，长达2个半小时，座无虚席。村民们对晚会表示强烈认可，并对志愿队明年的到来表示期待。

（音乐舞蹈学院　陈倚晴）

7 月 11 日　法学院师生赴阳江开展暑期“三下乡”活动

为响应团中央、团省委、校团委关于组织大学生暑期“三下乡”活动的号召，鼓励大学生走出校园、深入基层、了解社会，在 7 月 11—15 日，法学院阳江“三下乡”队伍以“送宪下乡，普法伴行”为主题，开展了为期 5 天的“三下乡”实践调研活动。此次调研活动主要围绕宣传助学政策、调研、义教、普法等内容展开，立足专业，深入基层，成效显著。参与活动的学生从中得到了锻炼，增长了才干，发扬了“奉献、友爱、互助、进步”的社会志愿服务精神。

结合送法下乡以及广东省助学政策宣传的需要，学院通过“送宪下乡，普法伴行”“助学陪伴青春，梦想拥抱未来”这两个“三下乡”活动，一方面为贯彻习近平新时代中国特色社会主义思想以及宪法精神和依法治国理念，将宪法和其他法律知识传播到基层，让更多人了解到宪法和其他法律与生活息息相关，增强他们的法律意识，使他们学会运用法律与不法侵害抗争；另一方面通过宣传广东省助学政策，让更多的人拥有学习的机会，去追逐自己的梦想。本次“三下乡”活动，法学院学生不仅向村民们宣传法律知识，弘扬了法治精神，还更好地服务了农民群众，发扬了志愿精神。与此同时，这也是一次让大学生走出象牙塔进行实操锻炼的机会，使他们亲身实践了“从群众中来，到群众中去”的理论，感受到了农民的辛苦和不易。

（法学院　陈皓滢）

志愿者合影

7月12日　人文学院暑期社会实践活动顺利开展

7月12日上午，人文学院暑期社会实践活动顺利开展。出席本次活动的老师有：鱼窝头中学德育处主任梁志雄、副主任冯志坚，鱼窝头中学团委书记张志坤，广州大学人文学院党委副书记刘军军，人文学院团委书记张立。

当日，义教队与鱼窝头中学一百多名学生共聚学术报告厅，义教队精心设计了以沟通、合作、创新等为主题的5个趣味破冰游戏，旨在消除大家的陌生感，拉近彼此的距离。本次夏令营以“夏梦同行”为主题，开设了“韵动人文”“科学精神”“学生学习”“健康生活”“责任担当”“实践创新”6门课程，旨在提升学生素养。在“韵动人文”课程中，教员陈婉媚、陈常胜分别从听、读、写3个角度带领孩子们走进不一样的诗词世界，领略文人风采，品味中华经典。在“健康生活”课程中，教员廖尹淳、杨丹提醒孩子们养成良好的作息规律和饮食习惯，告诉孩子们身体永远都是革命的本钱。孩子们深入参与教育教学活动，收获满满。

从本次夏令营开营第一天起，每个小组就在秘密准备着第三天的表演节目。本次汇报表演，教员们也为孩子们准备了惊喜环节。舞台上，教员们大声说出心中想要对孩子们说的话，一曲《小幸运》唱出大家对这次相遇的最深感触，同时表达了对孩子们的美好祝愿。

至此，人文学院暑期社会实践活动圆满结束。

（人文学院　新闻中心）

师生合影

7 月 12 日　广州大学特色思政课进黔南山区

广州市对口帮扶的革命老区贵州省黔南布依族苗族自治州，大部分村落分布于苍莽的原始森林中，村民们世代以山为邻、傍水而居，教育资源相对匮乏。7 月 12—16 日，由校党委宣传部和校团委的 28 名学生骨干组成的“逐梦黔行——特色思政课进黔南山区小学”社会实践队赴荔波县永康乡尧古村开展特色思政课教学实践活动。

在为期 5 天的实践工作中，实践队驻扎在尧古村小学，围绕当地小学生德育美育教育、理想信念教育、优秀传统文化传承等方面，开展别具特色的思政课教学和调研采访活动，精心设置了贴合孩子们实际的教学内容。

广州大学将会把“特色思政课进中小学”主题社会实践活动作为实践育人的重要方面，与所支教地区的教育部门共建思政基地，发挥学生骨干的专业特长，助力教育欠发达地区中小学加强德育美育教育，同时加强学生骨干的理想信念教育，帮助学生在实践中认识国情、了解社会、增长才干。

（广州大学　张彩敏　吴嘉莹）

实践队成员与当地小学生合影

7月13日 美术与设计学院师生赴清远开展暑期实践活动

为宣传传统民间手工艺彩绘、剪纸和扎染，践行社会主义核心价值观，增强民族文化认同感，树立大学生爱心支教形象，美术与设计学院组织了“三下乡”暑期实践活动。

实践队成员合影

7月13—14日，由美术与设计学院团委学生会和青年志愿者协会成员组成的暑期社会实践队前往清远市石角镇展开支教活动，目的是充分利用自身的专业能力，参与到社会主义建设之乡村艺术文化建设中去。实践队分为彩绘、剪纸、扎染3个小队，分别教授小朋友们相应的手工课程和技巧，让小朋友们在学习之余享受到丰富的艺术文化大餐。

彩绘队教小朋友们按他们的认知作画，不拘于原有的套路，反而能更加纯粹地表达内心的感受。剪纸队带着小朋友们在活动大堂完成一个个剪纸作品，激发他们的创意，剪出了意想不到的图案。扎染队先跟小朋友们简单介绍扎染，再介绍几种扎染方法，然后让他们根据所学方法进行创作，发散思维，激发他们的创新思维能力。

活动结束后，实践队进行了总结：本次“三下乡”活动，展示作品丰富多彩，实践环节生动有趣，但也存在个别问题，最主要还是乡村的文化教育方面。对此有以下建议：①团委学生会和青年志愿者协会多组织此类下乡活动；②每月或每季度制作文化艺术宣传专题片或者相片集，分享给更多乡村儿童；③收集艺术方面的书籍捐赠给乡村小学。

（美术与设计学院 学工办）

7月15日　马克思主义学院师生赴荔湾区开展社会实践活动

为深入学习习近平新时代中国特色社会主义思想，贯彻落实党的十九大会议精神、全国教育大会精神，引导大学生在社会发展的实践中贡献青春力量，马克思主义学院党委副书记朱晓军、团委书记宋学来组织学院同学参加了由荔湾区团委主办的“青春社区行”暑假社会实践活动。

“青春社区行”活动成员合影

7月15日上午，全体实践成员齐聚荔湾青年公园，整装待发。各成员被分配到不同的单位，开始了为期一个月的社会实践。实践期间，成员们准时到岗、态度诚恳，积极协助单位工作人员完成各项工作，在实践中不断增强利国为民的意识，提高自身的综合素质。

张同学说：“在短暂的工作生活中最大的收获莫过于‘转变’二字，从校园的学习思维模式向职场的工作思维模式转变，从‘纸上谈兵’向‘绝知此事要躬行’转变。这短短几周的工作生活是可贵的人生阅历和经验。”

周同学说：“从每日早起的通勤开始，忙碌、充实成为生活的关键词。在实践中我学习到了一种即使流程重复也依然认真服务、从不敷衍的精神。感谢学院及荔湾区团委为我们提供了宝贵的学习机会，为我们的校园生活增添了一抹独特的色彩。”

此次“青春社区行”活动旨在让大学生走出校园，深入荔湾区各下属单位进行社会实践活动；让大学生在实践中切实了解社会民情、增长才干、磨砺意志，为建设美好社会增添青年一代的力量。

（马克思主义学院　学工办）

7 月 15 日 物理与电子工程学院师生赴台山开展暑期“三下乡”社会实践活动

在讲解水火箭制作课堂上，实践队成员正指导当地学生准备发射水火箭

7 月 15—23 日，物理与电子工程学院绿茵社会实践服务队前往台山市水步镇开展为期 9 天的暑期“三下乡”社会实践活动。

本次社会实践活动内容包括习近平新时代中国特色社会主义思想和党的十九大精神宣讲、支教助学系列兴趣课堂、科技支农系列科普课堂和成果展示、卫生健康知识宣讲和国家资助政策社会调研。活动形式丰富多样，包含：理论课程、实践课程、素质拓展、社会调研。其中，本次社会实践活动进行了水火箭制作课堂的线上直播，受到观众一致好评，直播观看总人数达到 9. 8 万人次。兴趣课堂和科普课堂设有 20 多项课程，如广州塔模型讲解、四季星空等，意在培养当地学生课外自主学习的兴趣。同时，实践队设计了多个实践课程，如手工制作水火箭、投石器等，意在培养当地学生的动手能力和创造能力。此外，实践队还设点宣传科普知识，展示物电学子的科创作品及天文望远镜、VR 设备，以拓宽当地群众的知识面，营造热爱科学的良好氛围。

本次暑期“三下乡”社会实践活动较好地发挥了实践育人优势，做到了学以致用，求真务实，也推广了具有专业特色的活动品牌，获得了当地政府和群众的一致好评，同时也为当地学生播撒了一颗热爱科学的种子。

（物理与电子工程学院　学工办）

7月16日　体育学院赴黄埔军校纪念中学开展防溺水安全教育活动

实践队成员对中学师生进行防溺水安全教育

为加强中小学生的安全教育，推广水上救生知识，预防和杜绝溺水事故发生，7月16日，体育学院防溺水安全教育实践队在任佳妮老师的带领下来到黄埔军校纪念中学，开展以“长鸣溺水警钟，共筑生命之墙”为主题的防溺水安全教育公益讲座活动。在该校德育处主任高伟明的支持和现场200多名师生的配合下，现场气氛高涨，活动取得显著效果。

活动以6、7月份强降雨造成的洪涝灾害为切入点，通过播放新闻视频，让学生直观地感受到人在自然面前的渺小，同时也将消防官兵们抢险救灾，保卫民众生命财产安全的英勇场景展现出来，得到学生们由衷的佩服。随后，实践队员讲解了在水上自救的方法、岸上救人的方法以及施救溺水者的四大原则，该校学生无不认真听讲。

溺水是造成中小学生意外死亡的第一杀手。防溺水和救生知识是每个人都应该补上的必修课。珍爱生命，预防溺水，应时刻牢记三大原则：岸上救优于下水救、工具救优于徒手救、团队救优于个人救。

相信通过这次防溺水安全教育活动，可以帮助同学们掌握预防溺水的措施和救援知识，珍爱生命，为创建“安全和谐”校园助力。

（体育学院　骆民锋）

7月17日　西部（山区）计划志愿者出征

2019年，广州大学积极响团中央、团省委相关工作要求，有序、规范地开展西部（山区）计划志愿者招募工作。此次西部（山区）计划报名者达45人，经学院推荐，学校项目办选拔和省项目办审核批准，共有10名同学远赴西部，其中有4位志愿者赴西藏服务，2位赴广西，3位赴新疆，1位赴云南；另有5位同学深入广东山区参加志愿服务。由此可见，报效祖国、服务西部（山区）已成为我校新风尚。

自2003年至今，我校共有227名志愿者参与西部（山区）计划，志愿者总人数位于广东高校前列。

（校团委）

西部（山区）计划座谈会暨出征仪式

7月18日　广州大学游泳健儿参加广州横渡珠江活动

7月18日下午，以“全民健身　全民健康”为主题的2019年广州横渡珠江活动在中大码头至星海音乐厅之间的珠江河段举行，广州大学50名游泳健儿第十三次代表市教育系统参加这一活动。

横渡珠江是一项由广州市政府主办的市民喜闻乐见的群众性体育活动。据《广州市志》记载，从20世纪30年代到1976年，广州至少组织了16次横渡珠江活动。1964年8月23—24日，广州更是举办过20 048人参加的有记录以来规模最大的横渡珠江活动。此活动自2006年恢复举办后从未间断，今年已是连续举办的第14年，目前是广州市的一项全民健身重点工作。

（体育学院　群体与竞赛管理中心）

横渡珠江

7 月 22 日　广州大学学生获全国荷球锦标赛暨全国学生荷球锦标赛冠军

7 月 22 日，2019 年全国荷球锦标赛暨全国学生荷球锦标赛在内蒙古自治区鄂尔多斯市闭幕，广州大学荷球队获得大学生单区 A 组冠军，胡灿森同学获得“最有价值球员”奖。

（体育学院　群体与竞赛管理中心）

荷球队师生合影

7 月 25 日　广州大学学生获中国大学生跆拳道（竞技）锦标赛冠军

7 月 19—25 日，2019 年中国大学生跆拳道（竞技）锦标赛在湖南省岳阳市举办。广州大学派出 8 名运动员参赛，获一枚金牌及男子甲组团体总分第七的好成绩。其中，生命科学学院莫灏栋同学获得男子甲组 58 公斤级冠军，机械与电气工程学院崔浩发同学获得男子甲组 80 公斤级第五名，教育学院胡维武同学获得“体育道德风尚运动员”称号，曾庆国老师获得“体育道德风尚教练员”称号。

（体育学院　群体与竞赛管理中心）

跆拳道教练与队员合影

7 月 29 日　广州大学陈小君同学斩获亚洲健美健身锦标赛冠军

7 月 28—29 日，“壹健身杯”第 53 届亚洲健美健身锦标赛在黑龙江省哈尔滨市举行，广州大学体育学院陈小君同学代表中国参赛，斩获女子形体身高 163 厘米以下组别冠军。

陈小君同学是社会体育专业学生，入校后开始接触健身健美，并由此树立了成为优秀健身健美运动员的理想。通过近四年的努力，她从 2017 年“泰肌星”杯广东省健身教练职业技能竞赛小试身手，到先后获得 2018 年“一带一路”世界健美健身精英排位赛暨 IFBB 精英职业卡资格赛亚军、2018 年 CBBA 全国健美健身赛总决赛女子形体全场冠军，最终获得第 53 届亚洲健美健身锦标赛女子形体组别冠军。一直以来，她脚踏实地，一步一个脚印，克服了常人难以想象的困难，兑现了为校争光、为国争光的誓言，并最终实现了在健身健美赛场上让国旗高高飘扬的梦想。

凭借本次亚锦赛冠军，陈小君同学将获得该项目的“国际健将”称号，她也将是广州大学培养的首位国际健将。

（体育学院　群体与竞赛管理中心）

陈小君同学

我们的大学

August 八月

8月3日　广州大学波密实习支教队顺利归来

同学积极提问

3月，广州大学波密实习支教队正式前往西藏自治区林芝市波密县完全小学、波密县完全中学进行为期一学期的教学。

支教过程中，支教队骨干成员刘婧妤、林翠绿、唐英在使用汉语普通话作为教学语言进行教学的同时，切身感受到藏语对该地区中小学生学习的影响之大。在近四个月的教学中，支教队对该地区中小学生语言使用情况已有较为全面的了解。在此基础上，支教队队员决定从波密县中小学生的藏语、汉语方言和普通话使用情况，日常语言使用状况，语言文字学习途径及掌握程度，语言态度4个方面进行深入的语言实践调查。他们成立了藏族学生推普脱贫调研服务队，并通过多方面的考察，以问卷调查及实地探访的形式，力图深入了解波密县中小学生有关语言使用的状况，以提出具有针对性的对策建议，为藏族地区推普脱贫、双语教学的推进提供参考。同时，他们根据调查的实际情况，将调查研究和教学实践相结合，取得了新的突破。在数据统计及实地访谈中，团队成员发现，波密县中小学生对藏语有着很强的归属感。

语言是抽象的，但使用语言的人却是鲜活的。汉语、藏语都是中华民族的语言，是语言国度里的璀璨之花。在这样一片“藏语既是母语又是生存语”的土地上，广州大学波密实习支教队的汉语普通话教学，无疑是催生了一朵别开生面的语言之花。

（人文学院　郑珊珊　刘婧妤）

8 月 3 日　广州大学学子获中国“互联网 +”大学生创新创业大赛 2 金 6 银 2 铜

8 月 3—5 日，第五届中国“互联网 +”大学生创新创业大赛广东省分赛决赛在佛山科学技术学院举行。广州大学参赛的 10 个项目分别获 2 个金奖、6 个银奖（含 3 个银奖第一名）和 2 个铜奖，金牌及总奖牌数均居全省第二。副校长郭兴蓬率队参赛，相关部门、项目指导老师赴现场指导比赛。

中国“互联网 +”大学生创新创业大赛是全国最高层次的青年大学生创新创业大赛，今年共有 206 个项目晋级广东省分赛决赛。在冠军争夺赛的 11 个项目中，我校红旅项目“毕业后公益图书室——乡村留守儿童的陪伴者与心智塑造者”，获得亚军。在金牌争夺赛中，“毕业后公益图书室——乡村留守儿童的陪伴者与心智塑造者”“隔震农居——地震中的乡村‘楼坚强’”获得“青年红色筑梦之旅”赛道公益组金奖，“安迅固：废料活化新型速凝材料——全球环保高性能建材领跑者”“InsDaily 自媒体矩阵：新媒体时尚圈的流量王者”“天眼情报——隐匿网络空间情报分析领航者”“通感——气体检测传感器服务商”“生态混凝土增强剂——海绵城市建设的领跑者”“雅琛文化：多维高频美妆私域电商引领者”6 个项目获得银奖，“速拼英语——最快速简易的英语拼读记忆法”“柚小甜——柚子精加工开创扶贫新道路”2 个项目获得铜奖。

获奖队伍赛后合影

本届大赛，我校共征集到参赛项目 1 086 项，参赛学生达 4 942 人，创历史新高。在项目培育中，学校组建了“1 +1 +1”模式的指导教师团队，即

“理论导师＋实践导师＋助理导师”联合指导。经校内初赛和校内决赛两轮筛选，通过线上线下约40轮打磨提升和优化训练，我校推荐进入全省网络复评的15个项目复评成绩全部名列前茅，另外加上4个直通项目，最终共10个项目进入省决赛。

（教务处　创新创业学院）

8月10日　广州大学学生获全国大学生节能减排社会实践与科技竞赛三等奖

8月8—10日，第十二届全国大学生节能减排社会实践与科技竞赛决赛在华北理工大学举行。广州大学参赛的6件作品中，“变废为宝，节能减排——全自动垃圾分类回收系统”和“浴室用水收集与回用装置”2件作品从全国4 102件作品中脱颖而出，喜获全国三等奖。

全国大学生节能减排社会实践与科技竞赛是教育部落实国家“节能减排全民行动计划”的重要举措，是面向各类高校的具有导向性、示范性和群众性的全国性赛事。该赛事起点高、规模大、精品多、覆盖面广，紧扣国家能源环境政策，把握国家重大需求。自今年3月开赛以来，参赛高校多达393所，有效作品达4 102件，创历届之最。

广州大学高度重视该项赛事，由学校教务处牵头组织，机械与电气工程学院承办，面向全校进行宣传动员，经过层层筛选，共有6支优秀队伍参赛。参赛作品反映了广州大学学生关心节能减排事业，投身节能减排社会实践与科技创新的良好精神风貌以及智慧和创造力。

（教务处　机械与电气工程学院）

8月12日　广州大学学生获中国大学生舞龙舞狮锦标赛冠军

8月7—12日，第十二届中国大学生舞龙舞狮锦标赛在安徽省举行。广州大学学生艺术团龙狮队夺得乙组女子舞龙自选套路冠军、研究生组金奖、团体总分第三名的优异成绩。其中，江金花同学荣获“最佳龙珠”称号，龙狮队指导老师李湘远获“最佳教练”称号。

广州大学学生艺术团龙狮队致力于传播龙狮文化，连续七届获得广东省龙

龙狮队在表演

狮锦标赛男、女龙一等奖，男狮一、二等奖，曾代表学校参加国际性、国家级、省级大型活动表演 30 多场次，其中包括第七届全国大学生运动会开幕式、广东省旅游文化节开幕式、北京奥运会和广州亚运会火炬接力等大型活动，受到社会广泛赞誉，充分展现了我校“爱体育、懂艺术”的人才培养目标。

（校团委）

8 月 12 日　新闻与传播学院师生赴喀什开展新闻扶贫及调研活动

实践队成员在喀什合影

为贯彻落实习近平总书记精准扶贫工作的精神，通过“新闻扶贫”活动对在校大学生开展“国情教育”与实践教学，依托广州市委宣传部与广州大学共建新闻学院（部校共建）项目，来自新闻与传播学院的 8 名学生在学院李雁书记、田秋生院长、陶冶教授、曾丽红副教授、姚睿副教授及郭秦副教授的带领下，成立了广州大学新闻与传播学院 2019 部校共建暑期社会实践队喀什分队，赴喀什开展新闻扶贫及调研活动。

8 月 12 日上午，举行了暑期社会实践启动仪式以及与喀什日报社领导、记者的座谈会。在启动仪式上，欧阳部长对实践队的到来表示热烈欢迎与感谢。在座谈会上，喀什日报社刘一兵书记为新传学院师生介绍了《喀什日报》和喀什地区援疆的基本情况，以及援疆为报社带来的变化。下午，在疏附县宣传部张志科部长、发改委廖国文副主任和宣传部沙吉丹等人的带领下，新传学院师生深入喀什地区最偏远的什木乡明尧勒村进行采访调研，了解当地援疆政策和成效，感受民情生活，并在沿途无人区进行拍摄。

实践队在调研的过程中了解到，通过援疆建设，明尧勒村家家户户都通上了水电，当地村民的生活得到了大大改善。有的村民在自家庭院经营农家乐，农家乐内配套设施齐全，除了提供餐饮服务之外，还设有划船、跳舞等娱乐休闲活动分区，在为游客带来欢乐的同时，也能够为村民带来经济效益。

（新闻与传播学院　莫炜　蚁子林　吴铭帆）

8月14日　广州大学学生获全国大学生化工实验大赛一等奖

8月12—14日，第三届全国大学生化工实验大赛在大连理工大学举行。广州大学化学化工学院派出队伍参赛，经过理论笔试、仿真操作、实验操作等环节，从64支决赛队伍中脱颖而出，荣获一等奖。

获奖师生合影

全国大学生化工实验大赛是由教育部高等学校化工类专业教学指导委员会、中国化工教育协会举办的专业技能大赛。今年全国有450支代表队参赛，本次总决赛由中南、华北、华东等6个赛区选拔出64支代表队参加，共角逐出特等奖6名、一等奖26名、二等奖32名。

（化学化工学院）

8月18日　广州大学散打队参加2019年中国大学生武术散打锦标赛获佳绩

8月18—25日，由中国大学生体育协会主办，中国大学生体育协会民族传统体育分会承办的2019年中国大学生武术散打锦标赛在哈尔滨体育学院冰球馆举行。来自全国各大高校的70支代表队的700多名运动员报名参赛，报名人数创历届比赛之最。比赛分为甲、乙、丙、丁4个组别，运动员共进行13个单元的500余场比赛。

广州大学代表队成员

本次比赛广州大学派出1名教练员和8名运动员参加，在8月20—24日为期5天的比赛中，不畏强手、敢打敢拼，为荣誉而战，最终获得1金2铜的好成绩。其中，体育学院2015级的李德福同学获得男子乙组54公斤级的金牌，他已连续三届获得该级别的冠军。化学化工学院郑旭芸同学获女子甲组51公斤级季军，环境科学与工程学院林楚龙同学获男子甲组54公斤级季军，化学化工学院伍旭贤同学获男子甲组85公斤级第五名，数学与信息科学学院吴怡君同学获得“体育道德风尚奖”。

赛后，中国武术协会副主席苏长来教授对李德福同学连续获得三届男子乙组54公斤级冠军和我校获得的成绩表示祝贺，同时希望广州大学学子弘扬武术精神，追寻无上荣耀。

散打是中华武术的精华，也是具有独特民族风格的体育项目。散打训练不仅能够发展人的力量、耐力、柔韧、灵敏等素质，还可以发展人的心智，让人的身心得到全面的锻炼。近年来，广州大学散打队始终秉持“博学笃行，与时俱进”的校训，致力于培养有志气、有胆识，勇于战胜自我、超越自我，并符合学校“爱体育”人才培养目标要求的运动健儿。

（体育学院　群体与竞赛管理中心）

8月21日　广州大学学生在第三届全国大学生天文创新作品竞赛中勇创佳绩

8月19—21日，广州大学物理与电子工程学院参与承办了“金都超星杯”第三届全国大学生天文创新作品竞赛。本项竞赛由中国天文学会与教育部高等学校天文学类专业教学指导委员会共同主办，是目前国内天文学领域最高级别的大学生科技竞赛。8月19日，51支入围决赛的代表队在广州大学行政西楼二楼会议厅进行了集中展示和答辩，广州大学由物理与电子工程学院、计算机科学与网络工程学院、地理科学学院和机械与电气工程学院本科生组成的18支代表队，共斩获2项一等奖、8项二等奖和8项三等奖，为学校争得了荣誉。广州大学获奖数在参加决赛的19所高校中名列前茅，获得“优秀组织奖”。

本届赛事由中国天文学会普及工作委员会、中国天文学会教育工作委员会、广东天文学会、广州大学物理与电子工程学院共同承办，上海科普教育发展基金会天文专项基金协办，中国虚拟天文台、北京天文馆、天文爱好者杂志社、科学出版社、山东大学（威海）空间科学与物理学院等单位提供支持。本届竞赛的承办工作顺利完成，得到了主办方的高度评价，大赛也得到了《广州日报》的报道，引起了良好的社会反响。

（物理与电子工程学院　学工办）

参与竞赛人员合影

8月25日　马克思主义学院开展“一对一”师生结对活动

8月25日，马克思主义学院迎来71名本科新生，学院师生以饱满的精神状态和热情周到的服务迎接前来报到的新生们。上午10点，学院党委在迎新大本营举行了2019级“一对一”师生结对活动启动仪式。广州大学党委书记屈哨兵、副校长吴开俊、学校部分职能部门负责人出席了启动仪式并视察了我院迎新工作。学院院长赵中源、党委书记罗明星、副院长黄禧祯、副书记朱晓军、结对教师及新生参加了仪式。

马克思主义学院从2013年起对思想政治教育专业本科生实施“赤诚育桃李、丹心伴你行——师生‘一对一’结对辅导”工作项目。该项目精选教师与学生“一对一”结对，在学生四年的学习期间，教师在思想引领、专业学习、学术科研、心理健康、社会实践、职业规划等方面对学生进行全方位、不间断的指导和关心，目的是在班级教学的基础上针对学生的个体特征进行差异化培养，激发学生的个体潜能，促进学生的全面发展，为社会输送更优质的人才。校领导对学院“一对一”师生结对的活动形式给予了高度肯定，认为其凸显了学院的特色和优势，希望全院师生在学院党委的领导下，继续保持这种特色和优势，进一步为广州大学建设高水平大学和实现“德才兼备、家国情怀、视野开阔，爱体育、懂艺术，能力发展性强的高素质创新人才”这一人才培养目标作出贡献。

（马克思主义学院　学工办）

“一对一”师生结对活动合影

8 月 25 日　教育学院召开新生校情校规及安全教育大会

8 月 25 日晚，教育学院 2019 级新生校情校规及安全教育大会在图书馆副楼讲学厅召开，这也是学院新生参加的第一次大会。学院党委副书记陈宇红及辅导员张方超、蔡冰出席本次会议，会议由 2019 级新生辅导员李倩主持。

陈宇红副书记寄语新生

陈宇红副书记对 2019 级新生加入教育学院的大家庭表示欢迎，为新生介绍第一班主任、班主任、辅导员、导生所担任的角色，简单介绍入学工作相关安排，包括开学典礼、开学第一课、院系见面会、成长论坛等活动，并向新生们提出三点建议：一是尽快适应大学生角色的转变，强调专业学习的重要性，为长远发展打下扎实基础；二是了解辅导员、导生以及班主任的角色定位，强调配备第一班主任对接班级是为了建立良好的师生沟通渠道；三是养成大学生基本的行为素养，以饱满的精神风貌迎接大学生活。

出席此次会议的辅导员分别介绍了现阶段所负责的学生工作，就同学们应如何充实度过大学四年生活、提升专业技术能力、培养个人气质修养等问题提出了宝贵的建议，并寄语新生拥有充实而有意义的大学生活。最后是导生组全体成员进行自我介绍，分享自己对于大学生活的认识和感悟。

（教育学院　学工办）

8 月 25 日　第五届新疆籍少数民族预科班家长会顺利召开

8 月 25 日下午，广州大学第五届新疆籍少数民族预科班家长会于图书馆副楼 108 室顺利召开。会议由人文学院党委书记王琼主持。出席本次会议的领导有：校党委书记屈哨兵，副校长吴开俊，新疆预科班第一班主任张强，教务处处长聂衍刚，学生处处长黄志凯，校团委书记王国栋，人文学院副院长禤健聪、副书记刘军军等。

首先，屈哨兵书记发表讲话，他对到达广州大学的新疆学子及家长表示热烈欢迎，并向与会家长展示广州大学悠久办学历史及发展历程。屈书记向家长介绍学校二十四字人才培养目标，希望同学们能照此目标不断努力。其次，吴开俊副校长围绕学校发展现状展开讲话，他表明学校将调动各方面优质资源来培育预科生。再次，预科班第一班主任张强老师发表讲话，希望家校共同履行责任，也希望同学们能尽快适应大学生活，并认真对待学业。最后，与会人员共同观看预科班宣传片《礼物》，感受学校对预科班学生及其他少数民族学生的真切关爱。宣传片播放结束后，各位家长针对子女在校学习、生活方面展开提问，王国栋书记、李敏老师、蔡强老师及相关辅导员、班主任就校园文体活动、预科班相关管理制度、专业学习、安全教育等问题进行解答。

至此，广州大学第五届新疆籍少数民族预科班家长会圆满结束。

（人文学院　新闻中心）

家长认真观看宣传片

8月25日　音乐舞蹈学院“小燕访谈室”开展“携手共育　静待花开”（家长专场）活动

8月25日，由音乐舞蹈学院党总支副书记刘小燕主持的“小燕访谈室”第21期“携手共育　静待花开”（家长专场）活动在演艺中心202室顺利举行。本场活动旨在让在座家长对孩子的大学学习和生活有新的了解，同时在专家的引导下思考如何当好大学生家长。

（音乐舞蹈学院　“小燕访谈室”）

李颂东书记、刘小燕副书记、辅导员李殊萱老师与访谈嘉宾合影

8月26日　2019级新生“名师第一课”开讲

为引导新生准确理解学校“德才兼备、家国情怀、视野开阔，爱体育、懂艺术，能力发展性强”的人才培养目标，引导学生认识专业，培养专业兴趣，增强专业认同，学校邀请了包括计算机软件教育领域顶尖学者张景中院士、抗震隔震与减震控制领域著名专家周福霖院士、计算数学专家郭柏灵院士、中国标准化协会网络与信息安全技术委员会主席方滨兴院士、国际欧亚科学院张新长院士等在内的14位顶尖专家主讲“名师第一课”，引导新生坚定理想信念、树立远大理想、开启学术追求、播下创新创业种子，扣好大学生涯第一粒扣子。

（广大学工）

“名师第一课”现场

8月26日 人文学院开学典礼暨“名师第一讲”顺利召开

8月26日晚，人文学院2019级新生开学典礼暨“名师第一讲”于图书馆副楼报告厅顺利召开。人文学院名师代表、院系领导、各办公室主任、班主任及辅导员参加了此次典礼。开学典礼由学院党委副书记刘军军主持。

在全体师生奏唱国歌之后，纪德君院长上台致辞。纪院长首先代表人文学院欢迎新生的到来，并介绍人文学院的办学历史与教学成就。他希望同学们能多读书、练体魄，成为一个内外兼修、有才气的人文学子，达到新的人生境界。其次，教师代表刘畅上台发言。他用新潮的“电子游戏”引入，将大学生活比作游戏中的“新手村”，需要每一位“勇者”去闯荡，去奋斗。刘老师讲到，大学是人生一次全方位的提升，但这段历程是限时的，希望同学们不要轻易懈怠，能够一直保持谦虚好学之心。再次，学生代表邵泽丽上台发言。邵同学认为，“青春须早为，岂能长少年”，希望新生制订好目标与计划，度过最美好的四年时光。最后，2019级新生代表黄梓渝上台发言。黄同学希望自己及在座同学以全新姿态迎接大学生活，时刻牢记“博学笃行，与时俱进”这一校训。

至此，广州大学人文学院开学典礼暨“名师第一讲”圆满结束。

（人文学院　新闻中心）

开学典礼现场

8 月 26 日　旅游学院新生开学典礼暨军训动员大会顺利举行

8 月 26 日，旅游学院 2019 级新生开学典礼暨军训动员大会于桂花岗校区图书馆学术报告厅顺利举行。旅游学院院长张河清、党委书记刘向晖、党委副书记刘绍东、副院长何向、各系主任、支部书记、副系主任、学工办老师、新生班班主任、导生导助及全体本科新生参加了本次会议。

张河清院长在致辞中对 2019 级本科新生的到来表示热烈欢迎，并介绍了学校和学院的基本情况，他希望同学们在大学四年锻炼出勇于创新的品质、较强的实践能力、过硬的综合素质和宽广的国际视野。

刘向晖书记在军训动员大会上讲话

2017 级学生代表、学院团委副书记何夏程代表学院学生们表达了对新生诚挚的欢迎，希望他们可以在学习、工

八月

作中一展才华、在社会实践中得到锻炼、在专业比赛中提升自我，不断收获和成长。

中法191班刘利莎同学作为新生代表发言，她表示决心积极争取各方面机会不断地提升综合素质，努力成为更优秀的自己。

新生开学典礼结束后进行了2019级新生军训动员大会。刘向晖书记对2019级新同学表示亲切的问候和热烈的欢迎，希望同学们严于律己，以饱满的精神状态和优良的精神面貌迎接军训的到来，接下学长学姐们多年传承下来的优秀接力棒，为班集体和学院再创佳绩！

在同学们的热烈掌声中，旅游学院2019级新生开学典礼暨军训动员大会圆满落下帷幕。同学们纷纷表示将传承旅游学院优良传统，争做新时代的有为青年，争创2019级新的光荣！

（旅游学院　陈绮惠）

8月26日　“飞粤计划”科普团队荣获“三下乡”省级重点团队及“灯塔实践团队”称号

根据《关于开展2019年广东大中专学生志愿者暑期文化科技卫生“三下乡”社会实践活动的通知》（团粤联发〔2019〕17号）、《关于开展2019年广东大中专学生志愿者暑期文化科技卫生“三下乡”社会实践新时代文明志愿服务团专项活动的通知》要求，经过学校推荐、省级遴选及公示，广州大学旅游学院“飞粤计划”航模科普教育项目团队被评选为省级重点团队和“灯塔实践团队”。

围绕学习习近平总书记在“科技三会”上的讲话和关于青年教育培养重要论述，结合创新科普理念和服务模式，旅游学院本科生第一党支部积极响应“三下乡”号召，以爱国主义教育与科普教育为主要内容，以共建党员服务站为形式，组织开展“飞粤计划”航模科普教育项目，引导党员践行党的十九大精神，在学习、服务与创新实践中发挥示范引领作用，加强党建带团建。

本科生第一党支部把实践活动与助力乡村科普教育发展及提升留守儿童、青少年科学素质相结合，设计“航模初体验”“编程初体验”等系列体验游戏，寓教于乐，助力培养农村留守儿童与社区青少年对科学的好奇心。经精心组织与运作，党员服务站整合多方科普教育资源并共建党组织，分别与海珠区志愿者行动指导中心（海珠区志愿者协会党支部）、开平市龙胜镇政府（机关党支部）、龙胜小学（龙胜小学党支部）及中海物业管理广州有限公司党支部等签约、挂牌共建实践基地，为今后开展党团志愿服务项目提供了有力支持和保障。

青春心向党，建功新时代。党团志愿者将在党的思想引领下继续不忘初心，奋勇前行，为中华人民共和国成立70周年送上一首青春的赞歌。

（旅游学院　陈志明　龙梓雯）

实践队成员合影

8月26日　公共管理学院在桂花岗校区举行新生入学教育系列讲座

为增进2019级新生对本专业的了解，明晰专业培养目标与课程设置，8月26日下午，公共管理学院政府管理系、社会学系专业教育讲座在桂花岗校区5号楼南410、518室举办。本次讲座特邀公共管理学院政府管理系王枫云教授、社会学系谢俊贵教授担任主讲人。

王枫云教授从行政管理的概况、定义、演进历程、现实状况以及未来走向等方面展开专业介绍，主要从国内外两个维度讲述了我国行政管理的演进历程。并希望同学们为民主、开放、包容、互惠的共享型行政管理作出贡献。

谢俊贵教授则结合社会学专业培养目标和专业课程设置等内容与同学们分

享社会学学习的“密码”——“1234”：1个目标（学好社会学）、2种打算（就业和申硕）、3类能力（能调会研、能写会做、能说会道）、4类知识（基本理论知识、方法知识、话语知识、实践知识）。

王枫云教授在讲座上发言

8月27日上午，公共管理学院2019级新生入学教育专题讲座在桂花岗校区5号楼南410教室举行，本次讲座由学院党委副书记何瑞豪主讲。何书记以“如何开启真正的大学生活”为主题，对同学们未来的大学生活提出恳切建议。他认为，在大学生活中学会礼貌、学会尊重、学会共处、学会做人很重要。

（公共管理学院　新媒体中心）

8月27日　教育学院举行班级愿景分享会

为贯彻落实学校党委《关于进一步加强学生班集体建设的实施意见》的工作要求，教育学院于8月27日下午在文逸楼309室召开“我们的大学”——班级愿景分享会。广州大学副校长吴开俊作为小学教育191班的第一班主任，

吴开俊副校长与新生们交流

与191班的班主任李家新一起参加此次会议，会议由教育学院党委副书记陈宇红主持。

会上，吴开俊副校长与全班同学交流了学校在大一新生中首次实施第一班主任制度的初衷，提出和同学们共同探索优秀班集体建设的愿望，引导并要求同学们领悟学校“德才兼备、家国情怀、视野开阔，爱体育、懂艺术，能力发展性强”这二十四字人才培养目标，并就如何做好大学四年生活规划给出了具体的建议：第一，要对大学有着清醒的认识；第二，充分利用学校的平台和资源；第三，主动关注前沿和热点话题；第四，培养语言表达和逻辑思维能力。

（教育学院　学工办）

8 月 28 日　广州大学学子在中国大学生计算机设计大赛总决赛中获一等奖

经过层层选拔、积极备战，广州大学在 2019 年（第 12 届）中国大学生计算机设计大赛全国总决赛中共斩获全国一等奖 1 项，全国二等奖 3 项，全国三等奖 8 项，省级一等奖 2 项，省级二等奖 10 项，省级三等奖 14 项，并获“优秀组织奖”，获奖总数再创新高。其中，新闻与传播学院潘佩欣、梁晓雯同学的作品《一纸之间》获得全国一等奖。

参赛师生合影

中国大学生计算机设计大赛由教育部高等学校大学计算机课程教学指导委员会和中国大学生计算机设计大赛组织委员会联合主办，是一项面向全国高校所有本科生的赛事，分为省级初赛、省级决赛和全国决赛。本次赛事共有来自全国 604 个高校的 4 400 余件作品入围，规模之大、范围之广、人数之多创历年大赛之最。

此次大赛，有效激发了我校学生学习计算机知识的兴趣，培养了学生运用信息技术解决实际问题的实践能力，体现了青年大学生积极向上的精神风貌，对推动我校计算机教学改革，提高学生运用信息技术解决实际问题的综合实践和创新应用能力具有积极意义。

（教务处　实验中心）

8月28日　广州大学学生获“中国土木工程学会高校优秀毕业生奖”

近日，中国土木工程学会传来喜讯，土木工程学院陈乙轩同学从全国众多土木工程专业的毕业生中脱颖而出，荣获2019年度“中国土木工程学会高校优秀毕业生奖”。

陈乙轩同学是土木工程学院2019届土木工程专业本科毕业生，中共党员。他曾获广州大学“优秀学生”“科研达人”，广州大学土木工程学院“十佳学生”等荣誉称号；本科期间还获得过国家奖学金和国家励志奖学金。他积极参与科研实践工作，负责广东省大学生创新训练项目1项、广州市教育局高校创新创业教育项目1项，发表核心期刊论文2篇，参与申请专利1项。他连续三年担任班级团支书，带领班级先后获得“广州市五四红旗团支部”“广州大学五四红旗团支部”、广州大学“活力团支部”等荣誉称号，同时他本人也连续三年获得广州大学“优秀学生干部”“优秀团干部”“优秀学生会干部”等荣誉称号。

2019年度中国土木工程学会高校优秀毕业生奖评选由中国土木工程学会教育工作委员会组织开展，经全国土木工程专业院校推荐，评审委员会评审，学会秘书处审核，决定授予53名同学该奖项，其中来自土木工程专业的同学有36名。

中国土木工程学会高校优秀毕业生奖由中国土木工程学会于1989年设立，旨在表彰主修土木工程专业包括工程管理专业的品学兼优高校优秀毕业生。其与“中国土木工程詹天佑奖”“中国土木工程学会优秀论文奖”并列，是土木工程专业三大全国性奖项之一。该奖项自设立以来，每年评选一次，条件严格，竞争激烈，重视对学生综合素质和创新能力的考察。

（土木工程学院）

8月29日　广州大学举行本科新生开学典礼暨军训动员会

开学典礼暨军训动员会现场

8月29日上午，广州大学2019年本科新生开学典礼暨军训动员会分别在桂花岗和大学城两个校区举行。在校长和导师们给全体新生送上殷切寄语后，7 600多名新生将开始为期14天的军训生活，在广大校园开启人生的新篇章。

“大学是科学的殿堂，是刻苦钻研、用知识武装自己的场所。在广州大学没有保险柜，没有人能担保你们每个人四年后都能从这所大学获得毕业证书和学位证书。”在开学典礼上，校长魏明海以一名师长的身份和新生们交流大学生活，告诫同学们要努力求知、奋发向上，不要把大学当作成长的温床，抛掷学业、散漫玩乐。

外国语学院黄淑君同学和数学与信息科学学院李翊之同学作为新生代表发言，表达了他们对未来大学生活的憧憬和展望，表示一定要珍惜大学时光，树立远大理想，热爱伟大祖国，担当时代责任，练就过硬本领，勇做新时代的追梦人和圆梦人，努力成为“德才兼备、家国情怀、视野开阔，爱体育、懂艺术，能力发展性强”的高素质创新型人才。

从8月29日至9月11日，2019级全体本科新生将统一接受为期14天的军事理论学习和军事技能训练，正式开启精彩的大学生活。

广州大学一直将新生军训作为爱国主义教育和入学教育“第一课”的重要内容，并专门成立了由学校党委书记、校长挂帅的军训领导小组，负责学生军训的组织领导工作。学校希望通过系统的军事训练，除了加强学生的爱国教育，帮助新生提高综合国防素质、掌握应对各种自然灾害及突发事件的处理能力外，还希望同学们培养艰苦奋斗、吃苦耐劳的作风，树立正确的价值观和人生观，进一步认识自我、建立自信，为今后的大学生活打下坚实的基础。

（宣传部　杨春荣）

我们的大学

September 九月

九月

9月2日　物理与电子工程学院开展“我与祖国共奋进”主题团日活动

为了庆祝中华人民共和国成立70周年，大力唱响礼赞新中国、奋进新时代的青春主旋律，9月2日上午，物理与电子工程学院在升旗广场举行了“我与祖国共奋进——国旗下的演讲”主题团日活动。学院党委书记陈泽龙、学院党委副书记李燕冰、全体辅导员、2019级全体新生团员参加了本次主题团日活动。

伴随激昂的《义勇军进行曲》，鲜艳的五星红旗缓缓升起，迎风飘扬，全体师生肃立，奏唱国歌，向国旗行注目礼。“云山珠水，羊城堂皇，广州大学，在此一方。”伴随悠扬的《广州大学校歌》，校旗缓缓升起。

优秀团员代表梁文懿同学谈道：“国家的伟大，莫过于以改革之魄力圆国人之理想；人生的精彩，莫过于以拼搏之活力筑家国之梦想。作为新时代的新青年，我们应当把个人梦想融入伟大的‘中国梦’，争做时代的弄潮儿。”

李燕冰副书记指出，2019年是中华人民共和国成立70周年，全体师生要在缅怀历史中牢记责任和使命，以中华人民共和国成立70周年为起点，牢记科技兴国使命，追求卓越。李副书记在讲话中重点谈到三点“新”：一是新的起点，新的奋斗。二是新的军训，新的拼搏。三是新的目标，新的成功。

新的学期，新的开始。希望广大青年记住这种热血沸腾的感觉，牢记誓言、不忘初心、砥砺前行，担当起时代使命，以实际行动为祖国献上美好的祝福！

（物理与电子工程学院　学工办）

主题团日活动现场

9月2日 人文学院新疆预科班新生聆听南沙拓展训练基地讲座

9月2日，人文学院新疆预科班新生南沙拓展训练基地讲座顺利开展。出席本次活动的领导、老师有：2019级新疆预科班第一班主任张强、人文学院党委书记王琼及李敏工作室主持人李敏老师。

新疆预科班新生聆听了张强老师的讲座。他从新疆调研、工作经历谈起，随着一个个熟悉的地名被提起，预科班同学们倍感亲切，这拉近了老师与同学之间的距离，现场氛围活跃。随后，张强老师谈到与预科班同学父母的会面，赞扬各位同学的父母不远万里送孩子来广州读书的这种大爱，并回顾了与同学父母会面的情景，父母的殷切希望和老师的谆谆教诲让现场的学员分外动容。此外，他还从一个长辈的立场，勉励同学们努力学习，专注于知识及技能的提升，只有学好技能才能更好地服务社会，报效祖国，建设新疆。他叮嘱同学们：需把自己的命运与祖国的命运紧密联系起来，不被邪恶势力和极端势力引诱，自觉维护祖国、人民的利益，在实现自我价值的同时，成为对社会、对国家、对人民有益的人。

讲座之后，张强老师还参观了同学们的训练基地、营房等，更为深入地与他们进行了面对面的交流。

（人文学院　王晓通）

预科班同学与老师们合影

9月2日　广州大学少数民族新生共升国旗

升国旗仪式

新学年开启，广州大学迎来了一群特别的新生，他们来自不同的少数民族，有着同一颗中国心。9月2日上午，2019级少数民族预科班新生和分布广东各地的600万学生一起在同一片天空下为祖国升国旗，并在国旗下宣誓做好护旗手。

升旗仪式后，同学们在国旗下庄严宣誓："坚决拥护中国共产党的领导，坚决维护国家统一和民族团结，坚定信念，勇于担当，崇尚科学文明，远离宗教极端，率先垂范，全面发展，做党和人民的好儿女。为中华民族伟大复兴而贡献青春，无怨无悔！"同学们纷纷表示，正是因为心中有国旗，心中有国歌，无论走到哪里，都会将国旗升起，让国旗在祖国的蓝天高高飘扬。

副校长吴开俊参加了升旗仪式，要求同学们：自觉维护民族团结和祖国统一，坚定地做民族团结的促进者、维护者、捍卫者；勇担时代责任，勤奋学习，增长才干，肩负起使命，扬起理想的风帆；加强道德修养，培养家国情怀，做有理想、有本领、有担当的社会主义建设者和接班人。

（学生处）

9月2日　广州大学学生代表参加中国红十字会第十一次全国会员代表大会

9月2日，中国红十字会第十一次全国会员代表大会在北京人民大会堂隆重召开。中共中央总书记、国家主席、中央军委主席习近平在人民大会堂亲切会见全体代表，勉励他们弘扬"人道、博爱、奉献"精神，改革创新、奋发有为，为红十字事业发展作出新的更大贡献。我校红十字会学生分会会长、经济与统计学院2017级本科生崔鑫玥同学作为广东省唯一青少年代表参加了此次大会。

崔鑫玥同学在大会现场

大会期间，崔鑫玥同学参加了广东省代表团会议，就红十字青少年发展提出相关建议，并与来自全国各地的红十字青少年代表结下深厚友谊。崔鑫玥同学感慨，能有幸参与此次盛会，对一名在校大学生来说是一次非常珍贵的机会和荣耀，对于她来说不仅是巨大的鼓舞，更是对我校红会工作的极大肯定与认可。作为高校青年代表，她表示将持续认真学习会议精神，不忘青年使命，积极投身于红会事业当中，努力成为一名推动红会事业发展的有志青年。在今后的学生干部工作中，将积极组织学校红十字会在发扬人道主义精神、传播公益理念、培养奉献意识等工作方面，发挥更积极的作用。

我校红十字会自2000年成立以来，在学校党委、团委的领导下，以发扬“人道、博爱、奉献”的红十字精神为宗旨，积极开展各项工作，在艾滋病同伴教育、应急救护培训、无偿献血与造血干细胞入库、关老爱幼等方面，作出了突出成绩，构建了具有特色的“四位一体”活动模式，成为我校大学生思想道德建设和文化素质建设的新高地，先后获得“红十字会工作先进集体”“广东省无偿献血促进奖”等荣誉称号。

（校团委）

9月6日　人文学院汉国教172班召开“承前启后开学季，抓住大三关键期”主题班会

9月6日下午，人文学院汉国教172班“承前启后开学季，抓住大三关键期”主题班会于文新楼315室顺利召开。出席本次活动的领导、老师有：广州大学党委书记屈哨兵、人文学院党委书记王琼、人文学院党委副书记刘军

军、人文学院2017级辅导员张立、汉国教172班班主任王苗。

会上，师生共同观看了“主题团日活动”视频。王琼书记为同学们介绍屈书记“第一班主任”身份的含义。而后，同学们分享了暑假社会实践心得、体验。第一位同学分享了以广州大学人文学院“知行岁粤”项目组志愿者身份帮助广州外来随迁子女体验广州文化的实践经历。第二位同学分享暑期在梅州调研时体验客家民俗“过月半”的经历。第三位同学分享了别开生面的团建活动。第四位同学分享了暑期在饶平县义教时的诸多感悟。随后，汉国教172班同学从树立良好班风、加强学风建设方面提出多个建议，如将“经典百书”读后感结集成册，建立资源共享群等。在自由提问环节中，同学们针对学习生活等方面的问题与屈书记交流，畅所欲言。班会最后，屈书记进行活动总结。他建议汉国教172班同学继续提高综合能力，成为“能力发展性强”的学子，并希望同学们多阅读“经典百书”。

（人文学院　汉国教172班）

屈哨兵书记等领导与同学们合影

9月6日　教育学院举办2019年“我与祖国共奋进”军训文艺汇演

恰逢中华人民共和国成立70周年的伟大时刻，教育学院积极响应学校“爱体育，懂艺术”的号召，于9月6日晚在电子信息楼架空层举行了2019年“我与祖国共奋进”军训文艺汇演。

本场汇演由慷慨激昂的全体大合唱《歌唱祖国》拉开帷幕。各班级和艺术团纷纷为庆祝祖国华诞献上了精彩绝伦的表演。歌舞表演《我爱你中国》，新疆同学们载歌载舞，点燃了全场的气氛。诗朗诵《致人民军队》，声情并茂地诉说着对军人的敬意，感染了在场的每一个人。歌曲演唱《骄傲的少年》，唱响青春的旋律，激发了同学们心中的热血。教官的队列训练展示更是将汇演推向了高潮，赢得了全场师生的喝彩，掌声与欢呼声不绝于耳。精彩纷呈的汇演不仅彰显了学院学子的多才多艺，更充分表达了同学们对祖国 70 岁华诞的衷心祝福。戎装披在身，披上的，不仅是军装，更是对祖国的一份担当，是保卫祖国的神圣使命。

本场汇演在教官们掷地有声的口号声中落下帷幕，歌舞飞扬，军民同乐，气氛热烈！教育学院学子也将整装待发，积蓄能量，树立远大理想，厚植爱国主义情怀，培养奋斗精神，肩负起当代青年的历史使命与责任担当，为祖国的繁荣昌盛贡献力量。

（教育学院　学工办）

军训文艺汇演现场

9月6日　公共管理学院开展“送清凉”活动及新生军训拉练

9 月 6 日，公共管理学院党委副书记何瑞豪及辅导员刘志东、成美好等前往桂花岗校区军训现场亲切慰问教官与军训新生，并向 2019 级新生发放军训清凉解暑饮品，提醒同学们注意防暑降温。

何副书记代表学院向在炎炎烈日下辛苦训练的教官们表达了衷心的感谢和崇高的敬意，并鼓励新同学咬牙坚持，发扬不畏酷暑、不畏艰辛的军训精神，为公共管理学院争光。同时，何副书记也希望所有学生干部保障军训后勤服务，助力学院圆满完成 2019 级新生军训工作。

军训中的新生

上午的“送清凉”活动结束后，备受鼓舞的新生们以高涨的士气迎来了下午的拉练活动。新生们从运动场出发，穿过喧闹的市区，在曲径通幽的雕塑公园开始拉练。拉练过程中，教官不时提醒与引导：“上坡的时候身子微向前倾，减少阻力。”“注意安全，不要跑！”新生们汗湿军装，一边静听教官训导，一边大步向前。导生们挂着汗珠的脸庞、湿透的衣服、坚毅的背影，也给新生们作出了最好的榜样。三千米徒步最后顺利完成，新生们在这次活动中再次锻炼了自身的体力与毅力。

（公共管理学院　马晓妍）

9 月 8 日　广州大学举办学生学年礼

9 月开学季，各高校纷纷迎来开学第一课。9 月 8 日，广州大学分别面向大二至大四年级全体学生举办学生学年礼，两万多名学生集体亮相，为新学年吹响“冲锋号”。为祖国升国旗、主题快闪献礼中华人民共和国成立 70 周年、首设厚植爱国主义情怀奖……今年广州大学的开学第一课，爱国主义教育“唱主角”。

学年礼现场表演

大二学生的学年礼主题是“德才兼备、家国情怀 + 爱体育、懂艺术”、大三学生的学年礼主题是“德才兼备、家国情怀 + 视野开阔”、大四学生的学年礼主题是“德才兼备、家国情怀 + 能力发展性强”。“爱体育”强调学生要有一到两项体育技能，养成健康的生活方式。“懂艺术”则强调同学们要拥有艺术兴趣爱好和特长，同时具备一定的艺术鉴赏能力。“视野开阔”强调同学们要阅读、赏析经典，开展各类学习交流、课外学术、社会实践活动，从而开拓拥有中华文化自信的中国视野和面向世界的国际视野。“能力发展性强”强调同学们在课业成绩、语言文字表现、团队合作表现、创新创业实践等方面的提升。

在第一场学年礼的开场，随着《我的祖国》单簧管演奏的优美旋律响起，大屏幕上开始播放习近平总书记对青年学生的殷切寄语。随后，《我和我的祖国》快闪拉开学年礼帷幕，由 80 余名学生和艺术团代表组成的快闪团队，以丰富多彩的表演形式，用真挚的歌声、优美的舞姿、精彩的传统舞龙舞狮表演表达对祖国的无限热爱和祝福。

“我和我的祖国，一刻也不能分割。无论我走到哪里，都流出一首赞歌……”歌声感染了在场所有师生，全场热情被点燃。大家纷纷挥舞着手中的小国旗，共同唱响《我和我的祖国》，声情并茂地向祖国深情表白，以特别的方式为中华人民共和国成立 70 周年献礼。

学年礼上发布了广州大学 2018—2019 学年学生“德才兼备家国情怀培养”“体育发展”“艺术发展”“视野拓展”“能力发展”5 份学生素质发展评价报告，并表彰了一批在坚定理想信念、厚植爱国主义情怀、加强品德修养、增长知识见识、培养奋斗精神、增强综合素质、文体艺发展等方面表现突出的先进集体和个人。

本次学年礼还开通了网络直播平台，广大师生、家长可通过网络收看学年礼直播情况。

（广大新闻网　广州大学微信公众号　广大学工微信公众号）

9 月 8 日　广州大学举办夏秋季入伍新兵欢送会

9 月 8 日，广州大学召开 2019 年夏秋季入伍新兵欢送会，周云副校长出席会议并讲话，校征兵成员单位代表，各学院领导和辅导员、全体入伍新兵及其家长和学生代表等共约 120 人参加欢送会。

会上，校武装部负责人通报了学校今年征兵工作情况。2019年，广州大学学子积极响应党和国家的号召，踊跃报名应征，接受祖国的挑选。广州大学在校属地报名应征网报同学为220人，同比增加19%。其中，应届毕业生50人，同比增加109%；在读研究生2人，实现了研究生零的突破。经兵役机关批准，我校42名男同学（含毕业生11名、士官3名）将成为中国人民解放军及武装警察部队的一员，另有6位女同学正在办理相关手续。

夏秋季入伍新兵欢送会现场

新兵代表谢静辉在会上感恩父母生养、感谢学校教育栽培，表达了自己不辜负众望的决心；退役老兵骆业强分享了入伍经历，引导新兵严于律己，早日成长为一名合格战士；华软软件学院徐峰老师介绍了学院征兵工作经验。

副校长周云代表学校给入伍学生颁发了入伍通知书、佩戴大红花，并向入伍新兵提出三点希望：一是树立坚定的理想信念，勇于担当强国使命；二是历练成才，努力锻造成为钢铁战士；三是牢记师长嘱托，加倍努力为校争光。

（武装部）

9月9日　生命科学学院生工182班团支部举办“千千工程”活动

9月9日，生命科学学院生工182班团支部举办主题为“我与祖国共奋进——国旗下的演讲”的“千千工程”活动。教师党员陈鲲、雷德柱、夏岩石和岳莎出席了活动。

团支部成员在团支书的带领下，重温入团誓词：“我志愿加入中国共产主义青年团，坚决拥护中国共产党的领导，遵守团的章程，执行团的决议，履行团员义务，严守团的纪律，勤奋学习，积极工作，吃苦在前，享受在后，为共产主义事业而奋斗！”在国旗下，全体成员举起右手，面对着鲜艳的五星红旗，重温入团誓词，集中展现了共青团员们与祖国同呼吸、与时代共奋进的爱国主义情怀和昂扬精神风貌。

“我和我的祖国，一刻也不能分割！……”全体师生唱起《我和我的祖国》，师生们扬起手中的五星红旗，课室里瞬间成为红色的海洋，“千千工程”活动在歌声中圆满结束。

“千千工程”活动师生合影

此次团日活动旨在通过沉浸式的仪式教育，激励和引导广大党员、团员大力弘扬以爱国主义为核心的伟大民族精神，牢记誓言，不忘初心，砥砺前行，以实际行动庆祝中华人民共和国成立 70 周年，与祖国共奋进、共成长！

（生命科学学院　生工 182 班团支部）

9 月 10 日　物理与电子工程学院各班开展“文明住宿，从我做起”主题班会

为了打造安全、舒适、文明、和谐的宿舍生活环境，根据学校的安排与部署，9 月 10 日下午，物理与电子工程学院以班级为单位分别召开了“文明住宿，从我做起”主题班会。

班主任在班会上发言

主题班会围绕学习新修订的《广州大学学生住宿管理办法》、垃圾分类、理性爱护流浪猫、加强安全防范意识、做好防火防盗和登革热防控宣传教育五大内容进行。

在班会上，各班班主任阐述了广州大学大学城校区学生宿舍启动“互联网＋垃圾分类”工作的实施情况以及存在的问题，希望同学们积极响应党和政府的号召，自觉做好垃圾分类投放工作，为打造高品质的宿舍生活环境、建设美丽校园、保护生态环境作出自己应有的贡献。各班班主任还向同学们强调了登革热防控的重要性，指出了当前登革热疫情的严峻形势，要求同学们认真学习《广州大学登革热防控指引》，在日常生活中做好卫生清洁和定期灭蚊工作。

本次主题班会恰逢一年一度的教师节，同学们在班会结束后纷纷为老师们送上了诚挚的祝福。

（物理与电子工程学院　学工办）

9月10日　人文学院新疆籍少数民族学生举办中秋联欢会

9月10日下午，人文学院新疆籍少数民族学生中秋“团圆团聚团结”主题联欢会于演艺中心111室举行。出席本次活动的领导有：广州大学统战部部长林清才、学生处处长黄志凯、人文学院党委书记王琼、音乐舞蹈学院党总支书记李颂东、人文学院党委副书记刘军军及2019级新疆预科班第一班主任张强。

首先是王琼书记致辞，她希望新疆籍学子通过此次活动在广州大学感受到家的温暖，爱小家，更要爱国，要有家国情怀。文艺表演环节中，视频《文化中国之中秋篇》、诗朗诵《明月几时有》使现场同学深入了解了中秋节的由来及习俗，进一步感受中华传统文化魅力。舞蹈《花园》《萨玛舞》独具新疆特色，让现场气氛达到高潮。伴随着歌曲《感恩的心》，新疆籍学生代表向老师送上精心准备的礼物，表达诚挚祝福。此外，预科班学生代表为即将迎来70岁生日的祖国献上诗朗诵《祖国——我心中的一首歌》节目作为特别的礼物，传递与祖国一路同行的信念。随后，张强老师进行活动总结发言，他表示教师节应由师生一同度过，老师除了给学生传递知识外，更能塑造学生灵魂。最后，音乐舞蹈学院欧阳敏芮老师带领全场师生挥舞国旗，歌唱《我和我的祖国》，用歌声表达对祖国的赞颂与热爱。

（人文学院　新闻中心）

少数民族同学在表演

9月11日 广州大学举行2019级军训汇报表演暨总结表彰大会

9月11日，广州大学隆重举行2019级军训汇报表演暨总结表彰大会。校党委副书记聂贵新，副校长周云、张其学、孙延明、郭兴蓬，副校级领导张强，军训领导小组成员、各学院负责人，军训教官和2019级全体学生共8 000余人参加大会。

经过14天的军训生活，新生们精神抖擞，气势磅礴，在校领导检阅时，“为校争光”铿锵有力的回答此起彼伏；分列式展现了新生们的军训成果，齐步、正步整齐划一，口号嘹亮，摆臂、踢腿有力到位。各学院带来的汇报表演将整个大会推向高潮，他们分别表演了军体拳、反恐防爆、格斗术、战伤救护、防护和匕首操6个科目。匕首操方队举着鲜红的小国旗，摆出了“我爱广大”的字样，也让“博学笃行、与时俱进”的校训响彻运动场。

军训汇报表演现场

随后，周云副校长作军训总结讲话，他向承训部队的全体教官和服务在一线的师生表示了崇高的敬意。他指出，大一新生在军训中锻造了顽强的意志和健康的体魄，极大地发挥出了个人潜能和团队精神，表现出了军人般的优秀品质，达到了军训的目的。他希望同学们树立远大理想、坚定人生信念，加强理论和技能学习，做青年大学生中的领跑者；继续发扬军训的优良传统和作风，不抛弃、不放弃，充满正能量；珍惜时光，努力拼搏，奋发进取，不要把大学当作成长的温床，一定要努力求知，奋发向上。

最后，张其学副校长宣读了军训表彰通报，对一批作风优良、训练刻苦、成绩突出的先进集体和个人进行了表彰和颁奖。

（广大新闻网）

9月11日　人文学院2019级新生聆听青春健康教育讲座

9月11日，人文学院2019级新生青春健康教育讲座于图书馆讲学厅顺利举行，活动由广州医科大学卫生管理学院应用心理学系客座副教授、国家二级心理咨询师侯倩宇老师主讲。此外，出席本次活动的领导有：人文学院党委副书记刘军军，人文学院团委书记张立。

讲座现场

侯倩宇老师以高中及大学的区别引入话题，强调大学以自主学习为主，希望大家努力适应大学生活，多开展阅读，加深对专业知识的认识。紧接着，侯老师阐释健康的含义，并指出原生家庭及成长环境能够影响个人价值观。随后，她围绕爱情与恋爱问题重点展开讲述，如爱情基本内容、爱情与喜欢的区别、影响恋爱的因素，并针对恋爱的普遍问题提出建议。最后，侯老师建议同学们爱惜自己，保持独立与清醒，以正确态度对生命负责、对爱负责。现场氛围活跃，掌声不断。

（人文学院　新闻中心）

9 月 11 日　工商管理学院举办外省同学中秋座谈会

中秋座谈会现场

9 月 11 日，工商管理学院在桂花岗校区 5 号楼北 503 室举办了 2019 级外省同学中秋座谈会。工商管理学院党委书记李芬、副院长王学通、党委副书记甘健强以及辅导员梁世健和谢灿杰莅临现场，与来自全国 12 个不同省份的新同学及级委们座谈，答疑解惑，共庆中秋，缓解思乡之情。

座谈会中，王学通副院长介绍了学院的发展历程，感慨其中的不易。现如今的工商管理学院，已打通了本硕博连读这条途径，足以彰显工商管理学院较强的建设实力。

李芬书记鼓励同学们积极融入广州大学，尽快确立个人目标。她指出，广州大学发展正当其时，希望同学们与广大一起成长，共铸辉煌。

精彩的才艺表演使座谈会的气氛达到高潮，同学们一同欢呼一同歌唱。最后的故事分享环节，同学们独特的叙事魅力，带着些许乡愁，深深感染了大家。

两位老师的发言，使大家对广州大学以及广州有了大致的认识，希望广州大学全体大一同学都能在未来的四年里不忘初心，牢记使命，成就最好的自己！

（工商管理学院　黄嘉怡）

9 月 11 日　生命科学学院举办 2019 级新生军训总结暨实验安全教育大会

9 月 11 日下午，生命科学学院在理科南楼 622 室举行 2019 级新生军训总结暨实验安全教育大会。出席大会的领导、老师有：学院副院长林永波、学工办主任杨敏、2019级辅导员黄兆锋。

新生在教育大会上认真聆听

大会伊始，由黄兆锋老师宣读本次军训表彰文件，其中导生长吴蕾荣获“优秀导生”称号，蓝雨桥、叶碧丹等19名2019级同学荣获“军训积极分子”称号。

紧接着由杨敏老师作军训总结讲话。杨老师以“让军训走进生命”为主题，结合建设高水平大学以来学校、学院的发展与变化，对新生提出了三点要求：继续保持军训的良好作风，做到高标准，严要求，严于律己；做到学以致用，珍惜大学生活，珍惜青春时光；保留军训的集体观念，将军训团结意识发扬光大。她希望新生以我校“德才兼备、家国情怀、视野开阔，爱体育、懂艺术，能力发展性强”的人才培养目标来贯彻大学四年对自身的发展要求，做一个决定自己未来的广大人；让军训刻苦努力的精神保持下去，在大学四年抓住机遇、把握平台，为自身、为学院增添光彩。

最后，林永波副院长给新生作实验安全说明，强调实验安全重要性，要求全体同学遵守实验室规定，在实验中时刻注意安全，对自己、对他人负责。

军训的结束标志着大学四年的学生生涯正式开启，希望2019级全体学生不负众望，从心出发，活出人生新色彩。

（生命科学学院　学工办）

9月12日　美术与设计学院举办教改成果展

9月12日上午，美术与设计学院2018级设计学专业基础平台教改成果展于广州大学演艺中心举行。本次成果展汇集了2018级设计学学生于广东阳江采风写生之行的优秀作品，吸引了众多师生前来参观。

参加展览开幕式的有广州大学教务处副处长李卓勇及美术与设计学院党委

书记吴宗敏、副院长贺景卫、党委副书记蔡琼生、主任米澄质、林小燕老师、陈子昂老师、缪鹏老师及学工办的老师们。开幕式由蔡琼生副书记主持，他向观众们介绍，该成果展是学院首次整合设计学专业基础课程的教学成果之一，也是2018级设计学各班级学生于阳江采风后的作业展。

吴宗敏书记在致辞中向同学们解释道，成果展特意安排在新生军训后的第一天举办，既是希望给2019级新生们送上一份入学礼物，也是借此作为开学第一课激励众人。谈到此次的作品，吴书记给予了充分的肯定和称赞，认为这是学生们真正走向自然的一次实践，作品中融入真情，创作上不拘一格，突破了束缚，为观众展现了极美的画面效果。

李卓勇副处长认为，本次展览对学校的人才培养工作起到了很好的推进作用，希望美术与设计学院的学生继续再创佳绩。

最后，贺景卫副院长向组织、参加本次成果展的师生们表示感谢，希望学院多开展写生、展览等教学交流活动，以提高艺术生的专业水平和专业能力。

（美术与设计学院　团委学生会）

出席成果展的领导与教师

9月17日　人文学院举办图书漂流活动

9月17日，人文学院在红棉路举办了寻梦园勤工中心图书漂流活动。

图书漂流活动通过换书、捐书等方式，让闲置图书漂流，提高书籍利用率。此次活动鼓励同学们将闲置书籍拿到活动现场交换，在活动过程中，同学们不仅可以交换到不同图书，而且可以更新寻梦园勤工中心的书籍。寻梦园勤工中心还准备了课外书、杂志等丰富礼品，回馈参与的每位同学。活动结束后，很多同学都换到了心仪图书。

（人文学院　寻梦园勤工中心）

活动现场

9月17日　旅游学院开展“飞粤计划”航模科普教育活动并获中青网报道

9月17日，旅游学院“飞粤计划”航模科普教育活动被中青网报道。报道全文如下：

为积极响应党的十九大提出的实施乡村振兴战略，提升农村青少年、儿童的科学素养及科学认知，并通过垃圾分类宣传推进建设美丽乡村，广州大学旅游学院党委委员、学生党总支书记陈志明与广东省开平市龙胜镇团委书记梁瑜珊就如何长期为当地留守儿童提供科普教育与学习帮扶机会进行了深入讨论，签订了共建党员服务站、龙胜镇留守儿童帮扶服务点协议，共同助力实施乡村振兴战略。

2019年7月6—8日，广州大学旅游学院“飞粤计划”航模科普教育项目团队前往龙胜镇开展暑期“三下乡”社会实践活动，活动以“青春心向党，建功新时代——七彩航班，载梦未来”为主题，面向当地留守儿童实施以航模科普教育与环保、垃圾分类学习课程为主的教育帮扶，旨在提升当地留守儿童的科学素养与航模科普知识认知，为孩子们的航天梦、科技梦埋下种子。

“飞粤计划”航模科普教育项目团队一直为关爱与帮扶农村留守儿童健康成长、拓宽视野而努力，为孩子们的快乐童年、七彩暑假增添色彩。在航模知识讲堂上，志愿者团队通过展示各种航天航空模型并播放精彩的飞行表演视频，带领小朋友们回顾了中国航天的发展史，领略中国航天航空科技的迅猛发展。同时，志愿者团队还为当地孩子开展了环保主题教育与垃圾分类学习课程，提升小朋友的环保意识。2019 年恰逢中华人民共和国成立 70 周年，“飞粤计划”航模科普教育项目团队在以航模为主的科普教育中，融入了爱国主义教育内容，通过放映“中国梦”视频、举办“我和我的祖国”主题朗诵和“我为祖国造飞机”绘画课堂，激发留守儿童的爱国主义情怀，增强孩子们对实现中华民族伟大复兴“中国梦”的使命感。

授牌仪式

（旅游学院　赵双双　陈志明　叶冰娴　黄桐辉）

9 月 18 日　计算机科学与网络工程学院学生参加粤港澳大湾区青年网络安全素养教育论坛

9 月 18 日，计算机科学与网络工程学院 2019 级网络空间安全 1 班的学生在团委指导老师巫侠的带领下，参加了第六届广东省网络安全宣传周之粤港澳大湾区青年网络安全素养教育论坛。

没有网络空间安全就没有国家安全，网络空间安全需求推动网络空间安全学科发展，而网络空间安全学科发展的核心任务是高素质专业人才培养。

本次论坛加强了青少年网络安全素养宣传教育，提升了青少年网络安全意识和防护技能，同时有助于解决当前网络空间安全人才培养中存在的课程内容分割独立以及学生学习兴趣不足等问题。

（计算机科学与网络工程学院　学工办）

参加论坛的师生合影

9月18日　生命科学学院生科191班学生聆听第一班主任思政第一课

9月18日，生命科学学院生科191班第一班主任、党委书记陈筠在文新楼205室为班级同学召开了第一班主任主题班会，讲授了主题为“不忘初心，牢记使命，青年既是追梦者，也是圆梦人”的思政第一课。参加本次主题班会的还有制药191班第一班主任、广州大学分子遗传与进化创新研究中心主任刘宝辉，生科191班李美娜，2019级辅导员黄兆锋。

陈筠书记首先向同学们强调了爱国是第一位的，应是个人最深的情感，是立德之源，希望同学们树牢“四个意识”，坚定“四个自信”，做到“两个维护”，自觉践行社会主义核心价值观；其次，提醒同学们要善于学习，善于利用学院的优质资源学习，学院将不忘初心，牢记教育使命，通过立德树人、铸魂育人，不愧对选择生科院的每一位学生；最后号召同学们要尊师重道。

在中华人民共和国成立70周年之际，此次主题班会的顺利召开，激发了同学们勤奋学习、立志报国的热情，坚定了同学们“不忘初心，牢记使命”的理想信念，激励他们为实现“中国梦”而努力奋斗！

（生命科学学院　学工办）

陈筠书记与同学们合影

9月18日　土木工程学院开展师博硕本四级协同助力考研主题党日活动

在第35个教师节来临之际，土木工程学院工程力学党支部、研究生第五党支部、2016级“福霖班”联合开展“回归初心·学术引领·共创首届福霖班辉煌”主题党日活动。本次活动由“福霖班”班主任蓝林华主持，工程力学党支部、研究生第五党支部以及2016级“福霖班”全体同学等共计38人参会。

本次主题党日活动以打造师博硕本四级协同助力考研为宗旨，邀请了“海归”优秀教师党员代表孙静博士（墨尔本大学博士学位）、王菁菁博士（伊利诺伊大学香槟分校博士学位），优秀博士生党员代表薛国峰（哈尔滨工业大学博士学位），优秀硕士生党员代表聂竹林（高分考取广州大学）、苏迈佳（广州大学校内推免）作为演讲嘉宾，从不同层面、不同角度分享考研和求学经历，传递正能量，发挥党员模范带头作用，点燃“福霖班”考研动力与激情。

工程力学系主任兼“福霖班”导师孙作玉教授首先作了“坚定信念、成就梦想”考研总动员，希望“福霖班”全体同学持续保持优良学风，扎实认真走好人生每一步。孙静博士围绕“为什么读研、如何读研、如何选导师”等问题展开演讲；王菁菁博士强调研究生学习兴趣的重要性，鼓励同学们及早树立目标、实现求学梦想；薛国峰博士从规划、形势、前景、机遇等角度阐释其对研究生学习的理解；硕士生党员聂竹林从“为什么要坚定考研、考研难吗、如何备考、考后重生”四个角度分享其在考研过程中的艰辛与欢喜；推免生苏迈佳以“吾尽吾心，终亦不悔；天道酬勤，何事难为”激励学弟学妹们不畏艰险、奋勇直前；研究生党支部书记杨强从大数据角度介绍广州大学研究生的学习和生活状态，强调持之以恒的重要性。工程力学党支部书记汪大洋作总结发言，充分肯定了此次师生联合党建活动的价值和意义，号召全体同学向优秀老师和学生代表看齐，不忘初心、牢记使命，发挥头雁领飞作用，传递“福霖班”品牌效应。

本次活动还围绕“广州大学 2019—2020 学年度班主任工作要点文件”“关于文明宿舍教育主题文件精神”进行学习，并举行了“福霖班”班委换届主题班会，班主任蓝林华祝贺“福霖班”在 2019 年广州大学推免工作中有 4 人获得“保研资格”的良好成绩，激励保研成功的学生在将来的学习中能够持之以恒，戒骄戒躁；并鼓励未获得保研资格的同学永不放弃，养成坚持学习的习惯，期待他们在马上到来的考研中绽放光彩。

（土木工程学院　工程力学党支部）

师生合影

9 月 19 日　公共管理学院举办公管午餐师生交流会

9 月 19 日中午，公共管理学院第 30 期公管午餐师生交流会于桂花岗校区 5 号楼北 601 室举行，莅临本次活动的嘉宾有公共管理学院党委书记刘雪明，党委副书记何瑞豪，政府管理系副教授杨芳、副教授蒋红军，2019 级辅导员成美好以及 12 位 2019 级本科生。在本期活动中，老师们与 2019 级同学就如何适应大学生活，如何确立自己的本科目标，对专业的学习，对生活的态度以及未来是否考研考公等主题进行了深入探讨。

活动最后，刘雪明书记进行活动总结，他建议同学们多去图书馆，体会图书馆的学习氛围和知识的厚重感，不断充实自己。他还希望同学们牢记院训“培育公共精神，创造健康社会”，通过“学习强国”等学习平台关心时事，拓宽视野，培养家国情怀，贯彻公共管理学院精神。

午餐会师生合影

大学是人生中的一个重要阶段，同学们要规划和确定自己的核心发展方向，养成阅读专业书籍的习惯，关注社会现象，通过时间的积累来提高自己的实力，成为一个具有公共精神、公共情怀和公共行动力并能与社会对接的人。同学们亦要培养自己的爱好，积极参加体育赛事和户外活动，真正做到“爱体育、懂艺术”。

（公共管理学院　学工办）

9月19日　菊苑2栋“五室一站”举行垃圾分类文明监督员培训会

为打造高品质的宿舍生活环境，建设美丽校园，保护生存环境，菊苑2栋“五室一站”充分发挥楼栋132名学生党员、预备党员和入党积极分子的模范带头作用，成立了垃圾分类文明监督团队。

9月19日晚，在菊苑2栋“五室一站”党团活动室举行了3场垃圾分类文明监督员培训会，共65人参加。培训会介绍了监督员工作制度、福利积分、智能垃圾箱和垃圾分类要求。从周一至周五（放假除外）的7：40—8：10和17：40—18：10时间段，文明监督员都会尽责地监督同学们做到正确分类垃圾。对于垃圾分类正确的同学，他们会标记好其宿舍号，给该宿舍加分，期末给积分排名前六的宿舍发放小礼品。

在文明监督员工作的第一天，现场情况有序，垃圾分类情况良好。虽然部分同学还会错误投放，但在监督员的指导之下，都能在现场及时纠正过来。文明监督员的设立和培训会的举行，使同学们对垃圾分类的知识有了更加深入的了解，有效地开展了垃圾分类实践，以实实在在的行动支持文明校园建设。

（物理与电子工程学院　学工办）

参加培训会人员合影

9月19日　音乐舞蹈学院音乐171班团支部举办“青春心向党·建功新时代”主题团日活动

9月19日，音乐舞蹈学院音乐171班团支部积极发扬以爱国主义为核心的伟大民族精神，牢记“四个意识”，坚定“四个自信”，开展了“青春心向党·建功新时代”主题宣传教育实践活动。

在音乐171班团支部全体成员以及班主任韩若晨老师共同努力下，他们以拍摄《我和我的祖国》快闪视频的形式，将西洋乐器与中国民族乐器一同呈现，并采用对唱、齐唱的方法完美演绎歌曲内容，在演唱中注入了对祖国无限自豪的情感，彰显了对祖国深沉的热爱。

此次活动不仅增强了音乐171班团支部的班级凝聚力和集体荣誉感，并增强了同学们对伟大祖国的认同感与热爱之情，这也是五四精神的传承。

（音乐舞蹈学院　音乐171班团支部）

9月20日　土木工程学院“福霖班”学生参观学习中建四局装配化工程

9月20日中午，土木工程学院“福霖班”2016、2017级的同学们在方建平老师的带领下前往中建四局参观学习装配化工程。

同学们先前往展示馆了解“智慧工地”系统。随着城市建设的不断深入，各种建设工程规模不断扩大，面对建筑工地面积大、人员多、设备物资分散等特点，采用传统的人工巡视、手工纸介质记录的工作方式，已无法满足大型项目管控的要求，“智慧工地”系统正是在这样的背景下，将计算机技术与物联网应用相结合，通过RFID数据采集技术、ZIGBEE无线网络技术以及视频监控等手段建立起来的。

参观完展示馆，同学们到实物样板展区以及楼层实物样板展区参观，随后来到会议室，与中建四局装配化工程的项目经理王文永和中建四局广州分公司人力资源部经理尹伟进行了交流讨论。参观期间，同学们积极提问与交流，王文永经理结合书本知识为同学们解答了关于装配式的一些疑问，尹伟经理则介绍了中建四局广州分公司在人才招聘上的优惠政策。

最后，土木工程学院方老师总结：这次参观活动是一个很好的锻炼机会，同学们不能只学习书本上的知识，还要学习现代企业所需要的管理能力。“福霖班”的同学要与时俱进，多去了解现代企业的新的工程技术，多参与实地学习，结合书本知识运用。

（土木工程学院　潘俊锟）

“福霖班”同学与中建四局工作人员合影

9月20日　环境科学与工程学院举办“五室一站”工作团队换届大会暨新学期工作布置会

9月20日，环境科学与工程学院举办“五室一站”工作团队换届大会暨新学期工作布置会。新学期开始，梅苑七栋由女生宿舍变成男生宿舍，新成员的加入让学院更具有活力，“五室一站”面貌焕然一新。

参会人员合影

在会议中，学院党建办主任肖杏烟表示，现在梅苑七栋所住的新生专业大融合，希望大家加强专业交流，互相学习。“五室一站”工作人员也是新旧交替，对此肖杏烟主任强调，各位勤工同学和楼层长要树立服务意识和主动意识，多举办创新性活动，并希望梅苑七栋“五室一站”在老师和学长学姐的带领下越来越好。

随后，李慧老师给新的勤工同学和楼层长介绍了“五室一站”的功能以及组织架构，希望大家可以转告身边的同学，让“五室一站”充分发挥其作用，服务更多的同学，大家团结一心打造更好的生活环境。

（环境科学与工程学院　新闻网络宣传中心）

9月21日　数学与信息科学学院访学团前往西安交通大学访学

广州大学数学与信息科学学院访学团迎着北方的习习秋风，来到了西安交通大学进行访学活动。

在第一次座谈会上，访学团与西安交大数学学院各代表进行了密切交流。西安交大本科生毕业去向有出国、进大型企业、考研等，且考研比重较高。在研究生培养方面，以组织讨论班及高年级研究生带动低年级研究生开展科研项目为主。西安交大还设立了少年班，为大学阶段拔尖实验班储备人才。本次座谈会为两校日后的交流活动及访问学习作出了明确规划。

随后几日，在西安交大辅导员孙坤老师的指引下，访学团参观了西安交大的校园，并有幸聆听了部分课程。该校本科生主要在兴庆校区学习，在这里，访学团还参观了西安交大西迁博物馆。研究生主要在创新港校区，在这个充满现代化气息的地方，到处都是西安交大的创新性实验室及研究所，处处彰显了西安交大的学科力量。

古城西安，不愧于它的悠悠古韵，在这样一个历史悠久的地方，访学团师生感受到了浓厚的文化气息及丰裕的尚学精神。本次访学活动为我校进一步开展学术交流活动，进行学科建设规划提供了新的目标。

（数学与信息科学学院　王哲）

9月22日　人文学院第三党支部参加“我和我的祖国”庆祝中华人民共和国成立70周年暨粤港澳大湾区青年节交流活动

金秋九月，人文学院学生第三党支部举行了一系列诵读与交流活动，礼赞中华人民共和国70华诞，赤诚唱响青春赞歌。在开展活动的过程中，党员们时时刻刻保持着认真的态度与充足的干劲，用实际行动践行着“不忘初心，牢记使命”的主题。

青年学子与国旗合影

9月22日，人文学院学生第三党支部学生党员参加了在广州白云国际会议中心举行的“我和我的祖国”庆祝中华人民共和国成立70周年暨粤港澳大湾区青年节交流活动，与来自粤港澳三地的青年代表们一同摆拼出“祖国好”字样，并挥动手中的国旗高声齐唱《我和我的祖国》，献礼中华人民共和国70华诞。

学生第三党支部砥砺前行，有条不紊地开展党建工作，充分发挥了党员的先锋模范作用。“青年兴则国家兴，青年强则国家强。青年一代有理想、有本领、有担当，国家就有前途，民族就有希望。”学生第三党支部将继续凝心聚力做好党建工作，紧密团结在以习近平同志为核心的党中央周围，树牢“四个意识”、坚定“四个自信”、做到“两个维护”，锐意进取、开拓创新，为实现中华民族伟大复兴的中国梦而不懈奋斗。

（人文学院分党校）

9月22日　广州大学学生作品获“谷雨杯”全国大学生可持续建筑设计竞赛一等奖

9月22日，“谷雨杯”全国大学生可持续建筑设计竞赛总决赛在重庆交通大学拉开帷幕。本次大赛的主题为“空间挖掘——城市有机更新设计”，旨在引导建筑类专业学生以专业角度去关注城市空间的更新、城市环境的改善和城市社区的营造，通过空间挖掘、植入新的功能，激发城市空间的活力，改善城市环境的品质，创造城市社区的公共价值，并最终实现居住环境质量的提升。

颁奖现场

本次大赛入围作品共143项，经过激烈竞争，我校参赛团队荣获一等奖一项（建筑151班学生：陈奕安、陈韬宇、黎海虹、林煜芸；指导老师：夏大为）、三等奖两项、优胜奖七项、技术奖三项。这是近年来我校参赛团队在“谷雨杯”全国大学生可持续建筑设计竞赛中取得的较大突破。

“谷雨杯”全国大学生可持续建筑设计竞赛是由教育部高等教育司指导、全国高等学校建筑学专业教学指导委员会主办、北京谷雨时代教育科技有限公司独家赞助的官方指定的建筑设计专业方向类竞赛。该竞赛已成功举办十多年，成为全国高校建筑类专业认可度极高的赛事，受到国内建筑院校的积极响应和热烈欢迎。

（建筑与城市规划学院）

9月22日　生命科学学院师范生在“华文杯”师范院校师范生（生物、政治）教学技能交流演示活动中获奖

9月20—22日，第九届“华文杯”师范院校师范生（生物、政治）教学技能交流演示活动在内蒙古自治区乌兰察布市集宁师范学院举行。广州大学生命科学学院生物科学专业派出4位交流选手，其中2名获得了教学技能演示二等奖，2名获三等奖，获奖率100%；教学设计也获得二等奖和三等奖。

与会师生合影

由中国教育技术协会微格教学专业委员会主办的“华文杯”师范院校师范生教学技能大赛迄今已举办了9届，是目前国内专业规模最大、参与高校最多、影响最广的教学技能比赛。今年有来自北京师范大学等88所全国高等师范院校、1 150多名师生参与生物和政治学科的交流活动。比赛根据校源地将选手分为南北两个赛区，交流活动的变化加大了获奖的难度，选手们各显身手展开角逐。

大赛分为教学设计大赛与教学技能大赛两部分，教学设计以文本方式提前预交、单独评审；教学技能大赛部分现场展示，在限时13分钟内完成说课、上课、答辩3个环节。我校生命科学学院2016级生物科学专业的林雪儿、程燕玲、涂嘉豪、高俏云4位同学以扎实的教学技能、巧妙的教学设计、准确的答辩高质量地完成了比赛任务。陈健辉、陈学梅、潘顺波三位指导老师同时获得“优秀指导老师”荣誉证书。

生命科学学院历来重视学生的师范技能培养，不断完善培训方案，形成稳定的指导教师队伍，指导学生参加全国、省、校各级各类师范生技能竞赛，院内队伍已连续7年参加“华文杯”师范院校师范生教学技能大赛，屡获佳绩。

（生命科学学院　陈学梅　陈健辉）

9 月 24 日　广州大学举行离退休教师与青年学生座谈会

9 月 24 日，我校举行了以“我和祖国一同成长”为主题的离退休教师与青年学生座谈会。校党委书记屈哨兵，副校长孙延明，原校党委书记陈万鹏，原校党委副书记、校关工委执行主任赖卫华，原副校长、华软软件学院院长何大进，桂花岗校区离退休党总支书记陈水生，原后勤服务处处长郭勇，相关部门负责人以及学生代表约 120 人出席了本次会议。座谈会由校关工委讲师团谭世泉老师主持。

座谈会上，何大进、陈水生、郭勇和陈万鹏四位与中华人民共和国同龄的老教师们依次与我校青年学生分享他们和祖国共奋进的成长故事，引导广大学子坚定理想信念，找准奋斗目标，以实现中华民族的伟大复兴。

随后，物理与电子工程学院陈远沛、人文学院伊力达尔·艾尼、生命科学学院黄小琪作为学生代表发言。他们表示，4 位老师的分享使自己受益匪浅，为大学生活点亮了一盏明灯。广大学子应把个人命运和祖国、时代命运相连，不断充实四年大学生活，做更好的新时代青年。

与会师生合影

校党委书记屈哨兵在讲话中向在广州大学的建设中作出卓越贡献的离退休教师们表示崇高的敬意。他指出，“我与祖国共成长”中的“我”，不仅仅是指老一辈的同志，更是指新一代的青年们。青年们将与中华人民共和国一起成长，一起奔跑在追梦路上。他寄语广大学子勤学有为，学会管理好课堂空间、校园空间、宿舍空间和虚拟空间，做“德才兼备、家国情怀、视野开阔，爱体育、懂艺术，能力发展性强”的高素质创新型人才。

（新闻中心　沈楠　姚智华　蔡丽丽）

9 月 24 日　生命科学学院举行创新班开班仪式暨学术讲座大会

9 月 24 日下午，生命科学学院在文新楼 321 室举行了创新班开班仪式暨学术讲座大会。出席本次活动的有：学院党委书记陈筠、副院长柯德森、生物工程系主任陈鲲，中山大学中山医学院信文君教授和欧阳汉栋教授，以及广州大学生命科学学院 2019 级研究生与第二批创新班全体同学。

首先，信文君教授以他对慢性疼痛的研究报告为主线，展开对当代科研工作者应有精神的阐述，引导在座的同学们“坚信自己是对的，才能绕开前人，走出属于自己的路”。随后，欧阳汉栋教授向在座的同学展现了当代最前沿生理学领域的研究，并与同学们进行了充分的互动沟通。

最后，副院长柯德森主持创新班开班仪式，他对第二批创新班的同学们表示祝贺，希望同学们能够在创新班中充分展现自我，让自身变得更加优秀。陈筠书记在开班讲话中对同学们今后的学习方式与目标定位做了解读，鼓励同学们充分利用学院的优质师资和教学条件，尽早制订个人规划，通过各种活动与交流，实现学院发展与学生提升的双赢。

（生命科学学院　学工办）

创新班师生合影

9 月 24 日　人文学院举办“高中语文教学与科研的新任务与新挑战”讲座

9 月 24 日，“高中语文教学与科研的新任务与新挑战”讲座于文清楼 321 室顺利召开。此次讲座的主讲嘉宾为华南师范大学语文课程与教学论专业副教授、语文教育硕士导师、教育部教育质量检测中心专家周小蓬老师。讲座由人文学院李丽华老师主持。

周老师首先解读高中语文新课标，指出语文核心素养和以学生自主学习为原则的任务群是语文教育最为重要的两个方面。新课标下的语文教育更强调以学习、学生为中心，注重实践性，强调真实情境下的语文实践学习，把实际生活带到课堂中去。新课标要解决的问题即语文核心的 4 个素养：语言建构与运用、文化传承与理解、思维发展与提升、审美鉴赏与创造。语文教育要创设真实情境。紧接着，周老师解读高中语文新教材，指出新教材对中国优秀传统文化的重视。关于写作，周老师强调读与写的结合，新教材的写作训练围绕阅读展开，以读促写。她还指出语文改革的重点在于培养学生的语文核心素养，新高考采用给出具体情境的方式考查学生。

在提问交流环节，同学们与老师积极互动，周老师推荐了“湾区语文”公众号，并建议同学们平时可以多关注关于语文教学的思考与讨论，建构起自己对于教学的新理解。最后，李丽华老师作活动总结，希望同学们继续保持热情，广泛学习和不断进步。

（人文学院　新闻中心）

9 月 24 日　广州大学召开新疆籍少数民族学生安全教育会议

9 月 24 日，广州大学在图书馆讲学厅举办了面向新疆籍少数民族学生的国庆假期安全工作动员大会。学校全体新疆籍少数民族学生参加了此次大会。会议由学校少数民族学生工作办公室蔡强老师主讲。

蔡强老师首先对 2019 级新疆籍少数民族新生表示欢迎，并从思想、学习、生活三方面对新生们的大学生活提出了明确的要求，希望他们不虚度年华，努力成为心中想成为的人。随后，蔡强老师分别就“意识形态安全教育”“人身财产安全教育”“宿舍安全教育”“食品安全及卫生教育”等方面的工作展开阐述。

会议最后，蔡强老师表达了对同学们的期望："愿你们回首往事时，不因虚度年华而悔恨，也不因碌碌无为而遗憾。从入学开始，你们已经成为了广大人，选择广大的现在，拥有广大的未来。让我们一起为广大更美好的明天而奋斗！"

（广大学工）

蔡强老师作安全动员

9月24日　广州大学举行2019年迎新晚会

9月24日，"我和我的祖国"——广州大学2019年迎新晚会于北区田径场（副场）隆重举行，校党委书记屈哨兵，校长魏明海，校党委副书记聂贵新，副校长周云、孙延明、张其学、郭兴蓬、吴开俊和各部处、学院负责人参加，与现场近7 000名师生共同欣赏晚会。

此次迎新晚会在节目选材、形式内容、主题提升、网络直播技术等方面再次全面升级，围绕"我和我的祖国"这一主题，延续诗歌朗诵、舞龙舞狮、武术、舞蹈等方面的传统优势，结合现场音乐会、配音、年代秀等新型节目形式，融合当下流行的街舞、说唱等文化元素，以具有广州大学底色的青年之声献礼中华人民共和国成立70周年。

晚会用3 000张照片制作而成的定格动画视频拉开序幕，管弦乐《红旗颂》《不忘初心》气势恢宏，奠定了全场晚会的基调。舞龙舞狮代表着中国传统文化的源远流长，蜿蜒翻飞中行云流水“舞动中华”；诗朗诵《青春中国》将中国的不朽史诗娓娓道来，诉说着家国情怀，畅想美好未来。

交响乐表演

学生组织、艺术团体和社团是我校公共艺术活动中的重要力量。本次晚会中，校园十佳歌手获奖代表、Goulee社团、音乐协会联袂上演了现场版红棉音乐会，所演绎的原创歌曲《神通广大》和翻唱版本《无名之辈》等成为当晚热门金曲；学生艺术舞蹈团带来节奏明快和充满精神力量的舞蹈《映山红》；广播台在一年一季的《广州大学新闻联播》中以段子、抛梗等喜剧方式，讲述了广州大学一年以来的大事记，增强了同学们对学校的认同感和自豪感；堪比《声临其境》的广州大学版配音秀《广大新声》，掀起晚会又一高潮，演员凭借高超的配音能力还原《哪吒》《建党伟业》《那年那兔那些事儿》等热门影视动漫片段；更有武术协会、街舞协会等社团轮番登场，展现我校独特的“百团”风采。

向祖国告白，这是一场师生同欢的盛宴，老教工艺术团带来的藏族群舞充满活力，民族情谊流淌间述说着对祖国的诚挚热爱；优美的舞姿配合深情的歌声只为告白一曲《最美是你》；美术与设计学院术业有专攻，一场穿梭70年时光的博物馆服装年代秀是本场晚会的一大亮点，民国风、旗袍、港风、现代装等，是历史的缩影，也是时代的象征；广州大学附属艺术学校学子绽放拉丁魅力，闪耀的灵魂激情四射，将晚会氛围推向高潮。最后，现场千名学子用手机灯光拼出“70”字样，配合灯光美轮美奂，流光溢彩，晚会在《广州大学校歌》《我和我的祖国》合唱中，圆满落幕。

晚会以饱满的热情、鲜明的主题，充分展现了我校学子的艺术水准和青春风采，是学校人才培养目标的又一次生动体现。当晚网络直播观看量突破32万人次，晚会微博话题讨论量高达55万，微信公众平台阅读量逾2万，融媒体矩阵影响力空前，是线上传播的一次重大突破。

（校团委　吴嘉莹等）

9月24日　美术与设计学院举办2018级素描作品课程展

9月24日，美术与设计学院主办的2018级素描作品课程展“解密”在广州大学演艺中心一楼展厅开展。本次展览汇集了2018级美术学2班全体学生临摹大师素描的优秀作品，吸引了众多校内师生前来参观。

参展师生合影

这次展览的到场嘉宾有：美术与设计学院院长王丹、副院长贺景卫，美术系主任李健、副主任赵鑫、吴泽锋，学工办主任罗兵，实验中心副主任谌晓，辉柏嘉中国区经理赵超明以及展览出品人张亚平。本次展览开幕式由马浩老师主持，他向学生们介绍道：“解密”是美术学182班学生在课堂上向大师学习的成果展示，也体现了一种新的看待素描的态度和方式。

（美术与设计学院　团委学生会）

9月24日　化学化工学院举行团委学生会室内干部培训

9月24日下午，化学化工学院第十四届团委学生会室内干部培训在文新楼113室顺利举行。化学化工学院团委书记祝梦婷，团委学生会主席团、各部门部长，以及所有的团委学生会新成员参与了此次会议。

首先，祝老师进行了开场致辞，对主席团成员和部长们在过去一年里的突出表现进行了表扬。接着，她向新成员们分享了团委学生会的两大理念——引领和服务，引领为主，服务为辅，强调了团委学生会成员在思想和行动上要起到带头作用，并向同学们提出了“要有责任心有担当”和“在组织里勇于锻炼自己”两个要求。

接着，秘书处秘书长何梓倩向大家介绍团委学生会架构和规范，带领新部委们初步了解了工作流程。接着，各部门部长逐一上台，向全体新成员介绍了各自部门的对接工作流程和负责组织的特色活动，让新成员对部门及未来的工作有了更深的了解。

最后，团委学生会主席陈瑶同学对本次会议进行了总结发言。陈瑶同学对新部委们及各部门提出了“保持求知欲”“加强团队建设”“将理论运用到实践”“提升个人综合能力”四点要求与期望，希望同学们在未来的一年里可以齐心协力，使团委学生会更上一层楼。

本次室内干部培训活动让新部委们更好地认识了自己即将面临的工作和职责，期待化学化工学院团委学生会在未来的一年里展现出别样的风采。

（化学化工学院　学工办）

参加培训的师生合影

9月25日　环境科学与工程学院梅苑7栋“五室一站”举行红色经典影视配音比赛

9月25日晚，环境科学与工程学院梅苑7栋“五室一站”为庆祝中华人民共和国成立70周年举行了“重温经典，勿忘初心”红色经典影视配音比赛。本次比赛由郑可敏担任主持人，学院党委副书记肖杏烟、学工办主任李慧与辅导员周傲白雪担任评委。出席比赛的还有学院学生党员和入党积极分子，以及“五室一站”的成员们。

配音比赛师生合影

此次大赛通过为红色经典电影配音，回忆了中华人民共和国成立前的那段峥嵘岁月，彰显了不忘初心的坚定信念。每个人都用自己对于影片的理解来诠释红色经典，或婉转或激昂的声音仿佛让人重返那个年代，每个听众都目不转睛，聚精会神。大家从各部经典影片中体会到了革命艰辛，正是伟人们的艰苦奋斗才换来了中国的出路，正是伟人们的拼搏才有今日之中国，实在令人肃然起敬。

最后，在舍区办主任林海东老师的带领下，全体起立，党员重温入党誓词，非党员肃立，场面庄严而又神圣。最后全体成员齐唱《我和我的祖国》，大家满怀着对祖国的热爱，双手挥舞着小红旗，场面十分感人。

（环境科学与工程学院　学工办）

9月25日　教育学院为2019级本科新生讲授秋季学期思想政治理论第一课

9月25日，教育学院刘晖院长以“坚持和发展中国特色社会主义：论高等教育发展的中国模式”为主题在文新楼711室为2019级新生讲授秋季学期思想政治理论第一课。

新生在上思想政治理论第一课

刘晖院长通过“两希文化”（希腊与希伯来两大文化体系）、中国先秦文化等，带领同学们回顾世界文化发展的历史，运用数据分析显示全世界80%的大学都是“二战”后出现的来说明现代社会是一个知识爆炸的社会，与此同时，中国的教育在过去的70年里也发生了翻天覆地的改变。讲座围绕新时代坚持和发展中国特色社会主义的宗旨和目标——“三为”（为人民谋幸福、为中华谋复兴、为世界谋大同），说明中国作为世界上人口最多的国家，拥有世界最大的教育体系，中国的高等教育也要紧紧围绕中国特色社会主义的宗旨和目标发展具有中国特色的高教模式。

讲座中，刘晖院长不断启发同学们积极思考，同学们踊跃发言，在互动中，同学们对中国特色社会主义高等教育有了更深入的了解，更加明确了作为新时代大学生应有的初心和使命：勇担时代责任，砥砺前行，做一名优秀的广大学子，为实现中国梦积蓄力量，坚定信念。

（教育学院　学工办）

9月25日　公共管理学院举行垃圾分类知识讲座

9月25日，公共管理学院在大学城校区学生宿舍梅苑4栋三楼心情驿站举行了垃圾分类知识讲座，学院助理辅导员刘雨丝老师主讲。

刘老师讲到，垃圾主要分为四类——干垃圾、湿垃圾、有害垃圾以及可回收物，并对这四类垃圾做了简要解释：①干垃圾即其他垃圾，指除可回收物、有害垃圾、厨余垃圾（湿垃圾）以外的其他生活废弃物。干垃圾是对垃圾按照可回收垃圾、厨余垃圾、有害垃圾分类后剩余下来的一种垃圾。②湿垃圾又称为厨余垃圾、有机垃圾，即易腐垃圾，指食材废料、剩菜剩饭、过期食品、瓜皮果核、花卉绿植、中药药渣等易腐的生物质生活废弃物。其主要来源为家庭厨房、餐厅、饭店、食堂、市场及其他与食品加工有关的行业。③有害垃圾指对人体健康或者自然环境造成直接或者潜在危害的生活废弃物。常见有害垃圾有废电池、废荧光灯管、废灯泡、废水银温度计、废油漆桶、过期药品等。有害有毒垃圾需正确采用特殊的方法安全处理。④可回收物就是可以再生循环的垃圾。本身或材质可再利用的纸类（如报纸、杂志、广告单等）、硬纸板、玻璃、塑料、金属等皆可回收。

讲座活动现场，刘老师除了普及垃圾分类知识外，还向同学们介绍了西方国家的垃圾分类情况，帮助同学们全面理解垃圾分类的相关知识，现场同学对此表示受益匪浅。

（公共管理学院　学工办）

9月27日 人文、生科、新传、环院四院联合青马工程顺利结营

9月27日，广州大学人文、生科、新传、环院四院联合青马工程于文新楼411室顺利结营。出席本次活动的领导有：人文学院团委书记张立、新闻与传播学院团委书记吕志强、环境科学与工程学院团委书记吴海威、生命科学学院团委书记刘月华。

四院联合青马工程师生合影

吕志强老师在结营致辞中，恭喜全体青马学员顺利结业，并用“回顾过去，把握现在，开创未来”十二字总结这一学年青马工程的学习工作。吕老师表示，结业也是新开始，希望作为学院精英的青马学员能持续发光发热，带领周围同学共奋进。随后，四个学院的青马学员以“我与祖国共奋进”为主题依次分享学习心得。曾祥玲同学作为学员代表上台演讲，她回顾在青马工程里的理论知识学习及实践活动参与历程，总结学习中的不足之处，并表示会积极响应时代号召，争做新时代青年。紧接着，老师们为各学院优秀青马学员颁发奖状。

活动最后，全体师生在吴海威老师带领下重温入团宣誓，铿锵的宣誓声展现了师生的激情与对祖国的热爱。最后，师生挥舞红旗，齐声歌唱《我和我的祖国》，祝福祖国蓬勃发展。

（人文学院　新闻中心）

9 月 28 日　广州大学法律咨询服务社开展普法宣传活动

9 月 28 日，广州大学法律咨询服务社在登峰社区开展普法宣传活动。法律咨询服务社咨询部的成员们满怀激动与兴奋，早早来到登峰街道进行准备工作，参加此次活动的律师和研究生们也陆续到达，活动顺利开展。律师和研究生们耐心倾听前来咨询者的疑惑，运用所学专业知识为他们提出有效的建议。法律咨询服务社咨询部的每个成员在此次活动中都凭借着自身对法律的热爱和对普法助人的热情去帮助那些有需要的人。

广州大学法律咨询服务社以高度的社会责任感和使命感，以及对法律宣传的高度热情，一直在普法助人的道路上努力奔跑着，从未停止，也从未想过停止。普法助人，广州大学法律咨询服务社一直在路上。

（法学院　唐诗琦）

法咨社成员前往社区开展普法宣传

9 月 29 日　公共管理学院举办“我心向党绘未来”活动

激扬青春，放飞梦想。为了激发青年学生的爱国热情，礼赞美好新时代，在中华人民共和国 70 华诞来临之际，9 月 29 日晚，公共管理学院在梅苑 4 栋

“五室一站”举办了“我心向党绘未来”活动。活动吸引了近40名同学前来参加，邀请了几位专业的绘画老师进行现场教学，教授同学们在书签、明信片等材料上描绘梅花以及党徽。

70年风雨兼程，70年峥嵘岁月。同学们对祖国的深情，渗透在血液中，深藏在心中。同学们每一笔每一画，都表达着对祖国真挚的热爱，都饱含着对祖国无限的祝福！

（公共管理学院　学工办）

同学们展示绘画作品

9月29日　广州大学举行以邀请新疆籍少数民族学生为主的校领导午餐会

9月29日中午，广州大学在梅苑餐厅举办了2019年第六期校领导午餐会。来自不同学院、年级的6名新疆籍少数民族学生代表参加了午餐会。屈哨兵书记，吴开俊副校长，李敏老师，党办校办、学生处负责人在午餐会上与学生代表进行了互动交流。

午餐会前，屈哨兵书记分别向参加午餐会的6名同学赠送了亲笔签名的《中华经典诵读选本》，希望他们认真阅读并能全部背诵。

午餐会上，屈哨兵书记与同学们分享了赴新疆籍少数民族学生家家访期间的趣事，并对学生家长们的热情款待表达了感谢。随后，他还就国庆节假期安排、专业课学习、垃圾分类、创新创业、饮食等与同学们互动交流，要求同学们熟记学校二十四字人才培养目标，并能准确理解其深刻内涵。

屈哨兵书记向学生赠书

最后，屈哨兵书记表示，本次午餐会既是对上次赴新疆籍少数民族学生家家访的一次回访，也是想在国庆节来临前表达对新疆籍少数民族学生的慰问，希望同学们转达他对新疆籍少数民族学生家长的问候，请他们的家长放心，学校一定会尽心尽力把学生培养好。

校领导午餐会是校领导与同学们面对面交流的重要渠道，也是同学们参与校园治理的重要途径。

（广大学工）

9 月 30 日　经济与统计学院新生聆听校长思政第一课

党和人民对广大青年寄予了厚望。习近平总书记强调“广大青年要坚定理想信念，志存高远，脚踏实地，勇做时代的弄潮儿，在实现中国梦的生动实践中放飞青春梦想，在为人民利益的不懈奋斗中书写人生华章”。

魏明海校长讲授思政第一课

9 月 30 日上午，广州大学校长魏明海为经济与统计学院 2019 级会计学专业 171 名新生讲授第一堂思想政治理论课，引导大家学习贯彻习近平新时代中国特色社会主义思想，学会科学的思维方法，自觉肩负起党和人民赋予的时代使命，坚定地走中国特色社会主义道路，争做担当民族复兴大任的时代新人。

“作为新时代的青年大学生，肩负着重要的历史使命和时代重任，这要求我们不仅要练就过硬的本领，具有丰富的专业知识，更要不断锤炼品德修为，勇担时代责任，不断提高创新和创造能力。”上课伊始，魏校长开宗明义，和同学们一起学习领会习近平总书记治国理政的唯物辩证法思想的精髓要义和深刻内涵，鼓励同学们向习近平总书记学习科学的思维方法，自觉肩负起教育“四为服务”的时代使命，坚定地走中国特色社会主义道路，努力培养以下四个方面的基本素养：一是政治特质，要树立远大理想，做马克思主义的忠实信仰者；二是理论特质，要深入地学习马克思主义理论，做马克思主义的坚定追随者；三是道德特质，要培养高度的使命感，做青年大学生的领跑者；四是实践特质，要学以致用地将马克思主义基本原理同中国具体实际相结合，做习近平新时代中国特色社会主义思想的坚定践行者。

魏校长谈到，党的十八大以来，习近平总书记在治国理政中，特别注重运用马克思唯物辩证法，尤其是辩证思维、战略思维、历史思维、创新思维和底线思维等科学思维方法来分析解决治国理政中的一系列根本问题。他还通过分享习近平总书记知青岁月的故事，习近平总书记系列重要讲话精神和治国理政新理念新思想新战略等翔实生动的案例，告诉同学们要自觉学习习近平新时代中国特色社会主义思想，特别是习近平治国理政的科学思维方法，将其作为看待问题、分析问题、把握问题和解决问题的金钥匙。魏校长总结了以下五点：一要学习习近平总书记蹄疾步稳的辩证思维，全面发展地看待世界，崇尚理性思考，做一个客观、会分析的人。二要学习习近平总书记高瞻远瞩的战略思维，将自我成长发展置于国家社会发展之大势中，勤学善思，完善知识体系，提升综合能力，勇做时代弄潮儿。三要学习习近平总书记以史为鉴的历史思维，运用马克思主义唯物史观，从历史视野和发展规律中思考分析问题、把握前进方向、指导现实工作。四要学习习近平总书记与时俱进的创新思维，善于因时制宜、知难而进、开拓创新，走在创新的前列。五要学习习近平总书记防患未然的底线思维，既注重运用底线思维思考现实问题，把握原则问题，又注重运用底线思维追求高线目标，做到“有守”与“有为”的有机统一。

（宣传部　杨春荣）

9月30日　公共管理学院本科生党支部入选“全省党建工作样板支部”创建培育单位

为深入贯彻落实《广东省加强党的基层组织建设三年行动计划（2018—2020）》和《全省高校贯彻落实〈广东省加强党的基层组织建设三年行动计划（2018—2020年）〉实施方案》，结合“不忘初心、牢记使命”主题教育，中共广东省委教育工委在全省高校开展了第二批新时代高校党建示范创建和质量创优工作。经高校自主申报、专家评审和省委教育工委会议审议通过，并公示无异议，广州大学公共管理学院本科生党支部被定为“全省党建工作样板支部”创建培育单位。

公共管理学院本科生党支部将不负期望，切实完成中共广东省委教育工委对“全省党建工作样板支部”创建培育单位提出的各项工作要求，高度重视，认真培育，推动本支部党建工作质量整体提升。

（公共管理学院　学工办）

我们的大学

October 十月

10月1日　广州大学师生热烈庆祝中华人民共和国成立70周年

师生观看庆祝活动实况直播

10月1日上午，中共中央、全国人大常委会、国务院、全国政协、中央军委在北京天安门广场隆重举行庆祝中华人民共和国成立70周年大会，中共中央总书记、国家主席、中央军委主席习近平发表重要讲话。庆祝大会后，举行了盛大的阅兵式和群众游行。广州大学师生纷纷通过电视、广播、新媒体等途径认真收看庆祝活动实况直播。

直播结束后，大家心潮澎湃、倍感振奋、备受鼓舞。师生们一致认为，党的十八大以来，以习近平同志为核心的党中央团结带领全党、全军、全国各族人民，进行了伟大斗争，建设了伟大工程，推进了伟大事业，实现了伟大梦想，推动了党和国家事业取得历史性成就、发生历史性变革，大家对实现中华民族伟大复兴的“中国梦”充满了必胜信心。大家表示，要更加紧密地团结在以习近平同志为核心的党中央周围，不忘初心，牢记使命，坚持中国共产党领导，坚持人民主体地位，坚持中国特色社会主义道路，全面贯彻执行党的基本理论、基本路线、基本方略，坚持为党育人、为国育才的初心使命，落实立德树人的根本任务，为推动学校高水平大学建设全面上水平，为实现“两个一百年”奋斗目标，为实现中华民族伟大复兴的“中国梦”而努力奋斗！

组织广大师生收看收听庆祝中华人民共和国成立70周年大会是广州大学开展“不忘初心、牢记使命”主题教育，加强爱国主义教育，弘扬爱国主义精神，激发广大师生爱国热情的重要内容。

（新闻中心　学生处）

10月7日　马克思主义学院赴华中师范大学进行访学

“第二校园”访学团成员进行课后交流

10月7日，马克思主义学院14名本科生赴华中师范大学开展为期一周的“第二校园”访学活动。

10月8日上午，访学团参加了华中师范大学马克思主义学院组织的分享交流会，两院师生分别分享了各自学校、学院的概况，并就人才培养模式进行了深入的交流。随后，访学团成员对华中师范大学马克思主义学院院长万美容进行了专访。

在随后的访学活动中，访学团参加了华中科技大学开设的“中国式民主”主题讲座、武汉大学骆郁廷教授主讲的“坚持以文化人，弘扬大学精神”主题讲座、浙江大学代玉启副教授主讲的“新时代思想政治教育研究方法的反思与重塑”主题讲座等；并旁听了华中师范大学马克思主义学院戴圣鹏老师的马克思主义哲学课程。

此外，访学团还参观了辛亥革命纪念馆、华中师范大学校史馆、湖北省博物馆等地。

通过一周的访学活动，访学团成员纷纷明确了今后的方向，同时认识到了自身的不足与差距，积极向华中师范大学马克思主义学院借鉴学习方法并努力迎头赶上。聆听的多个讲座，使访学团成员们对思想政治教育专业在新时代的发展方向也有了更加深刻的理解与认识。浏览红色文化基地则是对成员们进行无声的教育，激励他们向先辈学习优良传统和可贵的精神风貌，继往开来，谱写新时代的文化乐章！

（马克思主义学院　学工办）

10 月 8 日　旅游学院举办“优良学风班”评比大会

10 月 8 日，旅游学院在文新楼 424 室举办一年一度“优良学风班”评比大会，旅游学院领导、各班班主任及辅导员出席本次大会并担任评委。

评比大会师生合影

评选大会上，旅游学院党委书记刘向晖作开场讲话。刘书记表示在 9 月 8 日广州大学学年礼上，旅游学院获得“德才兼备　家国情怀”工作先进单位、“视野拓展”先进学院等多项荣誉，同时，不少学生和社团也取得令人瞩目的奖项。三场学年礼上，校党委书记屈哨兵高度赞扬了旅游学院取得的党建成绩，《南方都市报》等媒体也报道了学院党建相关做法与成效，近期，学生第一党支部还被广东省委教育工委推荐参加教育部样板党支部创建培育申报，这些成绩离不开各位师生的共同努力。刘书记表示“优良学风班”评比是一项参与面广、综合性强、示范性好的活动，既能展示班级综合实力和凝聚力，又能展示同学们的青春风采。她鼓励各班充分认识班级建设的重要意义，在新的一年科学规划班级建设，继续弘扬优良学风。

刘书记简洁精彩的开场讲话之后，便是令人期待的班级演讲环节。每个竞选班级的代表，身着院服，仪态端庄，自信满满，结合精心准备的精美 PPT 向大家展示各具特色的学风与班风。

评委老师们仔细听取各班级的竞选报告并针对各班展示提出相关问题。参赛代表们临场不乱，认真回答评委们的问题。

最后，学院党委副书记刘绍东对各班展示内容逐一点评，既肯定了各班过人之处，也指出其存在的不足。同时，他对新一学年班级建设提出了新的期待，如如何注重班团一体化建设、如何强化行动忌空谈、如何竭力提升班集体凝聚力和竞争力等。

（旅游学院　陈绮惠）

10 月 8 日　化学化工学院举办“学习强国”知识竞赛

10 月 8 日晚，化学化工学院“学习强国”知识竞赛在文新楼 214 室、215 室、418 室和 421 室举行。

竞赛现场

主持人为大家简单介绍比赛规则后，“学习强国”知识竞赛正式开始。本次比赛由必答题、音频题与抢答题三个环节组成。在必答题环节，各小组内部分工合作，三人口头答题一人在黑板上作答。每小组需在三分钟内回答三十道题，时间紧迫，现场气氛一下被调动起来，参赛队员们迅速进入比赛状态。

在音频题和抢答题环节，快者先得。参赛队员们使尽浑身解数，积极答题，现场气氛紧张而活跃。

经过激烈的比拼，最终化学 171 班摘得桂冠，化学 182 班获第二名，化工 171 班取得第三名。

本次活动旨在促使化学化工学院全体学生深入学习和了解习近平新时代中国特色社会主义思想，提高思想觉悟，争当优秀的当代大学生，展现新时代青年有理想和担当的风采。

（化学化工学院　学工办）

10 月 8 日　广州大学大学生涯规划辅导会顺利举行

为进一步引导和帮助新生尽快适应大学生活，完成角色转变，并且更好地规划和把握自己的大学生涯，学校于 10 月 8 日下午，在图书馆一楼讲学厅举办了广州大学 2019 年大学生涯规划辅导会。辅导会上，往届大学生涯规划获奖代表及“十佳学生”获奖者为新生班干部讲解了大学生涯规划。

来自人文学院的叶定远同学，是 2018 年大学生涯规划大赛一等奖获得者。

他以“用心筑梦，勇敢追梦”为主题，从自我评估、环境分析、目标定位、实施步骤与措施以及反馈调整等方面分享了他的大学生涯规划。他还提醒同学们要注意细节意识和看齐意识，处理好与舍友、老师的关系，处理好学业与社团、学业与爱情之间的关系。

老生为新生讲解大学生涯规划

来自教育学院的郭泽敏同学，以“找到自己的‘白昼流星’”为主题，她向同学们分享了“why，how，what”的从内至外的“黄金圈”法则，引导大家深入思考大学生涯规划的深层含义。她还对照《大学生涯规划演讲比赛评分表》，分享如何撰写大学生涯规划书，她认为对大学生涯的规划要全面、透彻，并祝愿参会同学们能找到属于自己的“guiding star”。

来自地理科学学院的王旻之同学，结合自身的大学生涯规划，从规划介绍、实施情况和规划建议三个方面为新生做大学生涯规划指导。她表示在制定大学生涯规划中，自我评价与目标定位要准确、环境分析要全面、实施步骤与策略要清晰明确、反馈调整要全面。

最后是来自新闻传播学院的董泽扬同学，他是广州大学2017—2018学年度“十佳学生”获得者，目前已保送至中国传媒大学新闻学院攻读硕士学位。他以“做自己的预言家”为主题，首先介绍了自己的简历，并以“八个一”为脉络，即一份国家级奖学金、一次国家竞赛获奖、一篇学术期刊论文、一段海外访学经历、一张高级外语证书、一次国际志愿服务、一次实践交流活动、一段高端实习经历，分享了自己的大学生涯。他希望同学们都能做自己的预言家并实现预言。

（学生处　易睿昕　邓海伦　刘乐童）

10月10日 人文学院“历史人物散文写作的在场性”讲座顺利开展

10月10日晚，人文学院第10期文学创作系列之“历史人物散文写作的在场性”讲座于文新楼323室顺利开展。人文学院李俏梅老师主持此次讲座。

讲座专家艾云是当代散文家、文学评论家，广东省作协散文创作委员会副主任，国家一级作家，广东外语外贸大学创意写作特聘教授。艾云老师以个人写作经历为切入点，从历史人物散文写作的承载性、思想性、艺术性三方面深度论述她的散文写作观，并分享她多年创作经验。艾云老师首先从她20世纪80年代写作及思想的转变开始讲起，让同学们对历史人物散文写作有了更深刻的认识。她指出，历史人物散文在历史人物的书写中承载着个人思考、想象力、艺术美，通过这种“承载”，作家得以“贴近”那些伟大的灵魂。借其散文集《玫瑰与石头》一书，艾云老师指出，一个独立的女性必须拥有能量、审美、心智三个要素。她引用“思即追问”的名言，希望同学终生思考，对生活、命运的本质溯根求源。关于历史人物散文写作的艺术性，艾云老师重点讲解了看材料、列图表、立人物、写冲突、细描述这五个步骤，同时强调了写作中对于小说的结构、诗的语言、戏剧的冲突相结合的重要性。分享结束后，在场同学就讲座内容提出了疑问，艾老师热心且认真地为同学一一作答。

（人文学院 新闻中心）

10月13日 法学院举办篮球嘉年华

10月13日，在广州宜人的天气里，一年一度的法学院篮球嘉年华在大学城北区篮球场拉开了序幕。各参赛队伍很快就进入了比赛状态，大家充分发扬了顽强拼搏的精神，在比赛中你争我抢，同时与队友默契配合，用心组织

参赛选手在比赛中

进攻。虽然队员间的实力不同，但赛场上每一个队员都以饱满的热情积极参与。赛场外，各班啦啦队毫不松懈，奋力为队员们呐喊助威，热烈的欢呼声此起彼伏，感染着场上的每一个队员。

随着赛程的推进，比赛进入了更为激烈的淘汰赛。所以队员们倍加珍惜所面临的每一场比赛。赛场上，同学们用心拼抢，你追我赶，熟练地运球、传球，精准地投篮，每一个配合都显示出他们集体的智慧。场外喝彩声一浪超过一浪。

每学年的篮球嘉年华都为同学们提供了展示球技的舞台，增进了各年级、各班级间的交流。同学们不仅增强了体质，提高了班级荣誉感，也加强了团结合作的能力，有助于同学们今后更好地学习生活，度过健康充实的大学生活。

（法学院　肖乐琦）

10 月 13 日　三院联合举办迎新晚会

10 月 13 日，新闻与传播学院、马克思主义学院、计算机科学与网络工程学院于演艺中心前 A1 广场举办 2019 级三院联合迎新晚会。

迎新晚会以充满时代气息的《一首老歌》开场，激动、狂热的气氛迅速燃遍全场。灯光下，三个学院多才多艺的同学们给大家带来了各种形式的精彩表演。

歌曲《暖融》，为我们带来两种截然不同的思念；流畅欢快的手语演绎歌曲《我们都是追梦人》，激励每一位正在追梦的同学；舞蹈 *Big Boom* 用震撼的节奏奏响激情，用动感的鼓点点亮快乐，用灵动的舞姿挥洒热血，舞动青春；手影舞《遇见》让我们深切感受到校园生活的美好，给我们美妙的期盼；诗朗诵《梦想，现实》告诉我们，有的人，不愿做生活的傀儡，坚毅地带着信仰踏上征程，在现实的晴空中插上梦想的翅膀自由翱翔！

整台晚会节目形式多样，极具魅力。每一支舞蹈尽显青春活力，每一首歌曲都真情流露，同学们尽情诠释大学生的青春活力、自由与不羁。流光溢彩迎新夜，心心相连齐飞扬，迎新晚会圆满结束。

（马克思主义学院　学工办）

10 月 13 日　投资学会举办干部培训大会

10 月 13 日上午，投资学会在桂花岗校区召开了一年一度的干部培训大会。

大会的第一项议程是由主持人介绍投资学会的各个部门，通过幻灯片的播放，新干事们对投资学会有了大致的认识。大会的第二项议程是由各部门部长依次介绍本部门，部长们风趣幽默的言语令各位新干事能够在欢声笑语中更清楚地了解各个部门的功能。大会的第三项议程由主持人介绍会长，会长方纪君先是对新干事的到来表示了热烈欢迎，然后提出了希望：希望投资学会能越来越好，新干事都能融入投资学会大家庭。会长发言后，就是游戏环节，新干事踊跃参加，两两一组的搭配让大家在欢声笑语中减少了陌生感，拉近彼此间的距离。大会的最后一项议程是由学术部副部长孙忠浩做学术讲座。K线图的绘制、股票走势的猜测等小互动深深吸引了新干事。正式会议结束后，干事们仍聚在一起，通过各种小游戏，相互了解，增进友谊。

（经济与统计学院　曾思韵）

10月15日　教育学院召开新疆籍少数民族学生教育大会

为全面加强教育学院少数民族学生工作，进一步落实好新疆籍少数民族学生的教育培养，促进少数民族同学全面发展和健康成长，10月15日，教育学院召开新疆籍少数民族学生教育大会。

麻彦坤书记在发言

首先，学院党委书记麻彦坤对同学们提出了要求，即对照广州大学二十四字人才培养目标做好个人成长规划，以自强自尊自信的面貌，发挥自身才能，并勉励大家通过自身努力一定会取得成功。接着，辅导员张方超分享了暑期赴新疆喀什地区开展暑期社会实践活动的心得体会，学院一行9名教师党员深入喀什市、巴楚县、叶城县、莎车县、麦盖提县，开展学生家访、寄宿制学校教师能力提升培训课及学生骨干社会实践活动。新疆籍 2017 级应用心理学专业学生阿依尼格·艾克拜分享了个人成长的心得，并强调要珍惜每一天，使自己不断成长，才能变得更加优秀。最后，学工办主任陈毅光对入党流程及基本要求作了说明。

学院高度重视新疆籍学生的教育与管理，本学期对少数民族学生群体启动开展了成长分享、学业帮扶等教育活动，促进他们更加全面健康的成长和发展。

（教育学院　学工办）

10 月 15 日　教育学院举行专业学习和校园生活交流会

吴开俊副校长与同学们交流

为加强新形势下学生班集体建设，培育“人心向学”的良好校风学风班风，围绕学校“德才兼备、家国情怀、视野开阔，爱体育、懂艺术，能力发展性强”的人才培养目标，小学教育 191 班于 10 月 15 日下午，在教育学院文逸楼 309 室举行专业学习和校园生活交流会。小学教育 191 班的第一班主任、广州大学副校长吴开俊，班主任李家新，年级辅导员李倩参加此次会议。

会上，小学教育 191 班班委将征集到的学生入学以来在适应大学生活的过程中、在专业学习和校园生活等方面的各种困惑以及对学校在教学和后勤服务管理等方面的意见和建议，以问题的方式，分类逐条向老师进行咨询。

作为该班的第一班主任，吴开俊副校长耐心解答了同学们提出的问题，并提出几点建议：一是提倡全科发展，小学教育 191 班主修语文方向，但仍需将自己定位为全科老师，利用学校打通的课程平台，把握学院见习实践机会，扩充知识储备量，提升语言表达能力与师范综合技能；二是找准自身定位，对照广州大学人才培养目标，根据个人兴趣和志向，平衡好社团与学业之间的关系，规划好未来发展方向；三是掌握学习方法，从高中进入大学，学习模式发生质的转变，同学们要尽快转换身份，多与老师沟通交流，适应课堂节奏，养成良好的学习习惯。

此外，对于校园生活以及后勤服务管理方面的问题，如垃圾分类、共享单车的摆放、空调热水的供应、宿舍空间、宿舍卫生等，吴开俊副校长也一一回应，他表示学校正在积极探索完善校园管理的模式，努力为同学们提供一个高品质的学习生活环境，同时也指出，打造一个人际和谐、健康积极、人心向学的集体需要大家共同努力，期望与同学们共同营造文明、和谐、进取的校园风气。

本次交流会大家围坐在一起，谈困惑也谈理想。同学们积极发言，与老师共同探讨问题，气氛活跃，交流融洽。班主任李家新表示，未来将安排获得保研资格的高年级同学为同学们就如何开展专业学习做专题分享。同学们纷纷表示会利用学校提供的资源，把握交流学习的机会，以积极进取的精神风貌适应大学生活，寻找属于自己的大学生涯节奏。

（教育学院　学工办）

10月15日　外国语学院组织师生党员观看电影《我和我的祖国》

为结合“不忘初心、牢记使命”主题教育，弘扬爱国主义精神，增进师生的民族自豪感，外国语学院于10月15日组织师生党员共同观看电影《我和我的祖国》。

影片从普通人的视角，以前夜、相遇、夺冠、回归、北京你好、白昼流星、护航7个故事，按时间顺序推进并串联起中华人民共和国成立70年来的发展变迁。普通人和国家之间，看似遥远实则密切关联，这部影片聚焦大时代大事件，勾起全民的共同记忆，引发了在场师生的情感共鸣。

此次观影活动让每名党员的目标更清晰，步履更坚定。师生党员纷纷表示，应该自觉把个人梦想融入伟大的“中国梦”，在报效祖国的同时实现个人价值，成就人生辉煌！

（外国语学院　曾祥薇）

观影师生合影

10 月 15 日　公共管理学院举行研学午餐会

10 月 15 日中午，公共管理学院第 31 期公管午餐会在文逸楼 509 室举行。本次活动打破传统思维，推陈出新，特邀本院 2016 级和 2017 级政府管理系与社会学系在学术科研方面有丰富心得体验的学生进行分享交流。

在本期活动中，同学们就学术科研项目的研究价值与研究方法进行了交流。活动先由同学们进行简单的自我介绍，随后同学们就如何合理安排项目的时间及内容，针对调研需求如何设计框架、维度，调研需要掌握哪些专业知识与技巧，如何学以致用充分利用数据统计分析软件，怎样有效地与指导老师进行沟通交流等主题进行了深入探讨。

做项目是大学学习生活里面有意义的事情，但同时要学会兼顾项目、工作与学习三者的关系。本期活动不仅是公管朋辈之间的一次友好聚餐，更是同学间学习交流、增进友谊的聚会。公管午餐会自 2012 年 12 月开始举办以来，通过老师与同学共进午餐的形式，为师生提供了一个交流的平台，此次的形式创新践行了“道理不如故事，天边不如身边”理念，使同学之间更好地相互沟通、互相学习。

（公共管理学院　学工办）

午餐会师生合影

10 月 15 日　广州大学在第五届中国“互联网 +”大学生创新创业大赛中奖牌总数居全省第二

10 月 12—15 日，第五届中国“互联网 +”大学生创新创业大赛总决赛在浙江大学举行。广州大学斩获 3 银 3 铜，获奖数位居全省第二，并再次获得“青年红色筑梦之旅”赛道高校集体奖。广州大学副校长郭兴蓬全程参与赛事各项活动并为参赛队员做答辩指导。

广州大学积极鼓励学生结合所学专业进行创新创业，先后开展了团队组建、项目对接、创业精英班培训、集中辅导、专家评审、答辩模拟等 60 余场活动，稳步推进大赛各项工作。最终，广州大学 6 个项目入围全国总决赛，其中“天眼情报”项目获得高教主赛道国赛银奖；“隔震农居”项目获得“青年红色筑梦之旅”赛道国赛银奖；“安迅固：废料活化新型速凝材料”项目和“通感：低铂电化学传感器制造商”项目获得高教主赛道国赛铜奖；“毕业后公益图书室”项目获得“青年红色筑梦之旅”赛道国赛铜奖。此外，本届大赛共设“青年红色筑梦之旅”高校集体奖 20 个，广州大学和华南理工大学是广东省参赛队伍中获奖的两所高校。

第五届中国“互联网 +”大学生创新创业大赛自启动以来，报名参赛人数共计 457. 4 万人，参赛项目数共计 109. 7 万个，覆盖参赛国家和地区 124 个，报名人数和参赛项目数再创新高。大赛共产生 1 200 个项目入围全国总决赛，其中进入决赛现场比赛的高教主赛道项目 150 个，设金奖 50 个、银奖 100 个；“青年红色筑梦之旅”赛道项目 60 个，设金奖 15 个、银奖 45 个；国际赛道项目 60 个，设金奖 15 个、银奖 45 个。

（教务处　创新创业学院）

参赛团队成员合影

10月18日　广州大学举办“不忘初心、牢记使命”主题教育先进事迹报告会

10月18日下午，广州大学举办“不忘初心、牢记使命”主题教育先进事迹报告会，带领师生走近身边的共产党人和教育工作者，聆听他们讲述爱国、敬业、奉献的感人故事。全体校领导、中层干部、各党支部书记和师生代表共500多人聆听报告。

周福霖是我国著名抗震、隔震与减震控制领域专家，中国工程院院士，广州大学抗震研究中心主任，“庆祝中华人民共和国成立70周年”纪念章获得者，被誉为现代“张衡”。周福霖一辈子从事工程结构与抗震减震的研究与教学工作，带领团队在世界防震科技前沿积极探索，参与汶川地震灾后重建等多项重要工程，完成了世界最长隔震跨海桥——港珠澳大桥、中国最高智能控制电视塔——广州塔等的隔震设计，共计赢得11项中国第一，为我国结构

报告会现场

隔震减震控制技术体系的建立、应用与发展做出了奠基性、开拓性贡献。

站在中华人民共和国成立70周年的时间节点，回想起在温哥华留学结束后毅然决定回国的经历，周福霖翻出了他回国前对祖国写的表白诗句："美丽的城市，豪华的建筑，富丽的生活，但这不是我自己的家园，我的家园在遥远的东方……人民需要我，民族需要我，祖国呼唤我，我要投向祖国母亲的怀抱。"

五十余载，周福霖把个人的理想信念和追求，以及对祖国和人民深沉的爱，化作报效祖国和人民的实际行动，立志用毕生所学为中国人建造地震"安全岛"，身体力行地诠释了一名共产党员的家国情怀和责任担当，以及科技报国的初心和使命。

（土木工程学院　团委）

10月20日　广州大学学生夺广东省大学生七人制足球联赛冠军

10月16—20日，由广东省教育厅指导、广东省学生体育艺术联合会主办的2019年广东省大学生七人制足球联赛乙A组（体育专业组）比赛经过激烈角逐，由广州大学体育学院学生组成的乙A组男子足球校队获该组别冠军。

本次比赛一共设置了4个赛事组别，共有58支球队1 000多名球员参赛，甲组和丙组比赛从9月20日开始到11月下旬结束，第一阶段比赛结束后将根据小组赛成绩进入下一阶段的淘汰赛。决赛将采用主客场制，并计划邀请来自粤港等地的队伍进行友谊赛。

（体育学院）

参赛师生合影

10 月 21 日　马克思主义学院举办读书分享会

读书分享会成员合影

10 月 21 日，为深化"不忘初心、牢记使命"主题教育，马克思主义学院梅苑 6 栋"五室一站"联合马克思主义学院青马班，举办了一场以"追忆红色经典，保持红色初心"为主题的读书分享会。

八位青马班新成员向大家分享近期阅读的红色经典著作。在分享过程中，同学们都表达了对革命先烈的敬佩，同时反思自我：作为年轻一代，应该学习先烈那种不怕苦、不怕累的精神。部分同学结合自己身边的例子，从多个角度解读红色经典，拉近了同学们与那个燃烧着红色火焰的革命时代的距离。

通过追忆红色经典的方式，同学们进一步感受到红色经典的力量，时刻保持一颗红色初心。作为思想政治教育专业的学生，要坚定马克思主义信仰、坚决拥护中国共产党的领导、积极发扬爱国主义精神、为新时代中国特色社会主义的建设注入一股强劲的青年力量。

"书中自有黄金屋，书中自有颜如玉"，书籍作为一种精神食粮，能够给予我们奋勇前进的动力，从红色经典书籍中汲取营养、在思考中稳步前行、保持红色初心则是这场分享会的最大的收获。

（马克思主义学院　学工办）

10 月 21 日　"五室一站"举行垃圾分类知识竞赛

为进一步推进垃圾分类工作，加强对学生垃圾分类知识的宣传和普及，提高学生垃圾分类意识，菊苑 2 栋"五室一站"开展了垃圾分类系列活动之知识竞赛，旨在让同学们更加深入了解垃圾分类的工作，促进菊苑 2 栋文明宿舍的建设。

本次垃圾分类的知识竞赛主要分为海选和决赛两个环节，分别在 10 月 20

日进行了海选，10 月 21 日进行了决赛。在海选环节中，根据笔试成绩从 40 名参赛选手中选出前 12 名进入决赛。决赛分为抢答环节和考验逻辑能力的简答环节。在比赛中，同学们纷纷展现出了自己对垃圾分类的独到见解。一场场激烈的交锋让现场的评委也看得跃跃欲试，气氛很是热烈。本次知识竞赛最终共有 12 人获奖，其中一等奖 1 人、二等奖 2 人、三等奖 4 人、优秀奖 5 人。

通过本次垃圾分类知识竞赛，楼栋同学提高了对垃圾分类的重视程度，也交流学习了垃圾分类知识，他们纷纷表示日后会帮助更多同学参与到垃圾分类行列中。让我们一起做好垃圾分类，保护好宿舍干净整洁的环境！

（物理与电子工程学院　学工办）

10 月 21 日　机械与电气工程学院举行师生交流会

教师与新生们交流

10 月 21 日，机械与电气工程学院张建辉教授、常家庆老师、岳夏老师在理科南楼 203 室举行“2019 级师生交流会”活动，现场共有约 100 位 2019 级新生参与，师生积极互动，现场气氛热烈。

张建辉教授列举了自己心目中的一流名校，又科学地引用了“布朗运动”“分形维度”等专业知识，让同学们深刻地了解到创新、创意的重要性。他认为：“授人以鱼，亦要授人以渔。授鱼，使人不饥；授渔，使人不困。”张教授对创新学习的深刻见解引起同学们积极思考。

常家庆老师则认为进入大学，学习仍然不可松懈。同学们需要培养良好的人际关系，养成健康的人格和心理，并且要善于去发掘自己的长处，希望同学们“切记不要虚度光阴”。岳夏老师凭借自己的丰富经验，向同学们分享了三点：第一要学会全面发展，并且注重基础的学习；第二强调了学习内容的全面性需大、学习的自主性需强；第三介绍了大学是培养同学们自主学习习惯的场地，同学们应该好好利用大学四年时光。

此次活动结束后，同学们还向老师请教了学习上可能遇到的问题。老师们也热情表达了自己的看法，解答了同学们的疑问。正如《师说》所言：“人非生而知之者，孰能无惑？惑而不从师，其为惑也，终不解矣。”此次活动促进师生之间的交流，使同学们进一步了解大学生活和相关专业知识，明确了日后的学习目标。

（机械与电气工程学院　郭超文）

10 月 22 日　广州大学举办第五届书画大赛

10 月 22 日下午，由校团委、公共艺术教育中心主办，美术与设计学院团委、建筑与城市规划学院团委协办的书画大赛开幕式在演艺中心一楼隆重举行。

大赛以“初心追梦国家旺，奋力绘写新篇章”为主题，共有绘画、书法、工艺三大类比赛项目。本次大赛从 3 月开始征集作品，共有十五个学院参与，参赛作品达 326 件，经过漫长的收集、评选、布展等工作，选出优秀作品 56 件，并从今日起将在演艺中心开展为期一个月的展览。

李健老师在讲话中表示：“我们要善于发现生活中的美好。”在这次比赛中，无论是专业组还是非专业组的同学，都有一双善于发现生活中的美的眼睛，才能创作出优秀的作品。

（美术与设计学院　团委学生会）

书画大赛师生合影

10月22日　五院联合举办第二期“青马工程”培训班第一课

10月22日下午，由物理与电子工程学院、地理科学学院、音乐舞蹈学院、旅游学院、计算机科学与网络工程学院联合举办的第二期“知行”青马班举行了青马第一课——“读哲学经典，养成思辨力”，本次课程邀请了张双喜教授为青马学员授课。

张教授首先为我们讲解了哲学与思辨力的关系。阅读哲学经典不是思辨力养成的唯一途径，却是必不可少的部分，思辨力是在涉猎哲学经典过程自觉养成的。英国哲学家罗素曾说过：“很多人宁愿死也不愿思考。”顺着这点，张教授用通俗易懂的语言讲解了他所理解的思辨：思辨即思想与思想间的对峙及展开，是思想不断增殖的过程。

结束了思辨力的介绍之后，张教授提出：“思辨力的磨炼要跟着哲学发展的‘节拍’走。”他从西方哲学发展史出发，介绍了古代、近代、现代哲学家的一些主要观点。总体来看，西方哲学史的发展是有“节奏”的波浪式发展，有波峰，亦有波谷。经验告诉我们，跟着这个“节拍”走，多阅读哲学经典，就会越来越有收获，哲学思辨力就能慢慢磨炼而成。

临近课程尾声，张教授提出了自己在哲学思考、人生体验中的三点感悟。一是宽容，对待知识，只要能为我所用，我必拿来就用。二是切忌，切忌“贴标签”，切忌“形而上学”。三是勤动，勤动眼、勤动脑、勤动笔。学员们均对哲学报以极大的热情，在课堂上积极向张教授提出自己在哲学学习与思考中遇到的问题，张教授也一一耐心解答。

本次青马第一课切实地提高了青马班学员的思想政治素质，在未来的一年，青马班将举办各类课程和活动来提升青马学员的思想政治素质和综合能力，让青春并非虚度，而是拥抱时代，让生命并非蹉跎，而是点燃未来。

（物理与电子工程学院　学工办）

青马班学员与授课教师合影

10 月 23 日　物理与电子工程学院举行博学讲坛之“爱因斯坦与科学的革命”专题讲座

10 月 23 日晚，北京师范大学物理系赵峥教授莅临我校开展主题为“爱因斯坦与科学的革命”的专题讲座。讲座由物理与电子工程学院院长张靖仪主持，300 多名师生共同聆听。

赵峥教授首先给同学们普及了部分有趣的物理学理论及物理学史，并以“讲故事”的形式为同学们介绍了 20 世纪伟大科学家爱因斯坦的生平。赵峥教授的语言风趣幽默，使同学们很快地融入他的讲述当中。

随后，赵峥教授深入浅出地讲解了爱因斯坦的重要成就：狭义相对论、光子论、广义相对论等，并为同学们详细讲解了广义相对论的提出和验证过程。最后，赵峥教授还为同学们介绍了爱因斯坦学术成就对物理学科发展的影响，进一步拓宽了同学们的知识面。同学们在讲座中积极提问，与赵教授进行交流互动。赵峥教授对

赵峥教授开展讲座

同学们提出的问题作出了认真的解答，解开了同学们的疑惑。

讲座的最后，张靖仪院长对本次讲座的内容进行了简要的总结，在场师生用热烈的掌声感谢赵峥教授的精彩讲授，本次讲座圆满结束。

（物理与电子工程学院　学工办）

10 月 24 日　人文学院举行“诗歌的锻造”主题文学创作讲座

同学们在认真聆听讲座

10 月 24 日晚，人文学院“诗歌的锻造”主题文学创作系列讲座第 12 期于文新楼 423 室顺利举行。人文学院李俏梅老师出席本次活动。

主讲人冯娜老师是中国作家协会会员、广东文学院签约作家、广东外语外贸大学创意写作中心特聘导师，曾获华文青年诗人奖、广东省鲁迅文学艺术奖等多种奖项。首先，冯老师让同学们用十个及以上的词汇描述家乡，由此引入诗歌基本要素——词汇。她指出，词汇是文学创作的基石，希望同学能广泛阅读并增加词汇量，从而提高诗歌创作水平。其次，冯老师围绕如何进行诗歌创作进行讲解，通过朗读《听人说起他的家乡》一诗，提出作诗时需调用生活经验并结合情感体验的观点。再次，冯老师以设计界诗人扎哈·哈迪德为例，表示诗歌元素可广泛运用于公共空间。在提问环节中，同学们积极举手提出疑问，冯老师耐心地进行解答。最后，李俏梅老师为本次讲座作总结发言，希望同学注重积累生活素材，以真情实感创作诗歌。

至此，人文学院“诗歌的锻造”主题文学创作讲座圆满结束。

（人文学院　新闻中心）

10月24日　教育学院召开学生党员大会

10月24日晚，教育学院全体学生党员在文新楼624室召开“不忘初心、牢记使命”主题教育推进会。

陈宇红老师强调开展“不忘初心、牢记使命”主题教育的重要性，学校学院正逐步推进相关工作，做到工作部署全面覆盖学生党员。从校党委对“不忘初心、牢记使命”主题教育的整体部署，从守初心、担使命、找差距、抓落实四个层面，认真学习习近平总书记关于“不忘初心、牢记使命”重要论述，以及习近平新时代中国特色社会主义思想，开展理论学习研讨、爱国主义教育、革命传统教育、党史国史教育、组织纪律教育、形势政策教育、先进典型事迹教育等活动；结合青年大学生的特点，采取“个人+集中”的学习模式，组织开展专题集中学习、交流研讨、辅导报告会、榜样事迹报告学习会、参观学习、体验式学习等形式活动；做好支部工作调研，找准支部在组织力提升方面存在的短板，以问题为导向，查摆问题，组织生活会前征集党员、入党积极分子以及群众关于专业学习、学生管理、师德师风、教学管理、支部建设等各方面的问题，对标榜样，找差距，列出问题和整改清单，沟通协调各部门，凝聚多方力量，严肃组织纪律，抓好整改落实。

会后，全体学生党员参加“党史新中国史”闭卷考试，通过考试，督促学生党员认真学习理论并积极参加组织活动，使学生党员更加明确入党的初心和使命。

（教育学院　学工办）

10月24日　广州大学学生获国际知名网络安全大赛奖项

10月24日，全球网络安全知名大赛GeekPwn（极客）2019总决赛在上海举行。广州大学计算机科学与网络工程学院2018级创新班陈虹桥、卢科达、曾素芬三位同学组成的人工智能安全对抗小组获得第五名的优异成绩。这是唯一一支闯入总决赛的本科生队伍。

GeekPwn是全球最大关注智能生活的安全极客（黑客）大赛，也是全球首个探索人工智能与专业安全的前沿平台，与Pwn2Own、DefconCTF并称为世界三大黑客赛事。10月24日，以“Geek Me 5”为主题的2019国际安全极客大赛（GeekPwn 2019）在上海开幕，来自全球各地的白帽黑客、少年极客齐聚一堂，通过预演安全风险，探索产业智能与消费智能潜在的安全问题，提升大众和厂商的安全意识，助力产业健康发展。

陈虹桥、曾素芬、卢科达同学（从左到右）

刚完成大一课程的陈虹桥、卢科达、曾素芬三位同学在创新班班主任李进教授、王显珉老师的鼓励和指导下，利用暑假时间，以“对抗机器学习”“人工智能安全”为研究方向，大量调研文献、学习先进算法、密集分析实验。经过刻苦训练，陈虹桥小组以良好的科研能力、应用能力在 GeekPwn 三轮预赛和总决赛的激烈角逐中脱颖而出，体现了广州大学学子顽强奋进、追求学术前沿的良好风貌。

（计算机科学与网络工程学院）

10 月 24 日　新闻与传播学院暑期实践喀什队荣获广州市大学生志愿者暑期文化科技卫生“三下乡”“示范实践团队”称号

10 月 24 日，2019 年广州市大学生志愿者暑期文化科技卫生“三下乡”社会实践活动示范实践团队现场评审会在广州城市职业学院校本部学生活动中心举行。

广州市 12 所市属高校的 23 支参评实践团队依次进行实践活动成果与后续计划的宣讲及现场答辩，通过现场评审打分最终选出 10 支示范实践团队。广州大学新闻与传播学院部校共建暑期社会实践喀什队队长蚁子林分别从团队管理、品牌宣传、成果展示、计划安排等四个方面展开介绍，最终该队以现场总分第一的成绩荣获 2019 年广州市大学生志愿者暑期文化科技卫生“三下乡”“示范实践团队”称号。

（新闻与传播学院）

评审会师生合影

10 月 25 日　法学院举办读书报告会

10 月 25 日，法学院在桂花岗校区学术报告厅举办了读书报告会，共有十位同学进行了汇报演讲，他们每人都带来一本自己喜欢的书，并向大家进行了介绍推荐。

读书报告交流会是法学院一项重要的课外活动，有利于同学之间互相交流自己喜爱的书籍，营造良好的阅读环境，培养良好的阅读兴趣。在这场读书交流会中，学术部拟定的主题是：读百书，品法韵。每一个分享的同学对于本次活动都给予了高度重视，正装出席，并且脱稿演讲，在台上举手投足颇有风范。观看的同学们也热情高涨，全神贯注，仔细聆听，在交流活动环节积极参与。

学生在作汇报演讲

本次活动分享的书籍各有特色，其中反响最好的是《洞穴奇案》这一书，这本书主要聚焦一个虚拟案件的讨论，对于案件的处理观点很有特色。分享的同学语言幽默，思考独特，对于案件提出了许多新颖的看法。但是，正因为案件的特殊性和复杂性，许多同学都有自己的想法。在交流中，大家积极发言，提出不同观点，你来我往，唇枪舌剑，碰撞出思想的火花，最后由老师总结了大家的看法。

本次活动的意义在于让同学们不仅了解了许多优秀的书籍，而且提高了法学兴趣，对法学的认识进一步加深。

（法学院　董松柏）

10 月 26 日　美术与设计学院学生作品获第 28 届“真维斯杯”休闲装设计大赛金奖

10 月 26 日，由中国服装设计师协会、中国服装协会、真维斯（香港）有限公司联合主办，中国纺织服装教育学会、香港时装设计师协会和 if 时尚等多家单位共同协办的第 28 届“真维斯杯”休闲装设计大赛总决赛在北京751D·PARK第一车间举行，此比赛作为中国国际时装周的重要环节，已经连续举办了 28 年。

颁奖现场

本次大赛的主题为“简 · 不简单”，美术与设计学院 2015 级服装与服饰设计专业 151 班谢东阳同学以作品《宣言》问鼎第 28 届中国“真维斯杯”休闲服装设计大赛金奖，指导老师为罗洁教授。他以独特的角度诠释主题，借助街头涂鸦、服装功能性转换等设计手法传达人文主义情怀，表达了年轻一代“和平与爱”的思想，作品赢得了评审团一致好评。据了解，本次比赛从 5 月开始进行，组委会共收到来自全国各地 160 多所院校逾 5 000 份投稿。

（美术与设计学院　学工办）

10 月 26 日　生命科学学院红十字会敬老活动暖心落幕

10 月 26 日，生命科学学院红十字会策划了一次敬老活动，志愿者前往位于广州市海珠区新滘西路 1 号的百丈颐养中心开展志愿活动。活动的目的是慰问敬老院的老人们，给他们送去一份关爱和温暖，让他们感受到社会对老人的关爱。同时让同学们在实践中锻炼自己，谨记尊敬老人的传统美德。

活动期间，志愿者为敬老院的老人们进行了一系列表演，包括唱歌、小品、朗诵等。为了此次表演，志愿者在活动前努力地练习，虽然表演略带生涩，但是给老人们带来了欢乐，赢得了他们热烈的掌声。表演之余，还有志愿者与老人进行互动，与老人聊家常，陪在他们身边聆听他们讲述自己的过往。在活动的最后，志愿者们为每位老人送上了一份礼物——中国结。

百丈颐养中心的老人年龄大多都在七十岁以上，子女因工作繁忙而不能经常陪伴在他们身边。虽然志愿者的陪伴只是暂时的，但也给他们在颐养中心的生活增添了一丝乐趣，带去了一些活力。

通过活动，同学们深刻理解志愿者奉献精神的不易。通过与老人们的接触，同学们发现很多老人虽偶尔有抱怨，但还是非常理解他们的子女，在颐养中心开心地生活。

（生命科学学院　朱筱薇）

志愿者前往敬老院服务

10 月 26 日　四院联合举办运动会

秋高气爽，阳光正好，在这金秋时节，由音乐舞蹈学院、美术与设计学院、马克思主义学院、外国语学院联合举办的四院联合运动会在 10 月 26 日隆重开幕。

音乐舞蹈学院带来的舞蹈串烧，将清晨的慵懒一扫而尽；马克思主义学院坚定的步伐和响亮的口号，展现出马院学子排除万难、一往无前的决心和担当；美术与设计学院的精美海报让人赞不绝口，成为院运会上一道靓丽的风景；而外国语学院也是大放光彩，令人难忘。

院运会的各项比赛中，少不了各裁判小组的身影，挥旗、下令、枪响，一气呵成；掐表、报时、计分，干净利落。在多个项目的角逐中，马克思主义学院的运动健儿们在赛场上赛出风格，赛出水平，并且取得了优异的成绩。在奔跑中，他们健步如飞，拼尽全力，勇往直前，在跑道上展示出自己充满活力的身影。与此同时，场外的呼喊加油也是响彻云霄，激励着运动健儿努力拼搏。观众们虽然站在场边，但心早已进入了赛场，和运动员联结在一起，运动员与观众心连心，这股强大的力量支持着运动员们斩获佳绩。

院运会中吸引人的不仅仅是比赛名次的高低，还有运动员们永不放弃、勇往直前的信念，即便是摔倒，蹭破了皮，即便只能看见对手的背影，他们依然选择继续坚持。院运会圆满结束，但大家对未来的追逐永不止步！

（马克思主义学院　学工办）

10 月 26 日　广州大学开展新疆籍少数民族学生主题教育活动

为加强新疆籍少数民族学生对中国传统文化的认识，坚定文化自信，10 月 26 日，广州大学以参观沙湾古镇，感受传统文化的形式对新疆籍少数民族学生开展了“坚定文化自信，争做时代先锋”主题教育活动。来自不同学院的 21 名新疆籍骨干学生参加了本次活动。本次活动由广州大学学生处主办，广州大学少数民族学生工作办公室指导并实施，由艾克拜尔老师和热比娅老师带队。

在广东三大宗祠之一的“留耕堂”，同学们感受到了岭南特色的石雕、木雕、砖雕、灰雕等，品味岭南独特的建筑艺术，体味先人的智慧结晶。在

"何炳林院士纪念馆"，同学们了解了沙湾乡人何炳林先生及其妻子陈玉茹女士的生平事迹，感动于其献身国家科技事业、教育事业的精神。在"沙湾广东音乐馆"，同学们置身音乐馆中，"仰一方粤乐风流"，感受沙湾人民的艺术情怀，体会广东音乐的特色风格。在"清水井"，同学们体会到了"一方水土养一方人"，一口水井，几百年间，滋养了无数沙湾人民，孕育了这座古镇独特的文化底蕴。此外，同学们还参观了蚝壳建筑、古镇书斋等其他景点，漫步在沙湾古镇的大街小巷中，体会民间艺术风采，感受其蕴含的历史文化气息。

活动结束后，不少同学表示活动丰富了他们课余的生活与课外知识，促进了他们对岭南地区历史文化的了解，更加坚定了对我们国家的文化的自信，同时也鼓舞了他们在今后的文化传承过程中当好宣传员，通过实际的行动，凝聚时代力量，争做时代先锋。

（学生处　艾克拜尔）

10 月 27 日　人文学院举办"群新璀璨，熠熠人文"迎新晚会

10 月 27 日晚，人文学院 2019 年"群新璀璨，熠熠人文"迎新晚会于广州大学演艺中心顺利举行。

首先，青春而富有活力的啦啦操 *Cheer Goats* 为晚会预热。晚会分为"忆昔·乐舞遥""星烁·熠九霄""璨宇·耀人文"三大篇章。人文诵读小组的《古往今来》表现了人文学子继往开来的决心。其次，2019 级各班模特在舞台上展示汇聚集体智慧的班服。再次，话剧《广大白雪公主》赢得笑声不断，其中的垃圾分类桥段更是积极响应绿色环保的号召。舞蹈《舞动青春》让观众领略少数民族独特风采。然后，相声《成语趣谈》让观众在笑声中感受中国语言的魅力。《贾尼斯基基》的生动演绎使同学深思。歌舞《芒种》带领观众穿梭到烟雨江南。模特队带来的视觉盛宴《Black Mist 黑雾》，尽显人文学子艺术风采。《以梦为马》在悠扬的校歌中阐释青春定义。最后，太阳天团——2019 级导生带来精彩演出，歌声中饱含导生对 2019 级学子的希冀。

至此，广州大学人文学院 2019 年"群新璀璨，熠熠人文"迎新晚会圆满落下帷幕。

（人文学院　新闻中心）

10 月 28 日　旅游学院开展“我与祖国共奋进”——国旗下演讲暨国旗下齐唱国歌主题团日活动

10 月 28 日，为庆祝中华人民共和国成立 70 周年，旅游学院在桂花岗校区开展“我与祖国共奋进”——国旗下演讲暨国旗下齐唱国歌主题团日活动。旅游学院学院领导、高年级学生代表和 2019 级全体学生参与本次活动。

在主持人庄重而又深情的开场词后，升旗仪式正式开始。全体人员行注目礼，高唱国歌。在鲜艳的五星红旗下，旅游 191 班王玥玲同学进行国旗下演讲。通过列举坚持信念顽强不屈的赵一曼烈士、耶鲁大学毕业生村干部秦玥飞、中国女排前任队长惠若琪等生动例子，王玥玲同学在演讲中倡议道：“我们要担负起新时代青年的责任和使命，把广州大学二十四字人才培养目标作为成长成才的方向，刻苦学习、勤奋实践、努力创新，不断提升专业能力和综合素质，争做德智体美劳全面发展的大学生。”

旅游 191 班向冬梅同学进行诗朗诵《祖国，我亲爱的祖国》，以此向祖国致敬，展现当代青年与祖国同呼吸、与时代共奋进的爱国主义情怀和昂扬的精神风貌。

青春心向党，建功新时代。刘绍东副书记对本次活动进行总结。他围绕中华人民共和国成立 70 年来所取得的巨大成就和新时代的机遇与挑战、当今国际国内形势、当代青年的使命担当等内容，勉励同学们将个人发展融入中华民族伟大复兴的“中国梦”之中，勉励大家要热爱祖国、勤奋学习、努力创新实践，争做新时代德才兼备的弄潮儿。

师生参加团日活动

最后全体师生合唱《我和我的祖国》，师生们热情地挥动着手中的小红旗并深情歌唱，以此来表达对祖国深沉的爱意。在现场师生们饱含深情的歌声中，本次活动圆满结束。

（旅游学院　赵双双　梁芷晴）

10 月 29 日　生命科学学院举办第八届学生代表大会

10 月 29 日下午，生命科学学院于文新楼 508 室召开第八届学生代表大会筹备会议，晚上七点大会正式召开，来自学院各班的 89 名学生代表参加了会议。学校和校内各学院的学生会主席代表列席了会议，并对生科院学代会的召开表示祝贺。

大会在庄严的国歌声中拉开序幕，学院团委书记刘月华致开幕词，预祝本次会议取得成功，并希望本次学代会能选拔出一批能为学生代言，担当青年学生与学院学校共同发展有效桥梁的优秀学生干部，使学生会的工作再迈上一个新台阶。接着，第七届委员会学生会主席印雨晗同学作了题为“锐意进取，别具匠心，以身作则，勇于开拓，谱写学生工作新篇章”的学生会第七届委员会工作报告。

学院党委书记陈�代表学院作总结讲话，她充分肯定了第七届学生会所取得的成就，寄语新一届学生会干部从担当、服务、廉洁展示干事创业风貌。同时，还强调大家要不忘党史国史，在学习和生活中继承中华民族优良传统，继往开来，以实际行动实现广州大学人才培养目标，成为新时代社会主义合格建设者和接班人。

学生代表大会合影

大会最后顺利选举产生12名同学成为第八届学生会委员。

（生命科学学院　团委学生会新媒体部）

10月29日　教育学院师生党员赴广州起义烈士陵园开展革命传统教育

为进一步推进“不忘初心、牢记使命”主题教育，明确共产党员的使命担当，提升教育学院师生党员的爱国热情和党支部组织力，教育学院师生党员于10月29日下午前往广州起义烈士陵园开展革命传统教育。

师生党员前往烈士陵园开展革命传统教育

在广州起义烈士陵园纪念碑前，党员代表陈毅光老师向师生党员们介绍广州起义烈士陵园的历史与其重要地位，并期望通过此次活动，各位党员同志能够深入了解这段光荣历史，学习起义军大义凛然的献身精神，提高政治站位和思想道德品质，内化爱国主义精神，切实增强立德树人的使命担当。紧接着师生党员走进广州近代史博物馆，展馆以历史为脉络，分为“百年风云”和“日趋近代化的中心城市”两个部分，通过历史文物、照片、模型和视频等形式，全面翔实地展示了广州人民为反抗外国侵略和改造社会进行的艰苦卓绝的斗争，以及逐步向近现代城市的转化历程。党员同志们按展馆路标指引，根据时间线索，认真参观展馆内容，回顾鸦片战争以来，在广州发生的重大历史事件，感受近代广州的政治文化与社会风情。

本次活动通过参观学习的形式，重温峥嵘岁月，缅怀革命先烈，深入贯彻“不忘初心、牢记使命”主题教育精神，进一步激发师生党员的爱国热情和奉献精神，筑牢党员的初心使命。

（教育学院　学工办）

10 月 29 日　“十佳学生”评审会圆满结束

10 月 29 日下午，我校在行政西二楼会议厅举行 2018—2019 学年度“十佳学生”评审会。我校“十佳学生”评选活动始于 2001 年，它与广大师生共同成长，是我校促进学风建设与校园文化建设的重要组成内容。“十佳学生”是我校莘莘学子认真学习、勇于开拓的典型，是广大学生的优秀代表。学校希望通过开展“十佳学生”评选活动，为我校学子树立身边的榜样，传递校园正能量。

评审会上，24 位候选人依次登台演讲（1 位候选人通过视频演讲竞选），为大家展示了自己丰富多彩的大学生活以及学习研究上的成就。他们不仅专业技能过人，学习表现突出，而且视野开阔，在各种课外竞赛上也是硕果累累。

评审会结束后，经过紧锣密鼓的统计工作，最终拟确定钟楠宇等 10 名同学为广州大学 2018—2019 学年度“十佳学生”；钟俊豪等 15 名同学获“十佳学生入围奖”。

（学生处　史妙欣　朱镇星）

评审会现场

10 月 29 日　新闻与传播学院学生获第六届全国大学生经济新闻作品大赛一等奖

10 月 29 日，第六届全国大学生经济新闻作品大赛落下帷幕，广州大学新闻与传播学院学生李璨钊发表在《国际金融报》的作品《房少价高，“租房难”谁之过?》在激烈的竞争中脱颖而出，荣获大赛新闻报道类一等奖。

全国大学生经济新闻作品大赛由中国经济传媒协会、中国新闻史学会应用新闻传播学研究委员会、北京工商大学主办，大赛面向全国各新闻传播学院在校研究生、本科生征集参赛作品。设立新闻报道类一等奖5项、二等奖10项、三等奖15项，共30件作品；新闻评论类一等奖2项、二等奖2项、三等奖3项，共7件作品。第六届全国大学生经济新闻作品大赛共收到全国44所学校的225件作品，其中新闻报道类作品201件，新闻评论类作品24件。

（新闻与传播学院）

10月30日　“广州市青年马克思主义理论人才培养研究重点基地”揭牌仪式暨“厚植家国情怀”主题学习沙龙召开

学习沙龙现场

10月30日，“广州市青年马克思主义理论人才培养研究重点基地”揭牌仪式暨“厚植家国情怀”主题学习沙龙于图书馆副楼206会议室举行。

广州市社科联专职副主席谭晓红、广州大学党委副书记聂贵新，以及中山大学、华南理工大学、暨南大学、华南师范大学的师生代表，广州大学马克思主义学院领导与部分师生一共60余人参加了此次学习沙龙。学习沙龙以“辅导报告、授课展示、视频联播、经典赏析、主题发言、热点品评、经验介绍和自由发言”八个单元依次展开。

谭晓红副主席指出，举行“厚植家国情怀”主题学习沙龙活动的目的是要通过学习研讨活动进一步凝聚广大青年，着力引导广大青年牢固树立对马克思主义的信仰、对中国特色社会主义的信念、对中华民族伟大复兴的信心，勇当民族复兴大业的时代新人。

聂贵新副书记在致辞中强调以此次“青年学习沙龙”为契机，依托“青马基地”重点加强青年理论人才培养，进一步推动广大青年树立远大理想，不断增强道路自信、理论自信、制度自信、文化自信，培养一批青年马克思主义理论人才。

活动最后，广州大学马克思主义学院党委书记罗明星作总结发言并指出，在当前正在进行的“不忘初心、牢记使命”主题教育实践活动的背景下，举办“厚植家国情怀”主题学习契合主题，意义特别，主题学习沙龙理论联系实际，形式丰富多彩，既是一次学习又是一次研讨。大家畅所欲言，各抒己见，效果显著。

（马克思主义学院　学工办）

10 月 31 日　工商管理学院举办“阅·享·悦”——“经典百书”系列活动启动会

工商管理学院第三届“阅·享·悦”——“经典百书”系列活动”启动会于 10 月 31 日在五号楼南 412 室举行。该活动旨在激励同学们的阅读兴趣，增加同学们阅读量。

梁世健老师在介绍活动详情

梁世健老师介绍了“经典百书”系列活动的举办方式和目的，即以班级为单位，出策划、去实施，通过读书分享会、国学朗诵活动、读书感悟分享会等形式来开展活动，调动同学们的阅读积极性，以开阔学生知识视野，丰富人文素养。

“经典百书”系列活动之一的经典百书知识竞赛中，通过个人必答题、团队必答题、团队互选、团队抢答的方式进行，让在场的选手、观众、嘉宾以答题的方式了解中华文化，愉悦精神世界，增强学生“广大底色”，从经典中汲取精华，开阔视野，营造崇尚知识、热爱阅读的校园文化氛围。

这次活动既让学生巧用经典，在经典中搞好班级建设，也壮大了工商管理学院阅读与推广阅读的队伍，为工商管理学院的学子营造了更为浓郁的崇尚知识、热爱读书的校园文化氛围。

（工商管理学院　李诗琦）

我们的大学

November　十一月

11 月 2 日　法学院开展“瞻仰革命遗址，重温党员初心”主题教育活动

11 月 2 日下午 3 点，法学院本科生党支部全体党员与入党积极分子走进农讲所，开展了“瞻仰革命遗址，重温党员初心”主题教育活动。本次活动，旨在加强各位同志学习革命先烈爱国初心精神，筑牢信仰之基，把好思想之舵。

参观结束后，支部党员感悟良多。李狄萍同志在心得中提到，解决三农问题，实际上就是解决土地问题。“耕者有其田”，既是孙中山先生革命理念，也是中国广大农民的心之所向。中国是以工农联盟为基础的无产阶级国家，如果农民连赖以生存的土地都无法保障的话，“三农问题”就不能得到有效解决。要想切实解决三农问题，需要一代又一代的共产党员借鉴革命先辈们的成功经验，结合国情和农村基层实际，深入考察农村，掌握农民需求，农村改革才能持之以恒，有所成效。

共产主义信仰是党员人生的引航灯塔，是党员精神的本质核心。本次的农讲所学习之旅虽然短暂，却令每一位同志去除迷惘，更加坚定共产主义信仰。相信经过本次的学习教育洗礼后，党员同志能继承先辈遗志，奋勇前行，更加坚定“为人民的服务”的理想信念，更加坚定做共产主义远大理想和中国特色社会主义共同理想的忠实践行者。

（法学院　学工办）

11 月 2 日　三院举行联合院运会

11 月 2 日，化学化工学院、机械与电气工程学院、旅游学院三院联合运动会于北区田径场盛大举行。化学化工学院全体辅导员老师出席了本次盛会。

早秋，寒露初凝，凉风习习，却难以掩盖同学们对运动的热爱。早上 8 点不到，三个学院的学生便已早早地抵达了运动场，参加本次三院联合运动会的开幕式。在精彩的开幕式后，院运会正式开始！踏板上的奋力一跃、终点线前的最后冲刺、实心球离手后的魅力弧线，各院学子用自己的方式书写着精彩。每一滴汗水，是对自己平日努力训练的展现，每一次咬牙坚持，是对运动最大的尊重。赛场上运动员们的努力拼搏、赛场下观众们的呐喊助威、红会摊位上志愿者们的热心帮助，构成了一幅和谐而又美好的画面，冲过终点，击掌拥

抱，感受到的，是属于友谊的温暖。

一年一度的三院联合运动会，为所有热爱体育的学子提供了平台，展现了他们的独特风采。相信在接下来的校运会当中，各位运动健将必将再创佳绩！

（化学化工学院　学工办）

三院联合运动会大合影

11 月 3 日　物理与电子工程学院举行第九届学生代表大会

11 月 3 日晚，物理与电子工程学院举行了第九届学生代表大会。物理与电子工程学院团委副书记黄毓婵以及各班学生代表参加了本次大会。

大会在庄严的国歌声中拉开帷幕。大会听取并审议通过了《广州大学物理与电子工程学院第八届学生委员会工作报告》以及《广州大学物理与电子工程学院第八届学生委员会工作报告的决议》。经过学生委员候选人竞选宣讲，与会全体学生代表的无记名投票，大会选举产生了第九届学生代表。

学生代表大会是学院联系学生的桥梁和纽带，是学院民主管理和民主监督的基本形式之一，是学生参与学院管理的重要途径。本次学代会的顺利召开，对推动学院民主管理、推进学院学生工作更上一个台阶具有重要意义。

（物理与电子工程学院　学工办）

学代会师生合影

11 月 3 日　马克思主义学院青年志愿者协会开展广交会志愿服务活动

秋高气爽的十月，第 126 届中国进出口商品交易会秋季会展在广州市琶洲展馆如期举行。广州大学马克思主义学院青年志愿者协会开展了广交会志愿活动，共有 36 名志愿者参与此次活动。

10 月 27 日晚，马克思主义学院青年志愿者协会对广交会志愿者进行了线下培训，讲师细致讲解了志愿细则和注意事项，志愿者们仔细聆听讲解，并在分发的广交会展馆图上写满了笔记。11 月 3 日上午，志愿者们迎着朝阳来到广交会琶洲展馆，他们迅速换上绿马甲，戴上白帽子，套上红袖章，一切准备就绪，在指挥员和领队的带领下前往各自的岗位。志愿者们脸上洋溢着微笑，热情又耐心地为参展商们解答问题，认真站好自己的岗位，展现了迷人风采。在阳光下坚持服务约 4 个小时的志愿者们成为了广交会上一道靓丽风景线，他们真诚的服务换来了参展商们的好评与点赞，每位志愿者都收获了属于自己的那份快乐。

广交会的志愿服务既是在帮助他人、服务社会，同时也是在传递爱心和传播文明。每一次志愿活动都是一次爱心的传递，每一分付出都是一分收获。马克思主义学院青年志愿者协会一直在坚持，一直在行动，青春相约志愿行，用心传递真善美。

（马克思主义学院　学工办）

11 月 3 日　建筑与城市规划学院举办广州大学第三届建造节

11 月 3 日，由华阳国际广州公司支持，建筑与城市城市规划学院举办的广州大学第三届“回应激活”建造节决赛顺利举行，参与此次决赛的评委有来自华阳国际广州公司、广东工业大学华立学院、建筑与城市规划学院的工作人员和老师。

评委对参赛的每一个小组的作品进行审查及评分，参赛选手在评委老师评分时进行现场答辩，参赛的学生有的结合树的形体、落叶的态，使作品呈现出一种舒适的氛围；有的小组设计多种构件，组合而成一个公共休息区域；有的作品的几个小单元格能够随意地排列组合，营造出不同的空间，产生不同的功能；有的学生使用数据分析建模，用横纵板交错的方式生成固定场地人群视线与活动需求的设计。评委们从空间形态、人体尺度等方面给参赛作品提出建议，让同学们受益匪浅。

在九组选手展示完毕后，评委们最终评出了此次比赛的获奖者，观众给予了热烈的掌声以示祝贺。华阳国际广州公司设计总监陈曦先生对建造大赛进行总结，他认为，同学们精彩的创意和思想在作品中有很好的体现。此次大赛作品的方案大致分为两种，一种是整体构型，一种是由单个体块组合成一个新空间，大家视野开阔的设计，让他也有了很大的收获。至此，此次比赛获得圆满成功。

（建筑与城市规划学院　江颖桥）

建造节师生合影

11月5日　体育学院举行广东省第四届高校体育教育专业学生基本功大赛动员大会

11月5日中午，体育学院在学院会议室召开了广东省第四届高校体育教育专业学生基本功大赛动员大会。参加会议的有各项目负责老师以及参赛的18名学生。这18名同学将在11月22—24日代表广州大学参加本次基本功大赛。

首先由副院长祝振军宣布各项目负责老师及参赛学生名单，并详细介绍了大赛的细节，鼓励同学们保持昂扬的斗志，坚定胜利的信心。

随后，院长刘学谦对学生提出了相关要求。在接下来的授旗仪式上，院党委书记何蕴华把广州大学校旗授予队长李木谦同学。最后，体教系主任吕晓昌和社体系主任李卫东分别就比赛项目作了细致的讲解和要求，强调每个项目的训练步骤及课后练习任务。至此，动员大会圆满结束。

（体育学院　胡慧珍）

11月5日　广州大学举办“第一班主任”专题校领导午餐会

魏明海校长与学生交流

11月5日中午，2019年第七期广州大学领导午餐会在菊苑饭堂举办，来自各学院的15名本科新生班班长代表参加午餐会。校长魏明海、副校长吴开俊，相关职能部门负责人和学生代表进行互动交流。同学们就“第一班主任”工作及《关于进一步加强学生班集体建设的实施意见》推进落实情况进行了汇报，对学习、生活中出现的问题提出了意见和建议。大家纷纷表示，“第一班主任”在思想引领、专业教育等方面给予同学们很多帮助，班团组织通过拍摄微团课视频、建立学习小组等形式加强了班级凝聚力。同学们还就“第一班主任”进入班群加强教育引导、优化课程设置等方面提出了意见和建议。

魏明海校长表示，学生干部要发挥好带头作用，带领同学们建设良好的班风，形成良好的学习氛围，要凝聚其他班委的力量，多关心帮助同学，多开展形式多样的文体和团建活动，带领同学们抓好学习，共建团结、积极向上的班集体。

（学生处）

11月5日　广州大学开展“垃圾分类——我们在行动”学生组织动员会暨培训活动

活动现场

11月5日，广州大学学生处、研究生院、团委联合在学生活动中心举行了“垃圾分类——我们在行动”学生组织动员会暨培训活动。校学生会代表、各学院学生会代表、校研究生会代表、各学院研究生会代表、各宿舍楼栋学生楼长近120人齐聚学生活动中心，参与活动。

校团委、学生处负责人希望同学们深入认识垃圾分类的意义，希望学生干部将做好垃圾分类工作与落实学校“德才兼备、家国情怀”的人才培养目标结合起来，在发挥好模范带头作用的同时，带领和督促同学做好垃圾分类工作。学生干部表示，通过此次培训活动认识到了垃圾分类的重要性、掌握了垃圾分类的基本要求，会带头做好垃圾分类工作，并努力引导其他同学一起行动起来，为保护环境、建设美丽校园做出应有的贡献。

（学生处）

11 月 8 日　广州大学代表队在 2019 年“外研社・国才杯”省赛中获佳绩

获奖学生与带队教师合影

2019 年广东省大学生英语演讲比赛暨“外研社・国才杯”全国英语演讲大赛广东赛区复赛中，广州大学选派 3 组共 10 名选手参赛，来自外国语学院法语系的孙耀勇同学以第二名成绩勇夺英语阅读特等奖，并将作为广东队 3 名选手之一参加国赛。此外，广州大学代表队还获得阅读比赛一等奖 2 项和二等奖 1 项；写作比赛一等奖、二等奖和三等奖各 1 项；演讲比赛一等奖和三等奖各 1 项。

此次比赛由省教育厅主办，由广东省本科高校大学英语课程教学指导委员会、外语教学与研究出版社协办，参赛学校包括中山大学等 54 所本省高校。大赛旨在为广东省大学生打造展示英语能力、沟通能力与思辨能力的综合平台，开发英语“第二课堂”，推动高校英语教育教学改革，全面提升学生的外语能力、思辨能力和创新能力，助力学生成长为具有全球视野、优秀外语能力的高素质国际化人才。

（外语教育训练基地）

11 月 8 日　法学院举办第二十五届珉灿杯新生辩论赛决赛

珉灿杯新生辩论赛由法学院团委、学生会学术部与法学院辩论队共同举办。比赛时间从 9 月 2 日开始，首先由广州大学桂花岗六学院的多位精英辩手组成队伍面向 2019 级新生进行表演赛，再由 16 支新生队伍经过唇枪舌剑决出 2 支优胜队伍，在 11 月 8 日参加珉灿杯决赛。整个珉灿杯系列赛总共历经第一轮、第二轮、第三轮、半决赛、决赛 5 轮激烈竞争。

珉灿杯新生赛的举办初衷是：秉承着服务广大新生的信念，为广大新生提供一个思维和语言表达的竞技平台；培育未来法学思辨型人才；通过传统的辩论形式培养新生的思辨能力，并通过引进一些独特的辩论创新机制和对辩题时效性的把握，锻炼同学们的专业素养和学术水平。相信珉灿杯将会越办越精彩，成为广州大学法学院的招牌活动。

辩论赛现场

（法学院　李佳儒）

11 月 8 日　新闻与传播学院学生参加 2019 广州红色故事讲解员大赛总决赛

"追忆红色历程，传承红色精神"，11 月 8 日下午，由广州市文化广电旅游局主办、广州市广播电视台承办的 2019 广州红色故事讲解员大赛总决赛在广州国际媒体港圆满落幕。经过海选、半决赛的多轮角逐，新闻与传播学院选送的《岭南》《共和国的声音》，最终晋级总决赛。

由赖峻桑、姚震、潭宇洋主演的《共和国的声音》获红色故事"演绎铜奖"，由林川、熊求鹏、周嘉玲、杨锦浩、留乐怡主演的《岭南》获红色故事优秀奖。广州大学获得"2019 年度广州地区红色故事讲解工作优秀单位"称号。

《岭南》《共和国的声音》以独特的方式记忆、解读、传扬着感人至深的红色故事，诉说着人们对英雄的怀念和敬仰，让现场观众无比动容。通过这次大赛，大家可以用新的视角解读与感悟红色文化的新时代内涵。

（新闻与传播学院）

颁奖现场

11 月 9 日　蜗牛剧社参加第十四届大学生戏剧节

11 月 9 日，广州大学蜗牛剧社参加了第十四届大学生戏剧节比赛。由蜗牛剧社编剧郑文雯执笔，文巨沁导演，姜宇杰参与讨论制作的剧本为《谁人为真，谁人为假》，其故事结局引人思考。剧本定稿后，便迅速组建剧组，挑选音乐，开始正式排练。此次创作蜗牛剧社也融入了音乐及舞蹈元素。在排练中，蜗牛剧社不断地调整演员们的状态，让演员们学会台词表达及舞台调度，演员们也积极投入排练中。在准备比赛的这段时间，蜗牛剧社的成员们也感受到了来自老师的关心和支持。

社员合影

在比赛舞台上，演员们融入角色，出色地展现了编排的台词、动作、音乐、舞蹈。赛后，评委们对节目进行了点评，尽管没有获奖，但社员们表示从排练过程及评委点评中学习到了很多，他们会将这次参加比赛努力团结的精神继续下去，为蜗牛剧社未来的发展而不断地投入努力。

（音乐舞蹈学院　文巨沁）

11月10日　公共管理学院举行2019无领导小组挑战大赛

11月10日下午，由公共管理学院举办的无领导小组挑战大赛在文新楼214室如期举行。公共管理学院党委书记刘雪明、政府管理系副教授周凌霄受邀担任评委嘉宾。无领导小组挑战大赛一直以来都是公共管理学院品牌活动，这一活动旨在开阔同学们的视野，提升同学们的思维能力和综合素质，引导同学们贴近社会、贴近实际、贴近生活，学以致用。

本年度无领导小组挑战大赛的参赛题目具备鲜活性、时代感，兼具公共精神，要求选手具备综合分析、组织协调、人际关系处理等方面的能力。本次比赛的参赛选手分为A、B、C三组，三组参赛选手分别就“全球化 & 在地化”“公务员如何体现创新精神”等话题进行个人发言、小组讨论和总结。

比赛接近尾声，刘雪明老师、周凌霄老师、童金星同学针对选手在个人赛和小组赛中的具体表现分别进行点评并提出优化建议。“作为大学生，不要觉得这些事离我们很远，我们关心的问题恰恰就在这里。”刘雪明老师鼓励同学们多关心国际国内时政热点，深入思考并勇于表达自己的观点，增强社会责任感。

（公共管理学院　学工办）

11月10日　人文学院林婳婳同学获广东省首届“南粤铸魂杯”教师演讲比赛二等奖

11月10日，广东省首届“南粤铸魂杯”教师演讲比赛总决赛于广州一中初中部举行。

我校人文学院汉语186班林婳婳同学是人文学院汉语言文学的师范生、语文教学实践工作坊第三期学员，在陈楚敏老师的培训指导下，林婳婳最终获得小幼教组二等奖。林婳婳更是决赛中

林婳婳与指导教师合影

仅有的一位本科师范生选手，表现出色，并作为“00后”代表参与最后的汇报表演，表演节目为诗朗诵《与共和国同行》。

借此喜讯，期待激励更多同学注重自身口才锻炼，不断提升演讲能力。以“言”传师魂，以“行”践师德。

（人文学院　陈楚敏　林婳婳）

11月11日　建筑与城市规划学院举办“河山大好，不负期待”写生速写优秀作品画展

11月11日下午，建筑与城市规划学院在兰苑3栋“五室一站”三楼心情驿站举办了“河山大好，不负期待”写生速写优秀作品画展开幕式。学院陈立新书记莅临指导，为同学们进行专业指导，并对这次特色活动给予了肯定和支持。此次活动吸引了来自建院和兰苑3栋的同学踊跃参与。此次活动的顺利举办，不仅丰富了学生的课余文化生活，更让同学们欣赏到优秀学生作品，帮助大家更快地融入建院的生活，学到更多专业技巧。

活动开始，由“五室一站”工作人员吴玟萱主持和讲解作品，包括分享作品的绘画技巧和作品的写生背景，帮助同学们进一步了解绘画的基本要点，使建院的同学能够在之后的建院学习生活更加如鱼得水，也给对建院写生感兴趣的兰苑3栋学生带来新的知识。接着，陈立新书记讲到，人们往往强调心灵则手巧，而对于绘画，则需做到手巧心才灵，希望在场的同学平时能多加练习，提升自己的绘画技能，为之后的建院学习做好铺垫。

本次绘画作品展不仅展示了建院学生扎实的绘画功底，同时也展示了学生对于美好祖国的热爱和赞美，绘画能够陶冶情操，修身养性，同时也能表达学生的思想观念：本次学生作品集思想性、艺术性、观赏性于一体，具有正确的思想导向，分别以不同的艺术表现形式充分展示了祖国的大好河山，彰显了当代大学生的才情智慧、艺术品格以及开拓创新、积极进取的良好精神风貌。

（建筑与城市规划学院　江颖桥）

11月12日　广州大学在第十六届“挑战杯”国赛首次捧得“优胜杯”

11月12日，第十六届“挑战杯”北航投全国大学生课外学术科技作品竞

赛圆满落下帷幕。广州大学参赛师生以总分全国第 18 名的好成绩，首次捧得“优胜杯”，报送的 6 件作品获一等奖 2 项、二等奖 3 项、三等奖 1 项。同时，广州大学获全国“优秀组织奖”，连续十一届获得全国发起高校资格。

本届竞赛以“挑战筑梦　科创报国”为主题，吸引了 1 573 所高校、567 万名师生参与。最终共有 213 所高校入围终审决赛，参与师生共计 4 567 人，参选作品共 447 项，涵盖机械与控制、信息技术、社会科学、能源化工、经济教育等 11 个大类。广州大学所报送的 6 项参赛作品是从全校 502 件申报作品中，经过一年半的选拔、培育和反复打磨后脱颖而出的。比赛期间，校党委副书记聂贵新带队指导学生参赛，并为参赛团队加油鼓劲。最终，广州大学参赛作品全部获奖。

在多年的实践探索中，广州大学形成了以“挑战杯”为龙头的学术科技创新工作机制，学术创新氛围日趋浓厚，能力发展性强的综合型人才培养模式得以创新。自 1998 年参加大赛至今，参赛成绩始终处于全省领先、全国前列。本次捧杯，充分体现了广州大学全面推进高水平大学建设以来，广大学子学术创新能力和综合素养的提升，充分展现了广州大学“三创”育人的丰硕成果。

据统计，截至目前，广州大学在历届“挑战杯”作品竞赛中，共获全国性奖项 60 项，省级奖项 282 项，保持全国竞赛发起高校资格，多次获得省赛“优胜杯”。四名同学因参加“挑战杯”竞赛成果突出，先后获得“中国青少年科技创新奖”。

（校团委）

团队师生合影

11 月 12 日　土木工程学院社会实践团队荣获“优秀组织”称号

11 月 12 日下午，2019 年广州大学社会实践总结交流会在行政西楼二楼会议厅举行，土木工程学院成功入围 2019 年广州大学社会实践优秀组织现场评选。校团委老师、各学院代表参加了本次交流会。土木工程学院学生会学生实践中心主任曾俊伟同学上台演讲，对本次土木工程学院暑期社会实践工作成果进行展示汇报。

暑假期间土木工程学院组织开展了土木工程学院“不忘初心·筑梦前行”学生志愿者“三下乡”主题社会实践活动，重点组织乡村“隔楼”民居隔震助农服务团、“不忘初心·筑梦科技”科普实践团等七支服务队伍，并有多支由学生自发组织的社会实践队伍前往广东梅州等地，参与人数超 300 人，成绩突出。活动情况概况如下：校级重点实践队伍 2 支、市级重点队伍 1 支、省级重点立项队伍 5 支、入选中青报“寻找全国百强暑期社会实践队”投票阶段队伍 2 支，各层级的重点队伍数量均位居全校前列。学院媒体平台新闻报道 15 篇，学校媒体平台宣传报道 1 篇，央视、人民网、新华网等校外媒体新闻报道 7 篇、拍摄视频 5 个。另外，土木工程学院重点队伍之一——乡村“隔楼”居民隔震助农服务团还获得了第五届“互联网 +”大学生创新创业大赛国赛银奖!

乡村“隔震”民居隔震助农服务团荣获“优秀实践队伍”称号，土木工程学院在本次广州大学社会实践总结交流会上最终排名第三，并荣获“优秀组织”称号。不忘初心，筑梦前行，我们在探索中不断前进，势必将志愿精神、奉献精神一路传承!

（土木工程学院　全媒体中心）

11 月 12 日　工商管理学院开展“瞬间和永恒”新生演讲比赛

11 月 12 日，以“瞬间和永恒”为主题，工商管理学院举办了“我是演讲者”风采大赛决赛，比赛出席嘉宾及评委包括工商管理学院市营系主任张魁峰老师、工商管理学院辅导员谢灿杰老师、工商管理学院团委学生会主席龙婉文及副主席鲜一多。

获奖选手与评委合影

参赛同学积极提出自己对比赛主题的理解，通过声情并茂的演讲加以表达出来。康悦田同学以史为鉴，字字珠玑，倡导广大青年为国献身，以己之瞬间成就国之永恒。柯文婉同学则在把握志愿的瞬间，传递永恒的爱心，告诉我们人间值得，温暖的情怀永垂不朽。

评委张魁峰老师就思想深度、表现形式、内容共鸣等多方面对此次比赛进行了认真点评，为参赛选手提出了宝贵建议，鼓励和赞扬参赛选手们。他提出，演讲是一门艺术，希望在场新生多加锻炼学习。此次演讲比赛锻炼了2019级新生的综合能力与自我主见，倡导新时代青年辩证思考，勇敢发声，有效帮助同学们更快更好适应大学生活，丰富在校学生的课余生活，同时展现出广州大学先进开放的思想氛围。

（工商管理学院　龚洁）

11月12日　机械与电气工程学院获第十六届“挑战杯”国赛一等奖

11月12日，第十六届“挑战杯”北航投全国大学生课外学术科技作品竞赛在京圆满落下帷幕。机械与电气工程学院的参赛项目入围国赛并荣获一等奖，实现历史突破，获奖层级创历史新高！

“挑战杯”全国大学生课外学术科技作品竞赛被誉为当代大学生科技创新的“奥林匹克”盛会。本届“挑战杯”以“挑战筑梦、科创报国”为主题，全国共有1 573所高校的567万师生参加校级竞赛，经过省级比赛、全国初评和复审，最终有213所高校的447件作品进入决赛。

广州大学历来重视学生课外学术科技能力的培育与发展，已连续十一届获得全国“挑战杯”发起高校资格，2019年以总分排名全国第十八位荣获全国挑战杯“优胜杯”。本次竞赛，学校共有六个项目参与国赛角逐，并全部获奖。机械与电气工程学院参赛项目《变废为宝——基于进化学习机制的全自动垃圾分类回收系统》，由刘长红、常向阳、彭绍湖等老师指导，团队由杨兴鑫、程健翔、陈毓锋、张健豪、黎子良、利恒浩、叶土仙、余卓权等同学组成，最终荣获一等奖，创造了广州大学参加“挑战杯”国赛历史最好成绩。

（机械与电气工程学院　冯荣光）

11月12日　物理与电子工程学院举行2019年“百企调研行”活动

为了加强与用人单位的联系，调研毕业生就业形势，开拓毕业生就业市场，调查往届毕业生在各单位的工作表现情况及用人单位对物理与电子工程学院毕业生的评价，加大推荐毕业生的工作力度，收集用人单位对学生培养方面的意见和建议，促进学院学生培养工作再上新台阶，物理与电子工程学院于11月12日下午开展了“百企就业调研行”活动。

本次调研队伍由物理与电子工程学院党委副书记李燕冰、辅导员叶忱，以及6名学生干部组成，走访了省内三家近年来录用本学院学生较多的具有代表性的用人单位，调研主要通过召开座谈会、发放调研问卷、个别谈话等方式进行。

调研队伍前往广州市华颖外国语学校，与马新校长就教育理念和师范生技能培养的注意事项进行交流。随后，调研队伍前往广州科学城中学，了解了该校的办校历史和学校发展，调研队伍与该校老师进行师范生实习、能力需求和应聘技巧等方面的交流。最后，调研队伍来到迈源科技有限公司，了解行业发展状况，企业工作人员耐心地解答了毕业生有关就业择业的疑问。

本次百企调研行活动，密切了学院与用人单位，尤其是在职校友之间的联系，对推进校企合作交流、大学生实践实训和就业创业等方面，具有积极的作用。

（物理与电子工程学院　学工办）

11月12日　广州大学举行2019年研究生迎新晚会

11月12日晚，以“扬帆七十载·研梦新时代”为主题的广州大学2019年研究生迎新晚会在何世杰体育馆隆重举行。广州大学党委书记屈哨兵，副校长周云、郭兴蓬、吴开俊、蒲守智与师生们一起观看了晚会。此次迎新晚会共有 14 个节目，涵盖舞蹈、小品、音乐剧、武术等表演，荟萃传统文化和现代文化，通过多元素的展示，充分体现了广大学子的青春风采。

晚会的第一幕是“奏·时代旋律”。轻盈激昂的《步步高》、百鸟争鸣的《小鸟天堂》，音乐舞蹈学院民乐团用青春旋律拉开了晚会的序幕；舞蹈 *Magic* 将现场气氛推向了高潮，舞者们律动的舞姿与璀璨的灯光交相辉映，为大家呈上一场视觉盛宴；幽默诙谐的小品《天使面馆》、旋律简单却又动情的民谣《奇妙能力歌》将生活的悲欢离合呈现在大家面前；昆曲《牡丹亭·游园》精彩展现了我国传统戏曲文化的魅力。

晚会第二幕是“舞·青春年华”。中国古典敦煌舞与蒙古族舞的结合——《敦蒙》，使观众沉醉在舞者曼妙舞姿中，由校研会体育部与人文舞蹈队共同呈现的舞蹈 *Pop* 以及校研会人力资源部小人舞《少年的你》体现了青春的活力；校研会秘书部的舞台剧《最好的我们》让现场观众仿佛又回到了那个十八岁的雨季；美术与设计学院模特队迈着青春活力的步伐，以“破晓”为题，寓意广大学子揣着梦想，迈出新的步伐，开启生活新篇章。

最后一首《献给祖国的歌》，唱出了广大学子对祖国的深情祝福。至此，迎新晚会接近尾声。此次晚会，是一场青春岁月的相逢，是一次岁月静好的邂逅。2019 级研究生们纷纷表示，将以梦为马，不负韶华，携手追寻自己的广大梦。

（研究生院）

合唱表演

11 月 14 日　化学化工学院举行“挖掘中华文化，增强文化自信”主题团课

11 月 14 日上午，化学化工学院 2019 级化学工程与工艺 2 班团支部开展了以“挖掘中华文化，增强文化自信”为主题的“千千工程”团课。学院党委书记周海兵、党员教师吴镇宣应邀出席。

活动以团课的形式进行，围绕中华文化的诗词文化、书法文化和茶文化三个部分展开。团支书郭翠燕同学从《锦瑟》等诗词出发，详细介绍了古代诗词中的婉约派和豪放派，跟同学们进行诗词交流分享。两名团员分别分享了他们对中华文化诗词的感想：“经典之所以是经典，就因为无论它在哪个时代，都可以影响许多人。”吴镇宣老师为大家详细解读了书法文化的思想情怀与现实价值，从鉴赏书法字体的方法到汉字的悠久历史，团员们在感受书法文化斑斓异彩的同时，也领略了东方大国智慧力量，加强了对中华文化的自信心、对中华民族的自豪感。

最后，周海兵书记以“六艺”为切入点，将茶文化融入古诗词来讲述古人与茶之间的有趣故事，并与同学们分享了不同品种茶的历史和文化，以此向同学们展示茶文化的魅力所在。琴棋书画、诗酒茶花，与我们的日常生活息息相关。本次团课成功地吸引了学生对我国传统文化的兴趣，在无形之中促进了传统文化在新一代大学生中的传播，有助于提升大学生文化素养和道德水平。

（化学化工学院　学工办）

11 月 15 日　马克思主义学院举办“不忘初心、牢记使命”主题教育活动

11 月 15 日，马克思主义学院举办“不忘初心、牢记使命”之树立人生新目标，逐梦时代新航程主题教育活动。

学院党委副书记朱晓军通过分析文件《关于进一步加强学生班集体建设的实施意见》对新生工作进行布置。会议期间，朱晓军副书记向同学们讲解了极具学院特色的“师生一对一结对活动”以及学院历年来所获得的相关成就。

“立德树人，为人师表，率先垂范”始终是广州大学马克思主义学院全体教师的“行动指南”，朱晓军副书记通过讲述詹明鹏老师的“专业化定制”，

刘雪松老师的“针对性定制”，主张“以哲学透视生活”的陈咸瑜老师，创新开展“翻转课堂”“慕课”的吴九占老师，“大爱无疆”的唐卫红老师，“乐于助人”的张丽璇老师，“勤奋坚毅”的黎庶乐老师，“爱生如子”的蒋义丹老师，以及举办了“观书苑”读书会、大力倡导学生阅读经典著作、鼓励学生培养爱阅读的好习惯的杨柳老师等故事，引领同学成为新时代优秀新青年。

教师在开展主题教育

此次主题教育意在帮助全体新生设立具体的人生目标，以使他们日后进入社会，在各个工作岗位中发挥“思想政治教育”的优势，实现“立德树人”的目标，逐梦时代新航程。

（马克思主义学院　学工办）

11 月 15 日　广州大学举行“心有方向、行有力量”新疆籍少数民族学生学习交流分享会

11 月 15 日下午，学生处少数民族学生工作办公室举办了“心有方向、行有力量”新疆籍少数民族学生学习交流分享会。来自数学与信息科学学院、马克思主义学院、旅游学院、环境科学与工程学院的 51 名新疆籍少数民族学生参加本次学习交流分享会。

新疆籍少数民族学生参加交流分享会

本次交流会主要分为两个部分：优秀学生代表与低年级学生交流学习经验，帮助学生树立职业规划意识以及正确的就业观；热比艳木 · 亚森老师讲述入党的流程并对相关问题进行解答。

在交流会中，五位优秀的学生代表分享了自己的学习经验、各自在专业学习中遇到的困难并成功克服的经历，以及自己的人生目标和对学弟学妹们的期望；引导学弟学妹们提前了解关于专业学习、英语四六级考试、修第二课堂学分、综合测评、考研、就业等方面的问题，鼓励他们不惧困难，不断向前。活动最后热比艳木·亚森老师简单地讲述了入党的相关知识，全面回答了怎么入党的问题以及鼓励学生积极主动申请入党。通过本次活动，同学们受益匪浅。

优秀的秘诀有很多，但优秀的人都有些共同的重要品质，如坚持、自律、自信。相信大家都能从优秀的学长学姐的经验分享中找到优秀的秘诀，找到适合自己的学习方式，找到自己未来的方向和目标，努力学习，好好生活，不负青春，过一个精彩且无悔的大学生活。

（学生处）

11月17日　桂花岗校区举办六院联合迎新晚会

11月17日19时，六院联合迎新晚会在桂花岗校区操场举办。此次晚会的主题为“奋发进取，拥抱未来”，由法学院、旅游管理学院、公共管理学院、外国语学院、经济与统计学院和工商管理学院联合举办。经过长达一个多月的精心策划和筹备，晚会得到了六院领导的高度重视和大力支持。

此次晚会由“奋发进取为理想”“扬帆起航齐筑梦”“携手同行共逐梦”“圆梦新时代，奏响美好乐章”四个部分组成，阐述了大一新生从初入大学到适应大学，最后在广州大学逐梦圆梦的学习历程。晚会节目包含舞蹈、歌唱、诗朗诵、小品、走秀等多种类型的演出，表演者多才多艺，演出效果极佳，充分展现了广大学子“爱体育、懂艺术”的综合能力。

回顾当晚，啦啦队的开场舞 *Handclap* 直接把观众的注意力吸引到舞台上；联合声乐队和器乐队的三首串烧歌曲更是将现代流行乐和民族器乐融合在了一起；工商民舞队是工商学院艺术团的代表队伍，一曲《绒花》尽显女性柔美……晚会精彩纷呈，动人心魄的瞬间数不胜数。为初来乍到的2019级新生营造了和谐共融的大家庭氛围，也体现了我校培养“能力发展性强的高素质创新性人才”的办学理念，相信他们在接下来的时间里，都能找到自己的目标，不断奋进！

（工商管理学院　李诗琦）

11 月 17 日　机械与电气工程学院开展“研传身教”考研交流会活动

11 月 17 日，机械与电气工程学院以鼓励学生积极参与考研，分析学生在考研时遇到的种种问题为主题，在文新楼阶梯教室举办了“研传身教”考研交流会活动。学院辅导员以及 6 名硕士研究生担任主讲，现场分享了考研经验。

在主持人的简短介绍后，由辅导员向在场观众就当前考研形势以及研究生发展趋势进行了讲解。研究生们分别对自己的考研经历以及自身的研究方向进行了详细分析，并且将研究生与本科生毕业后的发展进行了对比，再一次鼓舞了现场观众的考研热情。最后，在主持人的安排下，挑选了部分观众，向主讲人进行了提问。活动结束后，部分观众与研究生对更详细的问题展开了深入的讨论。

此次活动向在校学生宣传了考研的相关知识以及优势，使得他们在日后的大学生涯规划上能够更加重视考研，鼓励他们将更多的时间花在学习上。

（机械与电气工程学院　沈晨）

11 月 17 日　广州大学代表队在全国啦啦操联赛中荣获佳绩

11 月 14—17 日，由国家体育总局体操运动管理中心、广东省教育厅、广东省体育局主办的 2019—2020 年全国啦啦操联赛（广州站）于华南农业大学珠江学院举行。

本次比赛共有 112 支队伍、2 500 余名运动员参与，广州大学啦啦队以周二三副院长为领队，在体育学院许剑老师、李景红老师的带领下，始终保持初心，不怕艰苦，不惧困难，最终付出的努力也得到了回报，取得如下成绩：

音乐舞蹈学院的徐宜滨、施晓楠两位同学获“公开青年丙组双人爵士自选动作”第一名；体育学院的徐善意、洪雅佳两位同学获“公开青年乙组双人花球自选动作”第二名，并取得代表中国参加 2019—2020 年国际啦啦操赛事的资格。

其中来自体育学院的洪雅佳同学被评为 2019—2020 年全国啦啦操联赛（广州站）“四好运动员”。许剑老师、李景红老师被评为 2019—2020 年全国啦啦操联赛（广州站）“优秀教练员”。

（体育学院　洪雅佳）

队员与带队教师合影

11 月 18 日　广州大学瑜伽队蝉联中国大学生健康活力大赛一等奖

队员与带队教师合影

11 月 14—18 日，第 15 届中国大学生健康活力大赛暨中国大学生健美操、校园健身操舞锦标赛在中国药科大学举行。广州大学代表队斩获健身瑜伽普通院校组集体四人规定动作一级一等奖（第一名），健身瑜伽普通院校组女双一等奖（第一名），连续两年荣获该赛事健身瑜伽项目一等奖。

本届大赛由中国大学生体育协会主办，健美操艺术体操分会执行，中国药科大学承办，吸引了来自全国高校 198 支参赛队伍共计 3 000 余名运动员参赛，赛事涉及健美操、健身瑜伽、中国风健身舞等多个竞赛项目，赛况热烈。

在体育学院童维贞老师的带领下，工商管理学院的黄怡茵、法学院的黄秋洁、地理科学学院的胡凯红和经济与统计学院的钟海庆、温秋如 5 名学生代表学校参加此次大赛的健身瑜伽项目。

（体育学院）

11 月 19 日　生命科学学院举办中学生生物教具设计大赛

11 月 19 日，生命科学学院举办了中学生生物教具设计大赛，旨在提高师范生的动手能力和创新能力，吸引了学生踊跃报名，共有一百多组参赛队伍参与比赛。

从 11 月 3 日开始，参赛同学经过讨论教具模型，选取材料制作，制作视频讲解，最终于 19 日晚展示作品。参赛的同学表示：或许会有不足，但每一步都是用心去做的。紧张而忙碌，却充实而满足。经过充分的准备，参赛同学在讲台上介绍作品时显得自信而从容。评委老师一一作了点评，指出教具是为教学而服务的，教具应便于教师操作，同时以创意性、动态化吸引学生，有许多参赛作品创意可嘉。

听了评委老师的点评，同学们表示很受启发，同时也认识到“知不足，然后能自反也”。年轻可以有试错的机会，更正才能成长。

（生命科学学院　蓝晓明）

11 月 19 日　化学化工学院举办第九届化学实验技能大赛暨第三届实验安全竞赛

11 月 19 日，由教务处主办，化学化工科技创新实践基地承办，化学化工学院团委学生会学术科技部协办的第九届化学实验技能大赛暨第三届实验安全竞赛顺利开展。

笔试初赛吸引了来自化学化工学院、生命科学学院、环境科学与工程学院、机械与电气工程学院以及教育学院等 296 人报名。最终 20 人（均来自化学化工学院）脱颖而出，进入实操决赛。

12 月 3 日，实操决赛在生化楼 531 室进行。比赛开始前，化学化工学院党委书记周海兵、副书记谭启亮来到现场，了解准备情况。参赛者穿上整洁的实验服，在门口依次签到，在工作人员的引导下有序进入实验室，老师开赛指令发出后参赛者们井然有序地开始做实验。

最终通过综合笔试成绩（30%）和实验操作成绩（70%）的评比，决出一等奖 3 名、二等奖 7 名、三等奖 9 名。本次实验技能大赛不仅营造了积极向上的学术氛围，增强了学生的创新意识和动手能力，更有助于提高学生实验技能水平，给学生提供了一个展示自我、交流学习的良好平台。

（化学化工学院　学工办）

11月19日　我校举行2018—2019学年度“优良学风标兵班”评审会

11月19日下午，我校在图书馆附楼五楼报告厅举行了2018—2019学年度“优良学风标兵班”评审会。来自各学院的近400名师生代表聆听了各候选班级的演讲。担任本次评审会评委的有：招生就业处罗福先副处长、教务处李卓勇副处长、研究生院宋智副院长、校团委林焕清副书记、学生处曾学毛副处长。

本次评审会共有18个班级参加评选，各班级代表先对班级的事迹进行了宣讲，然后分别从思想建设、学风建设、社会实践、班级活动、个人风采等方面向评委和观众做了展示。

机械与电气工程学院电气163班鼓励同学们积极参加学校、学院的各大类学术比赛，荣获2019“挑战杯”省赛特等奖等奖项多达52项，获得授权专利和发表论文多达71篇（项）。外国语学院英语165班获奖率达70%以上，其中国家级18人次、省级4人次、市级1人次、校级50人次、院级24人次，共97人次；全班同学参与志愿活动时间高达4 383小时，人均137小时，参加志愿活动超33种。

各班级演讲结束后，评委们对各班级进行了问答互动，并对各班级进行了点评。评审会最后，师生代表对各候选班级进行了投票。评审会后，学校“优良学风标兵班”评审小组经过综合评审，评选出了广州大学2018—2019学年度“优良学风标兵班”，名单详见《拟获广州大学2018—2019学年度“优良学风标兵班”称号班级公示》。

优良学风班的创建，以及优良学风班、优良学风标兵班的评审，是促进我校学风、校风建设的重要举措。

（学生处）

颁奖现场

11 月 19 日　旅游学院举办 2019 年暑期寻访校友足迹活动总结表彰会

11 月 19 日下午，旅游学院 2019 年暑期寻访校友足迹活动总结表彰会在行政西楼二楼会议厅举行。本次总结表彰大会由旅游学院学生党总支主办，本科学生第一党支部、梅苑 9 栋“五室一站”党建办与旅游学院团委学生会联合协办。旅游学院 2019 年暑期寻访校友足迹活动取得丰硕成果：学院荣获“优秀组织奖”，陈志明老师获“优秀指导老师”称号，梁希言、姚雪萍等 8 名学生志愿者获“优秀志愿者”称号。梁希言同学在总结表彰大会上作为优秀志愿者代表上台发言，从创新与成效、意义与作用、启发与收获三个方面进行了分享。

寻访校友足迹活动向校友宣传母校发展现状、传承广州大学传统、弘扬广州大学精神，也传递了学院对校友成长和发展的关心，增强校友与母校的情感联结，推动校企联合育人的进程，促进校企合作的深化发展。同时，同学们通过访谈了解社会、企业对人才的诉求，了解到前沿的行业资讯、发展趋势和人才需求信息，认识到应将理论学习与企业实践相结合，学校教学咨询与企业前沿信息共享相匹配，应社会所需，与市场接轨，与企业合作；各行业校友对社会行业趋势的走向分析，能够在一定程度上帮助学生提早熟悉职场、认识社会，提高职业生涯规划意识，有针对性地学习和提高职业技能，更好地树立人生理想，明确职业目标。

（旅游学院　陈志明　姚雪萍）

十二月

寻访校友足迹活动师生合影

11 月 19 日　新闻与传播学院师生党员到广东省反腐倡廉教育基地开展学习教育

为进一步加强党风建设，坚持从严治党，让党员们形成正确的权力观、地位观、利益观，营造反腐倡廉的氛围，新闻与传播学院党委于 11 月 19 日下午组织师生党员前往广东省反腐倡廉教育基地，开展以“全面从严治党永远在路上”为主题的学习教育活动。学院党委书记李雁及师生党员共 30 余人参加了此次学习教育。

活动开始之际，全体师生党员在李雁书记的带领下庄严地重温了入党誓词，共同观看了“全面从严治党永远在路上”的宣传短片。随后，全体人员逐一参观教育基地的四个展厅：庄严承诺、砥砺前行、南粤清风、党的纪律。展厅内的多媒体技术展示、讲解员的引导，及触目惊心、发人深省的案例展示，大大增强了教育的感染力和震撼力，让大家直观、深刻地了解到党的十八大以来，以习近平同志为核心的党中央全面从严治党的一系列决策部署和所取得的卓越成效，认识到一时的贪念带来的将是深渊泥沼，党员干部们应时刻铭记习近平总书记提出的“不忘初心、牢记使命”，要清正廉洁，执政为民，坚决反对“七个有之”，打造风清气正的政治生态环境。

通过本次学习教育，师生党员纷纷表示触动非常大，未来将继续保持初心，常修为政之德、常思贪欲之害、常怀律己之心，老老实实做人，认认真真做事，踏踏实实走好人生的每一步；不断加强政治理论学习，切实提高政治思想认识水平，要时时经得起诱惑和考验，做到慎独、慎言、慎行，以清正廉洁作表率，让警钟永驻心中！

（新闻与传播学院）

师生党员来到广东省反腐倡廉教育基地

11 月 19 日　生命科学学院举行第二届科创杯答辩会

11 月 19 日，生命科学学院于文新楼 413 室举办了第二届科创杯答辩会。此次答辩会由生命科学学院柯德森副院长、杨强老师、黄宝林老师担任评委，共计 35 个参赛项目进行了答辩评审。

首先柯德森副院长对第二届科创杯的开展情况作了介绍，表示学院领导、老师一贯高度重视培养学生的专业素质，希望通过举办科创杯进一步激发学生的科研兴趣，提高科研能力，助力学生成长成才。本次比赛自 3 月开始，吸引了 169 名学生参赛，得到 22 名学院教师的悉心指导，共立项 36 项，结项 35 项进入答辩评审。

各个项目课题小组负责人分别从项目申报依据、研究进展、研究成果、拟解决的问题等方面依次进行报告，评委们对每小组提问和评分，最终评选出获奖项目一等奖 1 项、二等奖 2 项、三等奖 4 项。

（生命科学学院　团委学生会新媒体部）

11月21日　人文学院举行第十二届“十佳学生”评选大赛

11月21日晚，人文学院第十二届“十佳学生”评选大赛于图书馆讲学厅顺利举行。出席本次活动的有人文学院党委副书记刘军军，人文学院学工办陈楚敏老师、邱锦泉老师。

比赛伊始，上一届“十佳学生”称号获得者邵泽丽同学为选手分享经验。她认为“十佳学生”的养成离不开平时的积累，希望同学们能够勤奋、刻苦及自律。同时，她结合自身经历提醒同学们要在个人的优势条件以及兴趣爱好上培养自身核心竞争力。紧接着，比赛进入了catwalk环节，选手用坚定的步伐走出不一样的自信，完美展示“十佳学生”候选人风采。随后，比赛进入激烈的演讲答辩环节。选手分别以“我与广大共奋进”“求真寻梦，我的广大之旅”“十佳与我”为主题展开精彩的限时演讲。选手用智慧与实践完善自我并与广大共成长，为广大校园点亮榜样之星。演讲答辩环节结束后，比赛进入拉票环节。荧幕上，选手的家人、老师、同学及朋友为他们献上祝福的视频感染着在座的同学，现场的气氛达到了顶峰。在阵阵掌声中，此次比赛落下帷幕。“十佳学生”候选人的风采深深印刻在同学们的脑海中，激励着大家以“十佳学生”为榜样，努力奋进，共筑广大梦！

（人文学院　新闻中心）

参赛师生合影

11 月 21 日　法学院举办第 2 届全国新媒体欢乐学法大赛

基于“依法治国”的大背景，11 月 21 日，为庆祝中华人民共和国成立 70 周年，在司法部普法与依法治理局指导下，由法制日报社、广州市委依法治市办、广州市司法局、广州市法宣办联合主办，法制周末报社、广州市教育局、广州市供电局、广州市广播电视台、广州日报大洋网、融创互动（北京）文化传媒有限公司承办，第 2 届全国新媒体欢乐学法大赛广州分赛线下赛在广州供电局礼堂顺利举办。来自广州市市直机关、企业、高校等单位 200 余名选手参加了此次大赛。广州大学参赛的阵容多达 40 名学生。广州分赛为全国 15 场分赛之一，大赛赛题以宪法为主，涉及刑法、民商法、婚姻法、劳动法、知识产权法、保密法等公民常用的法律知识，兼顾时政、法制史、传统优秀文化及广州市地方性法规。

广州分赛分选拔赛、攻擂赛、冠军赛三轮。到场所有人员均可参与选拔赛，利用“快乐学法”微信小程序参与答题，根据答题积分，选出 9 名选手进入攻擂赛。进入攻擂赛的 9 名选手，根据第一轮选拔赛的个人积分，1—3 名为守擂者，从第 4 名开始，依次上台，选择守擂者进行攻擂，攻擂成功则替换为守擂者身份，攻擂失败，则获优胜奖。经过激烈的比拼，攻擂赛结果揭晓。攻擂的 9 名选手中有 3 名来自广州大学法学院，其中获得本场比赛亚军的陈佳润同学将参加月底在海南省举办的第 2 届全国新媒体快乐学法总决赛。

在与众多机关人员的比拼中，广州大学学生充分展现自身的专业知识，做到从容不惊，自如迎战，并且获得佳绩。

（法学院　何少凤）

参赛师生合影

11月22日　机械与电气工程学院开展“雅室大赛”活动

11月22日，机械与电气工程学院以打造温馨宿舍、增强学生集体归属感为目的，开展以“我寝我秀，雅俗共赏”为主题的雅室大赛。该活动得到学院学生的积极响应，共有46个宿舍报名参加，有效参加数为31间宿舍。

宿舍成员一起讨论设计，购买材料，动手装扮宿舍。在这个过程中，同学们收获的不仅仅是奖励，更是与舍友满满的回忆和难忘的经历。在柜子上贴上自己喜欢的图片，把励志人物贴在床边，时刻提醒自己大学四年要努力学习。经过精心装饰后的宿舍，显得更温情，更有家的感觉，更能激发同学们的归属感。活动中，可以看到同学们的用心和细心，相信此次活动能为同学们的四年大学生活留下一段美好的回忆。

（机械与电气工程学院　黄俊滨）

11月22日　广州大学2019年体育节暨第十六届田径运动会隆重举行

11月22—23日，我校隆重举行2019年体育节暨第十六届田径运动会。本届校运会共设甲组项目15项、乙组项目14项，共32支代表队（甲组24支、乙组8支），800余名运动员参加比赛。校运会期间还同时举行教职工趣味运动会与第十三届教职工羽毛球双打混合团体赛。

22日上午，运动会开幕式在北区中心运动场举行。校党委书记屈哨兵，校党委副书记聂贵新，副校长傅继阳、李小琴、郭兴蓬出席开幕式，和师生一同观看了文体表演。屈哨兵书记在开幕式致辞中表示，广州大学始终将体育教育放在学校工作的重要位置，以“学年礼”为牵引，把“爱体育”作为学校人才培养底色之一。近年来积极探索教学模式改革，大力倡导体育锻炼课内外一体化，形成了以竞技体育为龙头，竞技体育和群体体育协调发展，全民健身运动蓬勃发展的立体格局。他希望全体运动员弘扬体育道德风尚，充分展现广大人的精神风采。

22日下午，教职工趣味运动会在北区中心运动场副场举行，共有34支队伍、约1 200位教职工参加。本次比赛分为“神龙采药”“鸿运彩球”“勇往直前”“借木移舟”“百发百中”五个项目，教职工通力合作，展示出积极进取、奋发向上的精神风貌。

23 日上午，第十三届教职工羽毛球双打混合团体赛决赛在何世杰体育馆举行。比赛分为男青、女青、男中、女中与混双五个项目，甲、乙参赛队伍采用“分组单循环赛”与“交叉淘汰赛和附加赛”赛制。经过激烈的角逐，环境科学与工程学院夺得甲组冠军，计算机科学与网络工程学院、物理与电子工程学院分别获得甲组第二名与第三名。地理科学学院夺得乙组冠军，经济与统计学院、教育学院分别获得乙组第二名与第三名。

23 日下午，第十六届田径运动会圆满落幕。本届运动会共有 5 人 7 次打破比赛纪录；土木工程学院、化学化工学院、数学与信息科学学院、机械与电气工程学院获得甲组团体总分一等奖，体育学院体教 2019 级荣获乙组团体总分第一名；中法旅游学院、马克思主义学院、物理与电子工程学院等十五个学院获得甲组“体育道德风尚奖”，体育学院社体 2018 级、体教 2019 级获得乙组“体育道德风尚奖”；计算机科学与网络工程学院、外国语学院、音乐舞蹈学院等六个学院获得开幕式入场展示一等奖。

（广州大学记者团）

运动会开幕式

11 月 22 日　新闻与传播学院举行“书香咏流传”诵读大赛决赛

11 月 22 日晚上六点半，由广州大学经典百书阅读推广中心主办，新闻与传播学院承办的“书香咏流传”诵读大赛决赛在青年活动中心举行。担任本次大赛的评委是：广东省语言文字工作协会语言艺术专业委员会副主任、广东广播电视台资深节目主持人廖伟斌先生，新传学院播音与主持艺术系刘玉萍副教授、许莹冰老师。莅临的嘉宾有：新传学院党委副书记林仲英老师，新传学院团委学生会、新传学院艺术团指导老师吕志强老师，广州医科大学艺术团主持人团队。

比赛开始后，各比赛队伍各显风采。随后，评委老师对选手们的表现进行了点评。廖伟斌老师赞扬选手们展示出了诵读“四美”：形美、声美、情美、意美；强调除了注意发声技巧，还要将实声、虚声、气声综合运用起来，要用心去发声。刘玉萍老师赞扬选手们的表现令人耳目一新，大家都展现出自己的最佳状态，与初赛阶段相比，对作品理解更加深入，表现力更加到位；并提出朗诵中有几点问题需要注意：情取其高，声取其中，气取其深；语音、发声、表达等技巧应恰当处理。同时她还寄期望于同学们：用声音传播正能量与真善美。

经典的魅力在于超越时空阻隔，与当下对话。参赛选手们诵读经典作品，用爱发声，不仅是饱含真情的流露，更是精神体会的传达。希望我们每一个人，从当下开始，翻开手中的书，与古往今来的作者对话，细细感受文字中蕴藏的力量。

（新闻与传播学院　张欣悦　黄诗韵　陈碧莹）

11 月 22 日　计算机科学与网络工程学院“方班”谭润楠团队获 2020 微软“创新杯”广东省区域赛冠军

11 月 22 日，2020 微软“创新杯”广东省区域赛决赛在广州举行，来自澳门大学、华南理工大学、暨南大学、华南农业大学、广东工业大学、广州大学、肇庆学院、广东理工学院 8 所高校的 10 支参赛队伍进行了激烈比拼，最终由来自广州大学的“方班”谭润楠团队的天眼情报团队项目“天眼情报——隐匿网络空间情报分析领航者”获得了广东省区域赛决赛冠军。

网络空间先进技术研究院对“方班”同学的培养，不局限于传统意义的教学加科研，而是同国内顶尖网络安全企业联合开展人才培养。目前已跟腾讯安全、360、安天公司等建立联合实验室，与网络安全领域的大咖如原360副总裁谭晓声、腾讯科恩实验室吴石等多位企业导师紧密合作，联合开展课题研究，创造企业实习机会。

（计算机科学与网络工程学院　巫侠）

11月23日　广州大学学生喜获第十一届“大广赛”全国二等奖

11月23日，第十一届全国大学生广告艺术大赛学科竞赛成果展示盛典在全国政协礼堂隆重举行。在激烈的角逐中，我校新闻与传播学院汤键恒、区婉莹和郑雨楠3人脱颖而出，广播类公益广告作品《手心的责任》获得了广播类全国二等奖。

针对本次大广赛的主题，经过师生的共同讨论，决定以视障咖啡师和普通顾客的对话来诠释“责任与担当”。这部作品的制作团队实际上不仅仅是名单上的3位成员，因限于大广赛名单人数的要求，有很多同学的名字没有写在上面。这部作品从创意、文案到录制、剪辑都凝聚了团队中每位成员的心血，他们的表现都值得称赞。

在这一次广告制作的过程中，除了同学们的努力，也少不了老师的指导与付出。将一个好的选题转化成有意义的广告创意作品并不容易，在团队的努力下，同学们克服重重难关，打造精品，这次获奖实至名归。

（新闻与传播学院　新传网）

11月23日　机械与电气工程学院开展LED电路板技能大赛

11月23日，由机械与电气工程学院团委学术部举办的LED电路板技能大赛在理科楼举行。为了响应学校做强工科的要求，同时也为了提高同学们的动手能力，拓宽同学们的知识面，LED电路板技能大赛在每年的冬季都会举行，参赛对象主要为大一新生。

此次比赛分为赛前培训与正式比赛两个环节，赛前培训在正式比赛的前两个星期就已开始，主要是让大一新生了解焊笔的使用方法，以及相关程序的编写。11 月 23 日，为期两天的 LED 大赛开始，同学们根据自己的设计图焊接电路。此外，在比赛的最终评选阶段，学术部还邀请到了我校单片机老师肖忠老师作为评委，保证了比赛的水准，也使得比赛更具有权威性。

动手能力与团队合作能力在现代社会尤为重要，此次 LED 电路板技能大赛给同学们的学习生活带来启发，同时也激发了同学们学习的热情。

（机械与电气工程学院　武夕涞）

11 月 24 日　广州大学获广东省第四届高校体育教育专业学生基本功大赛一等奖

11 月 22—24 日，由广东省教育厅主办的第四届高校体育教育专业学生基本功大赛在广东第二师范学院举行。广州大学获得团体总分一等奖、组织奖和个人总分第一名的优异成绩，并连续 4 年获得一等奖。

团队师生合影

本次大赛有华南师范大学、暨南大学、广东第二师范学院等 11 所院校参加，广州大学派出 8 名指导教师、18 名学生参加了 10 个项目的比赛。经过 3 天的激烈角逐，共有 6 所高校获得一等奖。广州大学代表队以总分第二名获得一等奖和“优秀组织奖”，8 名学生获得个人一等奖，7 名学生获得个人二等奖，3 名学生获得个人三等奖，其中吴君怡同学获得个人总分第一名，8 名指导教师均获得本次大赛“优秀指导教师奖”。

广东省高校体育教育专业学生基本功大从 2013 年开始举办，比赛内容包括基础知识、教学能力以及专项能力。为充分展示广州大学体育教学改革的成果，体育学院组建了教练团队，组织体育教学专业 36 名参赛候选学生，从 8 月中旬开始集训，坚持刻苦训练 90 多天，用实际行动落实教书育人根本任务。

（体育学院　学工办）

11月24日　人文学院人文剧社首战大学生戏剧节告捷

11月24日举办的广州大学生戏剧节暨青年非职业戏剧节在十三号剧院圆满落幕，广州大学人文学院人文剧社作品《帕拉代斯》荣获“戏剧追求奖”，汉语178班伍朗贤同学荣获“优秀非职业戏剧人”奖项。

9月上旬，人文剧社正式建组，人文剧社主要由人文学院大二、大三年级的同学组成，张蕾为指导老师。10月下旬，人文剧社报名参加大学生戏剧节。11月4日，人文剧社参加了“大戏节”初赛并取得了优异成绩，顺利晋级决赛。11月18日，汉语175班的陈年起同学代表人文剧社受邀参加“大戏节”并代表大学生参赛队伍发言。陈年起号召青年戏剧人尽情地展示自己，在交流切磋中提高自我。11月19日，《帕拉代斯》在十三号剧院U13戏剧空间上演。表演结束后，全场观众给予了热烈的掌声，评委老师对剧目给予了很高的评价，并指出了有待改进的地方。同学们表示，此次舞台经历让他们感受到了戏剧的巨大魅力，评委老师的点评使大家受益良多。

（人文学院　伍朗贤）

11月25日　人文学院汉语198班举行领导联系班级暨经典百书导读活动

参与活动师生合影

11月25日上午，人文学院汉语198班领导联系班级暨经典百书导读活动于文新楼220室顺利举行。人文学院党委书记、汉语198班第一班主任王琼出席本次活动。

本次活动以分享会的形式，分享同学对《围城》与《边城》的阅读感悟。在主持人的组织下，汉语198班学生以小组代表汇报的方式，简述各组同学对《围城》和《边城》的认识和理解。同学通过精心制作的PPT、情感丰富的诗朗诵，共同回味《边城》中20世纪30年代湘西地区特有的风土人情，并对《围城》中关于人生、社会的经典问题进行探讨。此外，更有小组带来《边城》电影片段分享，为本次活动增添新趣味。

小组汇报结束后，同学们向王琼老师提出了对这两本书籍的一些疑问。王琼老师的耐心解答使同学们加深了对《边城》和《围城》的理解。最后，王琼老师做本次活动总结：她首先称赞了同学们为本次活动所做的精心准备，同时也指出了活动举行过程中的一些不足。她提到，部分同学准备得不够充分，希望同学们认真对待每一次活动。同时，她还希望同学们注意把握演讲时间，把握学习机会，锻炼演讲的能力，尽量做到脱稿演讲。王老师还提到，阅读经典百书，有助于同学们提升远见，开阔视野，对未来发展具有积极的促进作用。

（人文学院　新闻中心）

11月26日　五院联合青年马克思主义者培养工程开营仪式顺利开展

11月26日中午，人文学院、生命科学学院、环境科学与工程学院、建筑与城市规划学院、新闻与传播学院五院联合青年马克思主义者培养工程开营仪式于文清楼706室顺利开展。校团委专职团干白鹤云飞老师和五院团委书记出席本次活动。

仪式伊始，白鹤云飞老师为开营仪式致辞，从“青马班的目的”“怎么建设青马班”“怎么运用青马班”三个方面，为同学解开疑惑，提出要将阅读原著、马克思主义理论与自身实践相结合。随后，各位嘉宾老师为学员代表佩戴团徽。金灿灿的团徽在胸前闪耀，学员代表进行发言，表示自己定会认真学习、努力奋进，更好地为学院与同学服务的决心。紧接着，学员们高举右拳，向着团旗庄严宣誓。誓声朗朗，余音缭绕，在这感染力极强的氛围下，各学院团委书记上台发言，为学员指明奋斗方向。学员不只要有个人抱负，更应将自己的小梦与国家的大梦结合起来，凝聚铸就中国梦。最后，学员齐唱团歌，高亢、嘹亮的歌声为此次开营仪式画上圆满的句号。青马工程开营仪式是一个起点，志同道合者应汇聚力量，发扬马克思主义精神，认真学习马克思主义内涵，共创辉煌中国！

至此，人文、生科、环境、建院、新传五院联合青年马克思主义者培养工程开营仪式圆满落下帷幕。

（人文学院　新闻中心）

11 月 26 日　工商管理学院举办“航灯亮，国旗飘”党团知识竞赛

为弘扬中华优秀爱国主义文化，更加深入地学习习近平新时代中国特色社会主义思想和党的十九大精神，广州大学工商管理学院特开展“2019—2020 年度广州大学工商管理学院党团知识竞赛”活动。

党团知识竞赛现场

本次竞赛的决赛于 11 月 26 日在桂花岗校区举行。竞赛以班级为单位组建团队，面向广州大学工商管理学院 2019 级的全体学生。初赛以答卷的形式进行，试卷由单选题、多选题、主观题组成，题目围绕党团知识展开。决赛则以答题积分赛的形式进行，难度适中，趣味性高。

本次竞赛加强了我院学子的思想政治教育，引导学生守初心、担使命，促使学生更好地熟悉党章团章、党团历史知识。

（工商管理学院　李诗琦）

11 月 27 日　人文学院举行广州大学第三届文学创作大赛颁奖典礼暨学生戏剧展演

11 月 27 日晚，广州人学第三届义学创作大赛颁奖典礼暨学生戏剧展演于青年活动中心顺利举行。出席本次活动的有：人文学院院长纪德君，党委书记王琼，党委副书记刘军军，副院长王凤霞、禤健聪和部分专业老师。

首先，纪德君院长为本次颁奖典礼致辞。纪院长将人文素养的培育提炼为“多读书、读好书、会读书”九个字，号召同学们积极参与文学创作，并祝愿文学创作大赛越办越好。彭贵昌老师针对线上征文情况作了总结，提出文学创作大赛的影响力与认可度在逐年提高，呈现出广大学子的家国情怀与人文关怀。梁盼盼老师总结现场创作大赛赛况，并鼓励同学们在课余生活中博览群书、提升自我。在颁奖环节，颁奖嘉宾为现场创作大赛获奖选手颁发奖状并合

影留念。颁奖典礼结束后，学生戏剧展演正式拉开帷幕。广州“大戏节”获奖剧目《帕拉代斯》唤醒大家对社会现实的关注。《贵妃醉酒》带领观众领略东方戏曲独特魅力。《噬》则由175班围巾剧社为我们演绎。王凤霞副院长、禤健聪副院长、喻彬老师分别对剧目进行点评，对作品表示赞赏。

（人文学院　新闻中心）

参演学生与老师们合影

11月27日　新闻与传播学院举办读书分享会决赛

为达到丰富知识、开阔眼界、提升审美情趣的目的，新闻与传播学院开展读书分享会活动，通过层层筛选，最终选出10位优秀的学生参加本次读书活动。此次分享活动以“书香涵泳，润泽心灵”为主题，10位优秀选手品味经典百书，分享点滴感悟。

新传学院团委书记邹演枚、2016级辅导员吕志强、2019级辅导员王子健、团委副书记曾沛芸、学生会副主席谭炤南以及各级学生代表参加本次活动。值得一提的是，本次分享会的赛制与往年相比有所创新，在每一位同学分享后都有评委提问环节，评委嘉宾会根据参赛者的演讲内容进行提问。

在演讲环节，每一位参赛者以分角度、抓中心思想的形式将书本的内容与同学们进行分享。在评委点评环节，邹演枚老师称赞所有选手分享的角度都做到了从多方面入手并且详尽有力，做出很好的表率。同时她也表示，文学和阅读可以带我们见证历史、反观自我，呼吁同学们把阅读当成生活的一部分，希望通过阅读书籍，每个人都能自带书香气息。

每一本书虽然都是纸面上的文字，但其中人物之间发生的点点滴滴在我们的生活中不停演绎着。同学们正值美好青春的大学年华，更须珍惜读书的时光，让书香涵泳润泽心灵。

（新闻与传播学院　黄漫逸　李诗婷）

11月29日　法学院举行学术科技节之“拨开迷雾，一眼看穿”刑侦活动

近年来刑事侦查活动类题材十分热门，通过电视、电影及一些文学作品，人们越来越了解相关的法律程序及法律知识，可惜的是，这毕竟远离人们的日常生活，人们对它的了解始终停留在理论层面。为了让同学们感受更多的法律文化和更深切地参与法治实践中，法学院学术部在11月29日于大学城校区阶梯教室举办了“拨开迷雾，一眼看穿”刑侦活动。

这次活动深受同学们的期待。大家可以感受刺激的剧本设置、观看扑朔迷离的影片、体验激动人心的现场搜证环节等，满足了大家对于刑侦的所有设想。在活动开始之初，同学们摩拳擦掌、跃跃欲试。活动过程中，上场搜证的同学争分夺秒，试图抓住每一条有用的线索；而在座位上的同学积极抢答，努力为自己的队伍加分。

参与的同学纷纷表示，这次活动很锻炼人的观察能力、提取信息能力、分析能力和逻辑推理能力。经过这次活动，他们表示学到了很多法律知识，加上活动过程非常刺激，他们一致认为这是一场既能锻炼人同时又能给人足够体验的活动。一场活动下来，同学们收获满满。

（法学院　梁珠琳）

同学们在观看主题影片

11 月 30 日　第十一届三院联合模拟招聘会圆满结束

11 月 30 日下午，化学化工学院、建筑与城市规划学院、机械与电气工程学院三院联合模拟招聘会于文新楼 205 室落下帷幕。本次模拟招聘会分为培训会、复赛和决赛三个环节，让在校大学生了解就业趋势以及掌握设计求职简历、面试等各方面的技巧，为就业积累经验。在培训会上，两位受邀前来参加模拟招聘会的企业 HR 站在自身角度给同学们提出了关于简历制作的建议和面试时的注意事项，激励在场同学要勇于寻找自己喜欢的工作岗位。通过个人面试、面对面交流，企业 HR 根据选手面试情况一对一提出了宝贵的建议。而无领导小组面试则充分考验了选手临场发挥的能力，小组成员对面试题目积极地进行讨论，踊跃发言，各抒己见。

决赛由 PPT 演讲、现场答辩以及知识竞答三个环节组成。PPT 演讲环节中，每位选手要在 5 分钟内向在场评委和观众陈述自己的求职意向以及竞聘优势，自信地展示出最优秀的自己；现场答辩环节，面对评委们提出的问题，选手们大胆地表达自己的想法，虚心接受评委的建议；知识竞答环节，选手们分秒必争，互不相让，努力争取每一次作答机会，以展示自己的能力。在这次决赛中，选手们表现得都十分优秀，各位评委也给予了充分的肯定。

（化学化工学院　学工办）

我们的大学

December 十二月

12 月 1 日　计算机科学与网络工程学院学生获全国大学生软件测试大赛一等奖

12 月 1 日，2019 年全国大学生软件测试大赛总决赛在广东软件园落下帷幕。本届大赛共吸引了来自全国 201 所院校共计 10 757 人次参赛，最终有 534 人进入全国总决赛。经过激烈角逐，广州大学计算机科学与网络工程学院林伯松同学夺得一等奖。

全国大学生软件测试大赛由教育部软件工程专业教学指导委员会、中国软件测评机构联盟、中国计算机学会软件工程专业委员会、中国计算机学会系统软件专业委员会、中国计算机学会容错计算专业委员会联合主办。

近年来，计算机科学与网络工程学院高度重视学生创新实践能力培养，鼓励学生积极参与高水平竞赛，“以赛促学、以赛促教”，引导学生在巩固理论基础的同时探索解决工程问题方法，为国家培养计算机学科优秀人才。

（计算机科学与网络工程学院　学工办）

12 月 1 日　数学与信息科学学院青年志愿者协会受邀参加“志愿文化沙龙”活动

参与活动成员合影

12 月 1 日，由地理科学学院青年志愿者协会举办的“志愿文化沙龙”活动在文新楼 206 室顺利开展。本次活动，校内的数学与信息科学学院青年志愿者协会、土木工程学院青年志愿者协会、机械与电气工程学院青年志愿者协会以及校外的志愿组织受邀参加，与广大地科青协一同进行志愿活动分享。活动旨在通过沙龙形式，各志愿组织互相展示一年来付出的努力，肯定与支持志愿者们的工作成果，通过志愿总结与分享，吸引更多人参与到志愿队伍中。

广州市海珠区志愿者协会代表生动形象地结合自身经历，讲述自己如何从学校走出社会，从一位普通的志愿服务者成为志愿项目负责人，鼓励同学们多参加志愿活动，丰富经历，拓展眼界。

广州大学四个学院的青协分享了南亭义教、性教育课堂、广交会志愿服务、长者探访、关爱流浪猫狗、关爱自闭症孩子等志愿活动。其中性教育课堂活动负责人介绍道：“我们的活动旨在通过对孩子们进行性知识教育，加强他们的性安全意识，学会保护自己。”虽然在准备期间志愿者们可能会感到枯燥与辛苦，但是在实践过程中相处是愉悦的，收获是丰满的。

通过本次活动分享会，各志愿组织深入交流，对志愿服务精神有了进一步的认识。广大数院青协结合本次活动的分享，将进一步完善与丰富学院的志愿活动。

（数学与信息科学学院　梁宇静）

12 月 1 日　广州大学龙狮队在省赛荣获佳绩

龙狮队师生合影

11 月 29 日至 12 月 1 日，由广东省学生体育艺术联合会主办的广东省大学生舞龙舞狮锦标赛在广东药科大学体育馆举行。

本次比赛龙狮队在校团委的支持下，体育学院的领导下，在教练员李湘远、曾秀霞和运动员的共同努力下，取得佳绩，荣获乙组男子舞龙自选套路第一名、乙组女子舞龙自选套路第一名、乙组群狮第二名、乙组传统南狮第四名、乙组团休总分第一名。

广州大学龙狮队创立于 2006 年，是校团委和体育学院联合创建的一个学生体育艺术社团，以体育学院学生为主，有相关特长及爱好的其他学院学生参与。近年来，龙狮队先后参加了国内多项赛事，连续七届获得广东省龙狮锦标赛男龙、女龙一等奖，男狮一、二等奖；并代表学校参加国际性、国家级、省级大型活动表演 30 多场次，其中包括第七届全国大学生运动会开幕式、广东省旅游文化节开幕式、北京奥运会和广州亚运会火炬接力等大型活动，受到广泛赞誉。同时为广东省内各中小学输送了优秀龙狮运动人才。

（体育学院　学工办）

12 月 2 日　广州大学男子甲组足球队勇夺广东省大学生七人制足球联赛冠军

12 月 2 日，由广东省教育厅指导，广东省学生赛后队员们庆祝获奖体育艺术联合会主办的历时两个月的 2019 年广东省大学生七人制足球联赛甲组比赛在广东工贸职业技术学院正式落下帷幕，继广州大学乙 A 组男子足球校队夺得乙组冠军后，广州大学甲组足球队再续辉煌，斩获甲组冠军。

赛后队员们庆祝获奖

决赛时广州大学对战广东外语外贸大学，比赛中对手采用了防守反击战术，在多次威胁进攻无果下，比赛最终进入了残酷的点球大战，甲组队员顶住巨大的压力稳稳射进全部点球，最终获得本次 2019 年广东省大学生七人制足球联赛冠军。

（体育学院）

12 月 2 日　新闻与传播学院学生获第十一届海峡两岸电视主持新人大赛全国总决赛铜奖

由福建省文联、福建省广电局、福建省广播影视集团、平潭综合实验区党工委管委会主办，福建省电视艺术家协会等承办的“声耀平潭 · 第十一届海峡两岸电视主持新人大赛全国总决赛”在福建平潭岛圆满落幕。广州大学新闻与传播学院播音 172 班的李潇洋同学从众多参赛选手中脱颖而出，获得大赛铜奖。播音 171 班的古翔泽同学和播音 172 班的王旭同学获得优秀奖。

立足于海峡两岸交流，定位于青春，以挖掘、选拔富有潜力的电视主持新秀为目的，本届大赛旨在为怀有主持理想的高校大学生提供锻炼和展示自我的平台。大赛评委团由传媒界的专家和主持精英组成。

决赛时，李潇洋同学声情并茂、侃侃而谈，展示了卓越的主持才能和强大的心理素质，充分展示了广州大学学子优良的专业素养，体现了广州大学人才培养质量的稳步提升。

（新闻与传播学院）

12月3日　广州大学获广东省健身教练职业技能竞赛暨专业大会团体三等奖

11月30日至12月3日，由广东省体育局、广东省总工会联合举办，以“岗位技能练兵，服务全民健身”为主题的“2019年广东省健身教练职业技能竞赛暨专业大会”在广东体育职业技术学院举行，广州大学荣获团体三等奖。

队员们与领队合影

本次比赛共有48支队伍、500余名运动员参与，其中专业健身教练占比赛人数的80%。体育学院健身队16名成员以祝振军院长为领队，在周志俊老师的带领下，不怕艰苦，坚持训练，克服各种困难，最终荣获“团体三等奖”的佳绩；何家杰同学更是从500多名参赛者中脱颖而出，个人总成绩进入前24名，顺利闯进决赛；在本次比赛中，广州大学获得“优秀组织奖”。

虽然比赛已经结束，但同学们热爱健身的激情依旧不变，愿健身队的同学们能在本次比赛中吸取经验，投入到新的训练中去，争取在明年取得更好的成绩。

（体育学院　体育职业培训中心）

12月3日　桂花岗校区六院开展世界艾滋病日主题活动

12月3日，桂花岗校区六院联合开展了世界艾滋病日主题活动，此次活动主要围绕“社区动员同防艾，健康中国我行动”的主题讲座展开，同时各学院红会开展了防“艾”趣味游戏、知识竞答等活动。

讲座现场

主题讲座使同学们认识到艾滋病可能的感染途径，其中性思想教育讲座气氛浓厚，中间还插有一段预防艾滋病表演，增加了同学们的学习兴趣。本次讲座最大的亮点是能够让广大学生融入进去，一起参加活动，一起学习新的知识。这次思想教育不仅让同学们了解到大学生是预防艾滋病的主要群体，也教会同学们如何全方位保护自己，传播了防“艾”知识，意义颇大。

讲座结束后，桂花岗校区六个学院的红十字会以及校红十字会也进行了预防艾滋病爱心摆摊，每个学院分别设有不同类型的防“艾”趣味游戏，同学们可以在每个摊位玩游戏，赢得防“艾”小红章。同学们在体验游戏的同时，收获了快乐和满满的防“艾”知识。

（经济与统计学院　林梅霞）

12 月 3 日　广州大学第二届中华经典诵读会圆满落幕

12 月 3 日，广州大学第二届中华经典诵读会决赛在演艺中心隆重举行。校党委书记屈哨兵，校党委副书记聂贵新，副校长郭兴蓬、吴开俊，各学院师生代表约 700 人观看本次比赛。本届经典诵读会由学校视频服务网进行直播，直播观看人群覆盖全校 1 万余人。

经典诵读会旨在弘扬中华民族优秀精神与传承中华优秀传统文化，引导学生不断提高人文素养。自诵读会启动以来，23 个学院共 3 000 余名学生积极参与，最终遴选出 11 个学院参加决赛。学生用满满的热情致敬经典，在经典中感悟家国情怀，在经典中传颂中华精神。

美术与设计学院的《四朝赞歌》让人在诗词的韵律中深切感受家国情怀；音乐舞蹈学院的《木兰辞》将古典舞、京剧与合唱结合起来，表现了花木兰的勇敢善良与忠贞爱国；人文学院上演的《祖国，我亲爱的祖国》，在中华人民共和国成立70周年之际，献上最衷心的祝福；新闻与传播学院带来了《共和国的声音》，表现秋瑾伟大的革命精神，体现了人民对中华民族光明未来的憧憬。

大会对表现优异的学院进行了表彰，音乐舞蹈学院获得一等奖；人文学院、美术与设计学院获得二等奖；工商管理学院、外国语学院与法学院获得三等奖；新闻与传播学院获得优秀表演奖。

本届诵读会采用朋辈教育模式，由新闻与传播学院23位学生组成节目指导团队，对参与诵读会的3 000余名学生进行专业指导。以专业学生指导非专业学生、高年级学生指导低年级学生的朋辈教育模式，助力广州大学人才培养目标落地落实。

（校团委　新闻中心）

诵读会现场

12月4日　人文学院新疆预科班举行领导联系班级暨经典百书导读活动

12月4日上午，人文学院2019级新疆预科班领导联系班级暨经典百书导读活动于文清楼220室顺利举行。出席本次活动的有人文学院党委副书记刘军军、预科班辅导员艾克拜尔。

首先，卡木冉同学对《百年孤独》进行较为系统的分析解读。以“知人论世”之观为切入点介绍该书创作背景，透过作品中的传奇故事讲解哥伦比亚的风云变幻，成功地为本次分享活动开了个好头。在听完卡木冉同学的分享后，孜拉莱同学上台畅谈其对作品《简·爱》的阅读感悟。她先由同名电影引入，借助对女主人公简·爱的描述，向同学展示了一个贫穷低微却拥有着智慧勇气、不愿向人生低头的女性形象。随后，娜吉曼同学为大家带来著作《了不起的盖茨比》的阅读分享。她以重点人物形象为切入口，用经典文本情节带领同学们一齐分析独具特色的人物形象，激起大家的探究兴趣。吐玛热斯同学与努尔凯麦尔同学分别为大家带来《西游记》与《红楼梦》的阅读分享。两位同学结合名著，以大家广为熟知的电视剧为分享背景，运用影视情节等多种方式风趣地解读名著经典。最后，刘军军书记对同学们的读书分享进行点评，称赞大家为本次活动所做的精心准备，并分享自己对于名著阅读的独到见解。

至此，人文学院2019级新疆预科班领导联系班级暨经典百书导读活动圆满结束。

（人文学院　新闻中心）

新疆预科班同学与老师们合影

12月4日　广州大学在第四届广东高校优秀网络文化评选作品征集活动中获13项奖项

为贯彻落实全国教育大会、全国高校思想政治工作会议和学校思想政治理论课教师座谈会精神，创新网络思想政治教育，丰富优秀网络文化产品供给，促进高校网络文化建设，全面展示广东省大学生优秀网络文化成果和网络育人成效，广东省教育厅举办了第四届广东高校优秀网络文化评选作品征集活动。

经过精心组织申报，各学院积极响应，广大师生发挥特长，在第四届广东高校优秀网络文化评选作品征集活动中，共获 12 项奖项，其中徐志伟老师指导的粤易《梅兰竹菊》获得“粤易文化”综合设计作品一等奖，周世慧老师指导的《你好吗》获“粤易公益”公益广告作品一等奖。同时，广州大学还获得“优秀组织奖”。

（校易班发展中心）

12 月 4 日　经济与统计学院青年志愿者协会参与志愿者文化节

文化节气氛热烈

为宣传贯彻党的十九大会议精神，进一步弘扬奉献、友爱、互助、进步的志愿精神，传播志愿者文化，12 月 4 日，一年一度的志愿者文化节在广州大学红棉路开幕，该活动持续三天。

经济与统计学院青年志愿者协会积极响应号召，与校青年志愿者协会和各个学院青年志愿者协会一道，在红棉路上宣传志愿者文化。活动期间，恰逢第 34 个国际志愿者日，浓浓的志愿情在红棉路蔓延，广大学子表现出了极大的志愿热情，热情洋溢地宣传志愿者文化。

经统青协在摊位中展示了本学年开展的常态化志愿活动成果和团建活动的剪影，吸引不少同学驻足停留并咨询有关的活动详情。广州南站志愿活动、越秀公园展览馆讲解服务、金沙街社工志愿服务等丰富多样的志愿活动激发了同学们为社会服务的热情，温馨的团建活动也让同学们了解到参与志愿服务活动不仅能收获珍贵的志愿经历，也能认识与自己志同道合的朋友。同时，经统青协还准备了小游戏和奖品，让同学们边玩游戏边了解志愿服务活动，以吸引更多的人报名参与经统青协开展的常态化志愿活动，加入志愿者队伍。在互评环节中，经统青协凭借较多的活动报名人数、装饰精美的摊位得到了各个学院青协的认可，获得了本届志愿者文化节的“志愿风尚奖”，这是青协每一位成员辛勤付出的回报。

志愿者文化节是引领当代大学生做新时代文明践行者的载体，它让志愿服务精神感染着每一位广大学子，让志愿服务的种子播撒到校园的每一个角落。

（经济与统计学院　骆晓璐）

12月6日　广州大学易班工作站站长龚利鑫获得广东省“十佳易班工作站站长”荣誉称号

根据《关于开展2019年度广东高校易班优秀评选工作的通知》安排，广东高校易班发展中心在11月至12月开展了2019年广东高校易班优秀评选工作。经省中心审核申报材料后，开展线上评审并组织专家综合评审，评选出2019年度十佳易班工作站站长等奖项，其中广州大学易班工作站站长龚利鑫（研究生）获评“十佳易班工作站站长”荣誉称号。

（易班工作站　朱镇星）

12月6日　广州大学援藏支教实习队：到祖国最需要的地方去

12月6日，广州大学第五批援藏支教实习队队员登上了返回广州的飞机，结束了为期四个月的支教实习。

广州大学第五批援藏支教实习队队员

四个月前，广州大学的这群90后准毕业生从广州出发，翻山越岭，到平均海拔3 300多米的雪域高原，开启了支教实习生活，四个月来，他们除了教给孩子们专业知识外，还承担着德育和美育的任务，自身的思想政治素质和教育教学能力也在实践中不断提高。

支教实习活动融教育对口支援边疆、大学生思想政治教育、大学生实习实践于一体，是人才培养和实践育人的新载体。至今，广州大学先后选派五批共55名优秀学生赴西藏自治区林芝市波密县开展为期半年的支教实习活动，为教育援藏注入了青春活力，既精准补充了当地学校短缺的学科师资，又提升了高校服务社会、支援边疆的能力，让学生在实践中得到充分的、全方位的锻炼，大学生思想政治素质和教育教学能力得到大幅提升。

为贯彻落实习近平总书记关于西藏工作和对口支援工作的系列重要指示精神，进一步提升西藏林芝市教育教学水平，2017 年 7 月，广东省教育厅与林芝市签署校地共建项目协议书，翻开了广东教育援藏新篇章。作为集体签约的 13 所高校之一，广州大学与林芝市波密县合作共建大学生思想政治教育实践基地，对口帮扶波密县教育事业的发展。

（广州大学新闻网）

12 月 6 日　广州大学学生在全国应用心理专业学位实践技能大赛中荣获佳绩

12 月 5—6 日，第一届全国应用心理专业学位实践技能大赛（决赛）在华东师范大学举行。经过两天激烈紧张的角逐，广州大学姚伊琳同学和王利敏同学分别荣获“培训/教学技能比赛一等奖”和“心理咨询面谈技能比赛二等奖”；廖君瑶同学、蔡诗琪同学荣获“应用心理案例开发比赛三等奖”；广州大学荣获“优秀组织奖”；邢强老师和陈丽娜老师荣获“优秀指导教师”称号。

获奖师生合影

本次大赛由全国应用心理专业学位研究生教育指导委员会主办，上海市应用心理专业学位研究生教育指导委员会、华东师范大学心理与认知科学学院承办，设有“应用心理案例开发比赛”“培训/教学技能比赛”“心理咨询面谈技能比赛”三个比赛项目。大赛分为院校初选、全国初赛和全国决赛三个赛段。广州大学应用心理专业同学积极参加此次比赛，“培训/教学技能比赛”“心理咨询面谈技能比赛”“应用心理案例开发比赛”三个项目都入围决赛并获奖。

（教育学院）

12月7日　广州大学第四次学生代表大会胜利召开

12月7日，广州大学第四次学生代表大会胜利召开，会议审议通过了广州大学学生会第三届委员会工作报告，选举产生了广州大学学生会第四届委员会。广州市学联代表、校党委副书记聂贵新及相关负责人出席大会。

大会在庄严的国歌声中隆重开幕。市学联执行主席胡绮薇在大会上致辞，对大会的召开表示热烈的祝贺。随后，广州大学学生会廖丽园同学代表第三届委员会向大会作题为“不忘初心担使命　逐梦广大建新功　团结带领广大学生在新时代伟大征程中奋力谱写青春华章”的工作报告，回顾了第三届学代会的工作。接着，聂贵新副书记对过去两年来各级学生会组织的工作成果给予了充分的肯定，同时他向全校各级学生会组织和广大青年学生提出了三点希望：一是希望各级学生会组织凝心聚力，守正创新，当好桥梁纽带。二是希望各位学生干部真抓实干，率先垂范，成为排头兵和先行者。三是希望广大学生不忘初心，勇担使命，做砥砺奋斗的新时代青年。

本次大会在学生代表中开展了提案的征集工作，各位代表本着认真负责的态度，切实深入学生群体当中，广泛征集了来自全校24个学院的有关学生切身利益及关系学校改革建设的136份代表性提案。提案工作小组将把予以立案的提案反馈至相关部门，并落实回复。

会后，新当选的32名学生会第四届委员会委员举行了第一次会议，选举产生了广州大学第四届学生会主席团。

（校团委）

第四次学生代表大会成员合影

12 月 8 日　广州大学学生获第四届全国高等学校木结构设计邀请赛决赛三等奖

获奖学生与指导老师合影

12 月 8 日，第四届全国高等学校木结构设计获奖学生与指导老师合影邀请赛决赛在重庆大学隆重举行。由广州大学建筑学和土木工程专业的毛锐、谢威、吴晓鹏、刘晓玉、张业平五位同学组成的学生团队，在邓毅教授和许勇副教授的联合指导下，提出的“林中行馆”方案荣获三等奖。

该项竞赛由教育部高等学校土木工程专业教学指导委员会主办，旨在通过设计竞赛，加强大学生对木结构建筑特性的认识，提升创作能力；提高大学生将建筑学和土木工程的基础理论和专业知识在木结构设计中的运用能力；增强高校师生对木结构的教学与研究热情。本次竞赛规定参赛学校需通过高等学校土木工程/建筑学或相关专业评估（认证），或为入选国家/省部一流大学建设的高校。

广州大学学生团队“林中行馆”的方案充分展现了地形和气候条件下木结构的空间塑造能力。决赛现场，在经过实体模型展示、现场答辩等环节后，广州大学代表队与东南大学、大连理工大学、哈尔滨工业大学等 5 支团队荣获三等奖。

（建筑与城市规划学院）

12 月 8 日　广州大学学生参与广州马拉松赛志愿活动

在 12 月 8 日广州马拉松赛的赛场上，广州大学的志愿者不畏严寒、乐于奉献，成为一道靓丽的风景线。

在这个寒冷的冬日，广州马拉松赛如期而至。凌晨三点，广州大学的志愿者们已整装待发，前往工作岗位。

散发着暖暖的暗黄色光芒的路灯，默默地照亮着正紧锣密鼓地开展着准备工作的志愿者们。天空慢慢苏醒，朝阳冲破云层，倾泻着夺目的金色光芒。冬日的阳光，点燃着志愿者和参赛选手们的激情。沿途的志愿者们热情地为参赛选手呐喊鼓劲，贴心地为选手递上食物补给。伴随着欢呼声，坚守在终点的志愿者们迎来了第一位抵达终点的选手，现场气氛高涨。中午时分，大批的选手涌向终点，选手们的激动欣喜之情溢于言表，在接过奖牌时，纷纷向志愿者们表示感谢。一声声真挚的话语温暖着学生志愿者的心。

广州大学开展的志愿活动让学生在传递爱心的同时，收获感动与信念，并让奉献精神得以传承，焕发出“充实之谓美，充实而有光辉之谓大”的智慧。

（校团委）

广州大学志愿者参加“广马”志愿活动

12月10日　公共管理学院本科生党支部举行“拾忆初心”主题活动

12月10日，公共管理学院本科生党支部学生党员第一期“拾忆初心”主题活动于广州大学大学城校区梅苑四栋二楼党团活动室举行。本期“拾忆初心”主题活动邀请了学院夏宏教授为嘉宾，讲述入党初心，分享入党故事。

参与人员还有公共管理学院党委副书记何瑞豪、本科生党支部书记谢玲以及本科生党支部学生党员。

夏宏教授分享了自己的学习经历，在他哥哥赠予的《青春的使命：青年马克思的道路》一书的引导下，从此走上了学习马克思主义哲学的道路，并一直坚持研究马克思主义哲学。夏宏教授解读了马克思主义哲学的丰富内涵，他解释道，马克思主义是关于全世界无产阶级和全人类彻底解放的学说，其目标是实现共产主义。

支部党员罗浩奇同志回顾高中入党历程，明确自己的入党初心，并分享入党志愿书节选内容。吴剑霞同志回顾自己加入共青团的经历，还分享了入党动机，并宣读了入党志愿书节选内容。邓洁文同志分享了自己的入党故事与感悟。赖新怡同志向夏宏教授提问，并进行了充分的交流和讨论。

（公共管理学院　学工办）

参与活动师生合影

12 月 10 日　化学化工学院举办第十四届化学游园节

为不断丰富校园文化生活，提高广大青年学生学习化学知识的兴趣，使同学们进一步了解生活中的化学常识，展现化学的魅力，12 月 10 日，化学化工学院在红棉路举办了以“巧同造化，筑梦广大”为主题的第十四届化学游园节。

活动中，校团委副书记林焕清，化学化工学院党委书记周海兵、院长董文、副院长邹汉波、副书记谭启亮等来到现场参观、指导，与同学们一起体会化学的乐趣。

本次活动分为趣味实验、展示投票、休闲游戏及特色食品四个区域。以化学产品在生活中的应用，生动诠释了化学与生活的密切联系，同时也彰显了化院的专业魅力。

活动现场吸引了众多化学爱好者。同学们纷纷前往自己感兴趣的摊位玩游戏或观看实验。其中，特色小吃、趣味化学实验设计大赛优秀成果展示等受到了师生的广泛好评，众多益智游戏更是令在场的同学乐此不疲，欢笑声不绝于耳。董文教授等专业老师现场指导、评价学生实验，大大提高了本次化学游园节的专业水准。

本次活动的成果举办活跃了校园气氛，展现了化院学子积极向上的精神风貌，展示了化学现象之美、化学反应之趣、化学应用之广，意义非凡。

（化学化工学院　学工办）

化学游园节师生合影

12 月 10 日　广州大学 2020 年新年晚会倾情上演

12 月 10 日，广州大学 2020 年新年晚会拉新年晚会现场开序幕。此次新年晚会由公共艺术教育中心主办，音乐舞蹈学院和新闻与传播学院共同承办，副校长郭兴蓬、吴开俊，副校级领导张强等与同学们共同观看了这场视听盛宴。

一个个精彩节目带动了晚会现场的气氛，美好瞬间不断传递。《粤乐新编》由两首广东音乐名曲《步步高》和《惊涛》改编而成，音乐层层递进，带给了观众们步步登高的自豪感。舞蹈作品《锦鲤》以锦鲤“鱼”的形象作为出发点，体现对美好生活的向往。《即兴探戈》开拓了听觉艺术的表现力。由罗菲老师和姚卉老师演奏的双钢琴《胆小鬼》展现了小丑不同的面相，音符在高低音区间飞舞，演奏出了戏谑性对比主题。朗诵作品《岭南》带着观众穿梭在一段段岭南的历史场景中，展现出新时代的岭南发展特点。《你已和我私订了终身》则演绎了世俗中最纯真的爱。器乐三重奏《肖斯塔科维奇 Walzer》以三种不同音色的乐器，相互融合，演奏了一首悦耳动听的乐曲。舞蹈《少年心》展现了时间没有遗忘那些曾经为了祖国洒下鲜血的先烈们。朗诵作品《共和国的声音》表达了秋瑾从容赴死时的坚定意志，也是无数烈士前仆后继为国牺牲的真实写照。二重唱《幸福中国一起走》、双钢琴演奏《大塔兰泰拉 Op. 67》、配乐诗朗诵《广大精神·咏流传》等节目精彩纷呈，充分表达了喜乐中国的美好祝愿和当好广大精神的铸就者、传承者、实践者的心声。

新年晚会现场

最后，伴随着四位老师和音乐舞蹈学院合唱团的歌声，在观众雷鸣般的掌声中，2020 年新年晚会圆满落下帷幕。

（音乐舞蹈学院）

12 月 10 日　广州大学桂花游园会顺利举办

12 月 10 日，广州大学学生会和桂花岗六院联合举办了颇有古风意境的桂花游园会，此次游园会从下午一直持续到晚上。该游园会以“传统文化”为主旋律，以“古代集市”为大背景，尽情重现“金翠耀日，罗绮飘香。新声巧笑于柳陌花衢，按管调弦于茶坊酒肆”的古代集市之美。

游园会设置了“茶庄”“钱庄”“驿站信使”等摊位，从不同的角度展现古代集市的丰富多彩。摊主们皆着汉服，言笑晏晏。每个摊位都有不同的主题，通过游戏互动传递传统文化之美。经济与统计学院的摊位是“茶庄”，远远便能闻到茶的清香，听到店小二热情的揽客声：“客官，里边请!”走进“茶庄”，茶具齐全，杯中茶温热，供人品尝。品茶之余，还可以玩小游戏，“套葫芦”让人跃跃欲试，“掌柜算账”更是吸引人大展身手，“竞五子棋”博弈心跳，“茶楼知多少”妙趣横生，收获满满干货。

游园会上灯笼高挂

通过参加这些活动，同学们不仅能赢得礼物，更能加强对传统文化的认同感。古今文化的距离在不断拉近，同时碰撞的还有你与我浅浅的情思。

月上梢头，夜幕降临。各式灯笼高高挂起，温暖的光芒映照在每一个摊位上，同时也悄然流入每一个人的心间。今日盛时，变的是沧海桑田，不变的是你我欢喜。

（经济与统计学院　张艺萱）

12 月 10 日　人文学院举行“筑室在人境　清雅胜兰华”雅室大赛颁奖典礼

12 月 10 日下午，人文学院第十五届“筑室在人境　清雅胜兰华”雅室大赛颁奖典礼于文新楼 302 室顺利举行。

主持人宣布颁奖典礼开始之后，首先是优秀宿舍的展示。各获奖宿舍分别派代表上台，向大家分享宿舍布置和宿舍趣事。她们在分享过程中，通过音乐及 PPT 等形式，为现场观众展现宿舍风采，妙语连珠的宿舍代表们赢得观众掌声连连，现场气氛热烈。接着是颁奖仪式，最后由两位主持人上台宣读闭幕词，为本次雅室大赛作出总结。相信通过这次活动，大家收获的不仅是一间整洁美丽的宿舍，更是一份真挚的友谊和一段美好的回忆。

至此，人文学院“筑室在人境　清雅胜兰华”雅室大赛颁奖典礼圆满结束。

（人文学院　新闻中心）

雅室大赛颁奖典礼师生合影

12月11日　旅游学院追寻广州“红色印记”，弘扬广州“红色文化”主题教育活动顺利举行

为响应习近平总书记在《永久奋斗》中的号召，引领广大青年学习中华人民共和国成立70年中广州发展的故事，学习在广州发展中做出贡献和勇于担当人物的榜样精神，旅游学院本科学生第一党支部、B9栋“五室一站”党建办联合举办的追寻广州“红色印记”，弘扬广州“红色文化”主题教育活动于12月11日晚在文新楼201室举行。

入围本次决赛的共有来自各学院的12支队伍，各队伍通过前期精心的准备，在活动现场为同学们展现出他们所了解的广州红色故事。参赛小组在活动现场深情地说：“我们追寻古迹，只为打开尘封历史，聆听先烈声音，展现广州‘红色印记’。在找寻资料的过程中，我们接受历史文化的熏陶，深入了解每一位伟人背后的故事，体会他们为国、为社会做出贡献的艰辛与不易，我们深受感触的同时也不断坚定了向他们学习的决心。”伴随着参赛选手作品的展现，现场的同学们深刻感受到这场活动的意义，从各种不同的角度、不同的故事背景中学习到更多历史事迹。

展示结束后，评委伍国凯同学对各个作品进行了点评。随后，旅游学院团委书记赵双双老师鼓励大家积极探寻广州更多的红色印记，接力先辈留下来的事业，不断把社会建设得更好，将言语付诸实践，真正成为一个对社会有用的人，真正能承担起社会责任，用自己的作品，用自身的行动感染更多的人加入为实现“中国梦”而奋斗的行列中！

（旅游学院　赵双双　石铱敏　黄君如　谭小彤）

参与活动师生合影

12 月 12 日　广州大学举行 2018—2019 学年度学生先进集体和个人表彰大会

12 月 12 日下午，广州大学隆重举行 2018—2019 学年度学生先进集体和个人表彰大会。校领导屈哨兵、聂贵新、李小琴、张其学、吴开俊，助学单位代表、各学院负责人、师生代表等共约 500 人出席表彰大会。

会上，校党委副书记聂贵新宣读了表彰决定，激励广大师生再接再厉，以受表彰的个人和集体为榜样，深入持久地开展争先创优活动，做“德才兼备、家国情怀、视野开阔，爱体育、懂艺术，能力发展性强”、德智体美劳全面发展的社会主义建设者和接班人，为学校全面推进高水平大学建设奉献力量。

随后，校领导与助学单位为获得“优良学风班标兵班”、“十佳学生”、广东文化基金助学金、镇泰助学金等奖项的师生颁奖，台下观众用热烈的掌声祝贺受表彰的集体和个人。

数学与信息科学学院信息安全 161 班钟楠宇和工商管理学院物流 162 班李倚泳，分别作为“十佳学生”代表和“优良学风标兵班”代表发言。

校党委书记屈哨兵代表学校向受到表彰的先进集体和师生表示热烈祝贺，向长期以来关心和支持广州大学发展的社会各界朋友表示衷心的感谢。希望在新的一年里，广大学子要奋进新时代，不忘初心、牢记使命、接续奋斗，求真学问、练真本领，厚植爱国主义情怀，做新时代的成长者；练就过硬本领，做新时代的学习者；永葆奋斗精神，做新时代的奋斗者；积极回报社会，做新时代的建设者和接班人，在报效国家、奉献社会、激扬青春的进程中书写无愧于时代的人生华章！

（学生处　沈楠　李悦　黄浩佳　谭颖妍　郭炜　郭瑞茵）

颁奖现场

12 月 12 日　美术与设计学院举办急救知识公开课

12 月 12 日晚，美术与设计学院红十字会——“爱心相伴，‘救’在身边”公开课在文新楼 119 室成功开课。

公开课由红十字会的小老师们向同学们展示如何在紧急情况下对伤员进行心肺复苏、利用三角巾等临时物品包扎伤口。公开课现场还提供了包扎工具三角巾，鼓励同学们尝试、学习，小老师们在现场指导，帮助同学们更好地学习包扎知识，完成包扎，同学们都积极认真学习包扎技能。

据了解，在事故现场，如果有人能够通过掌握的简单急救知识，对猝死者进行现场心肺复苏，对外伤者实施止血、包扎、固定和搬运，那么 50% 以上的生命就有可能挽回。

（美术与设计学院　团委学生会）

十二月

小老师在讲授心肺复苏知识

12 月 12 日　环境科学与工程学院举行新团员入团仪式

12 月 12 日晚，环境科学与工程学院在梅苑 7 栋“五室一站”举行 2019—2020 学年度新团员入团宣誓仪式，团委书记吴海威、团委副书记关碧夏及全体新团员出席了活动。

仪式正式开始，庄严的国歌响起，为入团宣誓仪式增添了一份肃穆。国歌结束后，主持人宣布新团员名单，并由吴海威书记为新团员颁发团章和团员证、佩戴团徽；团委副书记关碧夏师姐带领新团员宣读入团誓词；入团介绍人宣读团员条例。

新团员入团仪式

随后是新老团员代表发言，讲述自己对团的认识，抒发自己对于共青团的归属感，他们的分享让在座成员更加深入地感受到团员身份带给他们的责任与意义。

最后，吴海威书记祝贺在场的各位新团员能够通过严格筛选加入共青团。他希望在座的共青团员认真学习共青团的基本知识，遵守国家的法律法规，能够更加严格地要求自己，认真学习团章知识，充分发挥共青团员的先锋模范作用，做品学兼优的好榜样。

（环境科学与工程学院　组织部）

12 月 13 日　广州大学学子获“外研社·国才杯”全国英语阅读比赛二等奖

12 月 11—13 日，2019 年“外研社·国才杯”全国英语阅读大赛（Uchallenge）于北京落幕。从全国遴选出的近 400 位高校才俊分别于演讲、写作、阅读三大舞台竞相比智，尽显风华。广州大学外国语学院法语系选手孙耀勇同学作为广东省代表之一参加阅读大赛，荣获二等奖，取得我校选手参加本挑战赛历史最佳成绩。

获奖选手合影

本年度的阅读大赛赛题在话题性和体裁多样性上都有进一步扩展，文体多样，涵盖社会、科学、健康、大众消费心理等多重领域，兼具平衡性、思辨性及趣味性。大赛依然以“Read and Know”（读以明己）、“Read and Reason”（读以察世）、“Read and Question”（读以启思）、“Read and Create”（读以言志）四部分循序渐进，要求学生熟悉中国文化经典，提升阅读品质，并向“读，而后写”的更高境界迈进。

（外语教育训练基地）

12 月 13 日　卫斯理安学院举办师生交流会

为了进一步了解同学们回国后的学习情况，促进老师和学生之间的交流，美国卫斯理安学院校长 Dr. Vivia Fowler 女士和 Dr. Nicholas Steneck 于 12 月 13 日来到我校卫斯理安学院和同学们见面，举办师生交流会。

Vivia 首先对 2017 级的同学表示祝贺，肯定了大家在美一年期间的刻苦学习。她表示，虽然同学们现在已经回到国内继续学习，但是同学们永远是美国卫斯理安学院的一分子，无论同学们遇到什么问题和困难，他们都非常愿意给予帮助。在美期间部分课程对于同学们来说是有挑战性的，但这个学习的过程也是同学们学习能力提升的过程，对于大家日后的学习有极为重要的作用；而同学们通过努力学习，完成所有规定课程后获得的中美双学位也能够为将来的继续学习和工作提供有力的证明。Vivia 还高度赞扬了 2014、2015 级学生的优秀表现，特别是他们在广州大学各学院中取得了考研成功率排名第一的优异成绩。

美国卫斯理安学院校长与同学们交流

Vivia 还特别向想要前往美国卫斯理安学院学习的学生介绍了卫斯理安学院的校园特色以及课程设置，也对提出疑问的学生作出了详细回答。2016 级同学也分享了他们在美学习期间的收获和感悟，并提到了美国与中国不一样的教育模式给他们带来的全新学习体验。

谈话最后，Vivia 希望同学们将对学习的热情坚持下去，并给予了同学们最真挚的祝福。

（卫斯理安学院　魏微）

12 月 13 日　化学化工学院举办班集体建设风采展示大会

12 月 13 日下午，化学化工学院在图书馆讲学厅召开了 2019 年班集体建设风采展示大会，学院学工办全体辅导员、化学化工学院 2019 级各班班主任及 2019 级全体学生出席了本次大会。2019 级学生通过诗朗诵、情景剧、大合唱等不同的展示方式，展现各班风采。

班级展示结束后，化学化工学院 2019 级辅导员吴镇宣老师对本次班级展示进行了总结，对展示班级各方面成果给予充分肯定。班主任代表刘兆清老师就各班展示情况给予肯定，并提出期望，鼓励同学们在未来继续努力，取得更好的成绩。最后，学工办主任李燕兴老师就科研、学业方面向同学们讲解其重要性，并预祝同学们有一个充实的大学生活。

（化学化工学院　彭紫钰）

同学们在展示班级风采

12 月 14 日　广州大学学生获全国大学生体育产业创新创业大赛（华南赛区）一等奖

12 月 14 日，2019 第二届全国大学生体育产业创新创业大赛（华南赛区）在华南理工大学落下帷幕，广州大学体育学院 2018 级研究生古伟源和张亮等五位同学的作品《赛橙表——智能体育信息化平台》获得研究生创意设计组一等奖，并将代表华南地区参加 2020 年 5 月在天津举办的第二届全国大学生体育产业创新创业大赛总决赛。体教 2017 级李学成同学策划的《寻场——体育资源共享预约平台》获本专科生创意设计组二等奖。

近年来，体育学院紧紧围绕学校高水平大学建设，坚持把创新创业教育融入人才培养全过程，重视学生创新创业能力的培养，挖掘优秀、有创意的青年体育人才和优秀创业项目，不断激发大学生参与体育产业创新创业的信心和激情，努力培养具有广大底色的创新型人才。

（体育学院）

获奖学生与老师合影

12 月 15 日　计算机科学与网络工程学院在全国大学生数字技术大赛中获佳绩

12 月 15 日，第九届“新华三杯”2019 年全国大学生数字技术大赛决赛在杭州圆满落幕。进入决赛的全国 100 名本科院校参赛选手进行两天的激烈角逐，最终广州大学计算机科学与网络工程学院 2016 级学生曾俊威同学获本科组三等奖。

据悉，2019 年“新华三杯”大赛紧扣行业前沿技术热点，兼顾理论科研与实践应用，为大学生数字化技术理论和实践技能的交流与进步提供了平台。自 10 月开赛以来，本届大赛共有来自 29 个省市自治区的 520 所院校、16 500 位选手报名参赛，其中有 200 余名本科和高职院校同学经过激烈的比拼脱颖而出，晋级决赛。

计算机科学与网络工程学院历来重视学生的数字化技术理论和实践技能的产教融合的培养模式，至今连续多年在该大赛中获得佳绩。

（计算机科学与网络工程学院　学工办）

获奖学生合影

12 月 15 日　公共管理学院举行团委学生会总结大会

为回顾 2019—2020 年第一学期的工作内容及其成效，激发学生干部的工作热情和动力，公共管理学院团委学生会于 12 月 15 日举办了一场以“总结过去，展望未来”为主题的总结大会。

大会伊始，公共管理学院党委副书记何瑞豪首先进行了发言。他提到，作为一名学生干部，要学会穿自己的“衣服”，更要敢想、敢说、敢做。其次，各个部门的部委代表通过丰富的形式，向其他部委讲述了他们与团委学生会的精彩故事。再次，在动听的背景音乐中，部委们从部长们的手中接过了聘书，这也代表着部委们正式成为公共管理学院团委学生会的一员。最后，公共管理学院团委书记付艳老师和学生会主席钟金娴同学也表达了她们的祝福。她们认为，团委学生会是一个不可分割的团队，更是一个温暖的大家庭。团队中的每一位成员都很重要，每一位同学都应该以团委学生会为骄傲，都以身为公管人而骄傲！

通过本次大会，每一位成员都对团委学生会这个组织有了更加深入的了解，并具有了更强烈的归属感。回顾这一个学期以来的活动与工作，有陪伴，有欢笑，更有成长，希望在未来的旅途中，团委学生会的成员们能够携手同行，共筑梦想，向着美好的未来出发！

（公共管理学院　学工办）

总结大会成员合影

12 月 16 日　环境科学与工程学院“沧浪水清”团队在“挑战杯”国赛中荣获二等奖

在第十六届“挑战杯”全国大学生课外学术科技作品竞赛中，由胡春教授、吕来副教授指导的“沧浪水清”团队荣获二等奖。

聂贵新副书记与环境学院教师合影

此次“挑战杯”全国大学生课外学术科技作品竞赛，环境学院共有16个项目获得校内结项。其中以韩沐恩、卢仪蕊、张伟龙同学为负责人的三个项目，在省赛中取得了一等奖的好成绩。韩沐恩、黄茵梅、林希蔓、梁峻榕、张苑妮（经统学院）组成的“沧浪水清”团队，获得国赛二等奖的好成绩，实现了环境科学与工程学院国赛零的突破。

（环境科学与工程学院）

12月17日　五院联合青马工程讲座顺利开展

12月17日下午，人文学院、生命科学学院、新闻与传播学院、环境科学与工程学院、建筑与城市规划学院联合举办的青马工程讲座于行政西楼二楼报告厅顺利开展。

时代楷模黄文秀的介绍视频拉开了本次讲座序幕。她不忘初心、牢记使命、心系百姓的精神，深深地打动并鼓舞着在座的同学。第一场讲座由马克思主义学院陈咸瑜副教授解读十九届四中全会精神。介绍了十九届四中全会概况后，陈老师通过播放中国不断崛起的短视频让大家对我国的飞速发展有了进一步的了解。陈老师提到，今天的中国已经站在历史新起点上，作为新一代青年马克思主义者，青马学员要紧跟时代步伐，努力创新，为祖国的新发展贡献自身力量。紧接着，陈老师为青马学员解读十三个“坚持”的制度优势及坚持和完善党的领导制度体系的六方面要求。陈老师希望同学们坚定文化自信，更好地去构筑中国精神、中国力量以及中国价值。最后，青马学员一同朗读了十九届四中全会公报经典内容，振奋人心的话语更加坚定了学员们为实现伟大复兴的中国梦而奋斗的信念与决心。第二场讲座为调研报告撰写培训会，马克思主义学院王雄老师为学员们介绍调研报告撰写方法。王老师通过一个个生动具体的例子对每一种报告形式进行了详细介绍，风趣幽默的话语让学员们听得津津有味，丰富的内容也让大家收获颇丰。

至此，人文、生科、新传、环境、建院联合青马工程讲座圆满结束。

（人文学院　新闻中心）

青马工程师生在讲座后合影

12 月 17 日　旅游学院“书记沙龙”顺利举办

12 月 17 日下午，旅游学院于文俊东楼 406 室组织开展“书记沙龙”活动。旅游学院相关领导、负责老师、优秀党员代表及各班优秀团员代表参加本次活动。

“书记沙龙”伊始，本科学生第一党支部负责人赵双双老师、本科学生第二党支部书记李佩雯老师、旅游学院青年志愿者协会代表张明慧同学、经典百书项目推广负责人刘桂鹏同学、研究生党支部书记胡春同学、旅游 192 班团支部书记谢敬文同学分别对志愿者协会、经典百书、党团支部工作进行了汇报和反馈。

接着，与会师生们热烈探讨、交流工作难点，找寻新方法，共同提高，互相开启新思路。

最后，学院党委书记刘向晖进行总结，她充分肯定了过去一年学院各党团支部、协会的工作成绩。她鼓励在场的学生干部们要大胆尝试，在提升执行力、组织力上下功夫。党团员要在工作中提高个人修养，学会团建、党建的工作方法，用高质量活动提升同学们参与的积极性。

旅游学院“书记沙龙”致力于打造一个师生沟通互动平台。在这里，学院领导仔细聆听同学们的心声，为同学们的成绩喝彩，为同学们的困惑解疑，通过研讨逐步达成共识，为助力学生成长成才奠定坚实根基。

（旅游学院　陈绮惠　赵双双）

“书记沙龙”师生合影

12 月 17 日　广州大学举行 2020 年新年音乐会

12 月 17 日，由校党委宣传部、共青团广州大学委员会、广州大学公共艺术教育中心主办，校学生艺术团承办的广州大学 2020 年新年音乐会，于广州大学演艺中心举行。校学生艺术团管弦乐团、校学生艺术团合唱团和校老教工艺术团联合献上了一场精彩的视听盛宴。

此次音乐会主题鲜明、风格多变，既有首首红歌扬大国风范，又有曲曲民谣展风土人情，还兼备流行色彩，完美诠释民族精神与时代精神的结合。独奏、合奏各施风采，独唱、合唱各展风范。全场以管弦乐团为主线，辅之以二胡、手风琴、葫芦丝，配合或浑厚或清澈的人声，串起了宏伟诗篇。

乐团在演奏

此次活动贯彻“德才兼备、家国情怀、视野开阔，爱体育、懂艺术，能力发展性强”的宗旨，让艺术作伴，以音乐抚心，望青春无悔，盼梦想延续。

（校团委）

12月17日　广州大学青年志愿者协会义教活动圆满结束

12月17日，由广州大学青年志愿者协会向日葵志愿服务部举办的义教活动圆满结束。10月至12月，来自广州大学的28名志愿者先后五次前往广州市南洲小学，给四年级的同学进行课外的素质拓展。

志愿者与小学生交流

志愿者在三个班级分别开展了“绿色环保”“植物的秘密生活”“生活中的科学”等主题学习，向同学们揭示了身边的绿色环保、生态科学等知识，促进同学们科学精神与探究能力的培养。除了理论知识的讲解，志愿者还采用多种课堂形式展开教学。种植向日葵、用废品制作飞机模型、绘画剪纸……多元的体验，让课堂更加丰富多彩，激发了同学们的学习兴趣。同学们踊跃举手发言，课堂气氛十分活跃。

志愿者热情友好的形象、亲切生动的教学方式，受到了同学们与校方的一致认可。义教结束后，同学们纷纷表示了对志愿者的感谢与不舍。本次义教活动是一次探索真理的德育实践，是一个不断传递正能量的过程，充分展现了广州大学学生优秀的志愿者形象和健康积极的精神面貌。在这个过程中，志愿者们深入地践行了“奉献、友爱、互助、进步”的志愿服务精神，以实际行动向社会播撒爱心，传递温暖，奉献真情。

（校团委）

12月17日　土木工程学院举办摄影大赛

选手在讲解作品

12月17日晚上7点，由土木工程学院团委媒体运营部、新闻采编部主办的“告白祖国，光影七十”摄影大赛决赛暨颁奖典礼在文新楼113室举行。本次摄影大赛旨在让每一个热爱摄影的同学都能够参与其中，在这里找到展示个人魅力的舞台。

决赛中，入围选手们相继对他们的作品进行讲解，认真介绍了照片的背景、拍摄地点的选取、光影的运用和构图的特点，深情讲述了每一张照片背后的故事。每一份作品都体现了选手的热情与努力。嘉宾和观众纷纷为自己的心动选手投票。

游戏环节后，是摄影大赛的颁奖仪式，活动到此结束。

（土木工程学院　全媒体中心）

12月19日　生命科学学院召开2020届毕业生“放眼未来　扬帆起航”毕业就业动员大会

12月19日下午，生命科学学院举行2020届毕业生就业动员大会，出席会议的嘉宾有生命科学学院副院长柯德森、党委副书记刘晓亮，王雄军教授，教务办罗承锋老师和年级辅导员李芳龄老师，以及2016级全体同学。

在毕业动员方面，柯德森副院长讲解毕业论文的撰写方法、注意事项及相关要求；罗承锋老师讲解毕业资格审核的具体条例和注意事项。

在就业动员方面，王雄军教授作就业形势报告，对当前生物专业的就业形势进行了分析，鼓励毕业生除了考研、考公务员、做产品以外，还可尝试进实验室做研究，他希望毕业生坚信生命科学研究的美好前景，把握好未来的发展趋势，做出生科人应有的贡献。接着辅导员李芳龄老师讲解了毕业派遣手续办理的流程，并组织毕业生观看“时代楷模——学习黄文秀同志先进事迹”专题电视片。

最后，刘晓亮副书记为动员大会做总结。他强调毕业生们要抓住机遇，发挥生物学专业优势，坚守初心努力奋斗。同时分享了他参与三年扶贫工作的经历，鼓励毕业生学习扶贫第一书记黄文秀同志的优秀品质，响应国家号召，放弃大城市的优异条件，回家乡为改变乡村的贫困与落后，奉献自己的青春。

召开动员大会，为毕业生找准自身定位，积极转变就业观念，培养正确的择业观、求职观做了思想动员，有助于同学们在就业道路上从容地迈出第一步，以最佳的状态迎接崭新的挑战与未来。

（生命科学学院　学工办）

12 月 19 日　广州大学公共管理学院作品《筑梦新时代》获“2019 年‘多彩乡村’主题教育实践活动优秀奖”

12 月 19 日上午，“2019 年‘多彩乡村’主题教育实践活动”颁奖仪式在南方传媒大厦举行，广州大学公共管理学院党委副书记何瑞豪和“三下乡”队伍代表行政管理专业 171 班陈一儀同学参加了本次颁奖仪式。

2019 年“多彩乡村”主题教育实践活动是由广东省地方志办牵头，联合相关部门和省内媒体，以全省自然村落历史人文普查为基础，以助力乡村建设、乡村振兴为目的举行的第三届多彩乡村主题教育实践活动。在此项活动中，广州大学公共管理学院获得“优秀组织单位奖”，广州大学公共管理学院“三下乡”队伍提交的微视频《筑梦新时代》获得“2019 年‘多彩乡村’主题教育实践活动优秀奖”。

获奖单位上台领奖

“三下乡”活动以实地调研行动助力乡村振兴梦，以支教行动助力乡村教育梦，通过镜头讲好“中国梦”。“三下乡”活动以汇报演出、调查报告和视频媒体的方式，向学院提交了一份满意的答卷。“三下乡”活动是青年大学生培养实践能力、振兴乡村发展的重要途径，公共管理学院必将朝着“培养公共精神，创建良好社会”的目标迈进，为社会培养优秀人才！

（公共管理学院　学工办）

12月20日　人文学院第十六届“不闷团课”颁奖仪式暨第九届党团知识竞赛顺利举行

12月20日晚，人文学院第十六届“不闷团课”颁奖仪式暨第九届党团知识竞赛于文新楼208室顺利举行。出席本次活动的有：人文学院党委副书记刘军军、团委书记张立、2019级辅导员江凯。

竞赛共分为三个环节：百花齐放、同舟共济和百舸争流。比赛中，选手们振奋精神，认真作答，展现出人文学子奋发有为、严谨细心的精神品质。抢答环节设置新颖有趣又充满挑战性，让同学在轻松的氛围中对红色经典书籍以及党团知识有了更深入的了解。各团支部选手代表踊跃发言，不甘示弱，灵活应变。经过激烈的比赛，汉语193团支部和194团支部获得一等奖，汉语191团支部、199团支部和1910团支部获得二等奖，汉语192团支部、195团支部、196团支部和198团支部获得三等奖。

师生赛后合影

最后，老师为获奖团支部颁奖，并为“‘不闷团课’优秀教员”及获得“优秀教案”奖的教员颁发证书，感谢教员们的付出。

至此，人文学院第十六届“不闷团课”暨第九届党团知识竞赛圆满结束。

（人文学院　新闻中心）

12 月 20 日　广州大学易班发展中心举办冬至活动

12 月 20 日晚，易班发展中心举办“感受传统文化，领略经典风俗！——易小羊邀你一起过冬至”活动，学生处黄志凯处长和孟强副处长、广州大学易班学生工作站全体成员以及来自各学院的老师、易班用户代表、离家较远学生代表共 200 余人齐聚菊苑食堂二楼，通过包饺子、分汤圆的方式，近距离体验中国优秀传统文化，共度冬至佳节。

本次活动设置了易班线上线下互动的有奖问答环节，将冬至相关知识、易班与大学生活相关常识，还有当下热门的垃圾分类相关知识融入团队答题及个人答题中，让同学们通过答题做了一次有关思想政治教育的小测验，提升了学校易班的亲和度。

活动不仅为同学们的校园生活增添色彩，让他们感受到传统文化的魅力，而且增强了学生会劳动、爱劳动、尊重劳动的观念，同时提高了同学们团队协作能力，受到了广大师生的欢迎。

（广州大学易班发展中心　谭清雅）

冬至活动现场

12月21日　音乐舞蹈学院受邀参加第二届粤港澳大湾区大学生艺术节开幕式

12月21—22日，第二届粤港澳大湾区大学生艺术节开幕式于华南师范大学体育馆隆重举行。广州大学音乐舞蹈学院“粤音”合唱团和舞蹈系作为高校代表团队，受邀出席本次开幕式，分别获得“最佳节目奖”和“优秀节目奖”。

“粤音”合唱团在弓丽老师的指挥下倾情演唱《想你的365天》，悠扬的歌声回荡在整个体育馆，曲中高潮让人心中掀起热浪，开幕式临近尾声，全体演员合唱《我和我的祖国》。

（音乐舞蹈学院）

合唱团和舞蹈系代表合影

12月22日　广州大学民乐团合奏《小鸟天堂》在大学校园传统音乐创新大赛中斩获桂冠

12月22日，广州大学民乐团的合奏《小鸟天堂》在首届粤港澳大湾区文化艺术节系列活动之一的大湾区大学校园传统音乐创新大赛总决赛中以最高分获得一等奖，学校获“优秀组织奖”。

首届粤港澳大湾区文化艺术节由文化和旅游部、广东省人民政府、香港特别行政区政府、澳门特别行政区政府联合主办，于6月24日隆重开幕。艺术节系列活动之一的“大学校园传统音乐创新大赛”于7月4日启动，经过几个月的初赛、复赛激烈的角逐，广州大学民乐团作品获得一等奖。

（音乐舞蹈学院）

民乐团在合奏

12 月 24 日　环境科学与工程学院与侨银环保科技股份有限公司举行共建活动

12 月 24 日下午，环境科学与工程学院和侨银环保科技股份有限公司共建合作活动在文新楼 411 室成功举行。本次活动以“携手侨银，共筑未来”为主题，旨在实现院企之间在人才培养、学生实习、就业及助学金方面的合作，帮助环院学生找到学习和未来发展的方向。

会上，学院党委书记常向阳指出，本次院企共建合作活动让人才培养单位有机会了解到企业的需求，同时企业可以参与到学校的人才培养当中去，实现了学校与企业共同为学生创造更好的平台的目的。侨银公司执行总裁张春先生表示，目前环保行业缺少大量有经验的人才，这使得侨银公司决定从内部培养人才。他对本次与环院的合作活动给予了极大的肯定，同时期望未来与环院深化持续合作。

带着大家的期许，在两单位领导与全体同学的共同见证下，两单位代表人进行了签约仪式。

宣讲结束后，同学们积极提问。张春总裁也通过自身经历、企业用人需求，劝勉同学们要好好学习，提升自身素养。提倡同学们要全方位发展，注重各项能力的提升，成为企业所需要的环保人才。

通过这次宣讲交流，不少同学们表示，既了解了目前环保行业的发展前景，也了解到企业对于人才的需求，让自己在大学的努力方向、目标有了一个清晰的认识，坚定了自己成为一名环境人的信心。

（环境科学与工程学院　吴若宁）

签约仪式

12 月 25 日　生命科学学院生物技术校企协同育人实验班召开实习总结交流会

12 月 25 日下午，2016 级生物技术校企协同育人实验班召开了实习总结交流会。生物技术系主任兼育人实验班负责人舒琥、副主任陈琼华、实习指导教师熊文婷、侯丽萍和胡俊杰，以及 2016 级生物技术校企协同育人实验班 60 余人参加会议。

2019 年 7 月至 12 月，2016 级生物技术专业 56 人，分赴中国水产科学研究院南海水产研究所及深圳大亚湾基地、广东省食品工业研究所、广东省生物资源应用研究所、中国科学院南海海洋研究所等校企协同育人基地开展校企协同育人和毕业实习，顺利完成了毕业论文的研究性实验工作和毕业实习任务，并取得了不同程度的收获。其中罗名步同学经历育人实验班的学习和实践，顺利地留在了实习单位工作；获得推免生资格的李文甫、何佩莹同学分别被中山大学和华南理工大学录取；他们经历了育人实验班系统的创新研究实验和应用实践学习，为自己未来工作和研究生阶段学习打下坚实的基础。同学们就育人实验班、毕业实习中所取得的成绩和心得体会进行了广泛交流，为今后协同育人工作的开展提供了宝贵的经验和建议。

交流会现场

最后，舒琥老师作总结，对同学们在育人实验班和实习工作取得的成绩给予了充分肯定，并告诉大家在各方共同努力下，生物技术校企协同育人实验班实习基地获2019年广东省教育厅“质量工程”项目“广东省大学生实践教学基地群”立项，生命科学学院的校企协同育人工作上了一个新台阶。

（生命科学学院　学工办）

12月26日　人文学院学生志愿服务团队获全国大学生暑期社会实践“优秀实践团队”表彰

12月26日，人文学院“推普脱贫文化传承”志愿服务团队在2019年暑期开展的“推普脱贫攻坚”全国大学生暑期社会实践专项活动中表现出色，获得“优秀实践团队”荣誉称号。

为推动实施《推普脱贫攻坚行动计划（2018—2020）》，引导和帮助广大青年学生在社会实践中受教育、长才干、作贡献，教育部语用司联合团中央青年发展部开展2019年“推普脱贫攻坚”全国大学生暑期社会实践专项活动。经过审核筛选，广州大学人文学院“推普脱贫文化传承”志愿服务团队成功获准立项。团队由人文学院16名大二、大三学生组成。团队成员开设汉字课、朗诵课、南越王史等课程，通过普通话政策宣讲、小小讲解员培训、摊位推广、送展下乡等形式，将博物馆资源、普通话推广资料等带到山区，向当地群众传播先进知识。部分成员基于实践活动撰写调研报告，关注现今贫困地区博物馆状况，探讨博物馆教育延伸新途径。人文学院“推普脱贫文化传承”志愿服务队响应国家号召，将支教实践活动与推普助力乡村振兴相结合，激发偏远山区的内生动力，进一步帮助村民树立奋斗奔小康的信心。

无论是推普扶贫还是教育支持，人文学院一直在路上。未来将有更多志愿服务队伍在各地发光发热。

（人文学院　朱慧琳　邵泽丽）

12月29日　广州大学在广东省大学生田径锦标赛摘得6金

运动员与教练员合影

12月29日，2019年广东省大学生田径锦标赛暨全国第十四届学生运动会田径选拔赛在广东外语外贸大学大学城校区落下帷幕。广州大学派出35名人员（教练员5名、运动员30名）参加甲组、乙A组的比赛，经过3天激烈的比拼，在全体教练员和运动员共同努力下圆满完成比赛任务，摘得6金5银5铜（其中甲组获得3金2银1铜，乙A组3金3银4铜），取得了甲组团体总分第四名、乙A组团体总分第四名的好成绩，为学校争得荣誉。

据悉，本次比赛由广东省教育厅主办，广东省学生体育艺术联合会执行，广东外语外贸大学承办，是对全省大学生田径竞技水平的检验，也是高校体育教学与课余训练改革发展的一次交流。比赛分为甲组、乙A组、乙B组、丙组共四个组别，共有来自全省90所高校1 651名教练员和运动员参加了130个项目的角逐。

（体育学院　周坚）

12 月 30 日　学生社团代表谈校园文化建设

聂贵新副书记等领导与学生社团代表交流

12 月 30 日中午，广州大学在菊苑饭堂举办了 2019 年第八期校领导午餐会，来自不同学生社团的 15 名学生社团代表与校领导参加了午餐会。校党委副书记聂贵新，党办校办、宣传部、教务处、学生处、团委负责人在午餐会上与学生代表进行了互动交流。

会上，同学们围绕如何进一步发挥学生社团在校园文化中的育人功能，对社团建设、运营、活动中出现的问题提出了相关建议。武术协会的同学反映，他们在开展训练的时候，由于缺乏专用场地及相关器材，因而不敢展开一些较高难度动作的教学，例如空翻等。

聂贵新副书记认真听取了同学们的建议后，对同学们提出的问题作出回应。他表示，对于同学们提出的问题，学校都高度重视，并会认真研究解决。学校在快速发展，虽然会出现一些问题，但学校也在不断推动学校各项事业再上台阶。聂贵新副书记对同学们提出了几点希望，希望同学们能主动作为，学习专业知识，学会自主解决问题，更要学会做人做事。

校领导午餐会是校领导与同学们面对面交流的重要渠道，也是同学们参与校园治理的重要途径。

（学生处）

附录：2019 年日志（未收录部分）

1 月

1 月 2 日　为爱创业理工男研发出首款痛经治疗仪急需营销和销售资源

1 月 7 日　生命科学学院党委召开 2018 年度党支部书记述职考核大会

2 月

2 月 27 日　外国语学院召开 2019 年学科建设和人才培养新春座谈会

3 月

3 月 1 日　马克思主义学院举办学生党员“读原著、学经典、作表率”读书分享会

3 月 3 日　旅游学院本科生第二党支部召开民主评议会

3 月 3 日　教育学院获得广州大学 2017—2018 学年学生发展四个先进集体荣誉称号

3 月 4 日　“舞室音站，我的成长艺术加油站”

3 月 5 日　“体育发展”先进单位表彰

3 月 5 日　大学生创业项目申报动员暨培训会

3 月 6 日　叮咚！这是你的礼物

3 月 7 日　四院青马公开课第一课顺利开课

3 月 11 日　我校外院学子荣登人民日报

3 月 11 日　人文学院感受“生长课堂”——与特级教师丁之境面对面活动顺利举行

3 月 11 日　人文学院汉国教 171 班入党积极分子座谈会顺利召开

3 月 12 日　回归学堂第 1 讲“创新与挑战：在探索中发现”

3 月 12 日　学生表彰大会

3 月 12 日　广州大学青年志愿者协会人文学院分会仑头工疗站志愿活动顺利举行

3 月 13 日　院长第一课：法学院院长张泽涛谈——坚守底线，把握人生方向
3 月 14 日　法学院书记第一课
3 月 14 日　法学院师生面对面访谈
3 月 14 日　“千千工程——讲奋斗　强本领”主题团课顺利开展
3 月 15 日　旅游学院举办国家励志奖学金获奖者表彰会暨交流会
3 月 16 日　女生嘉年华
3 月 17 日　人文学院心理卫生协会第二次干培活动顺利开展
3 月 18 日　回归学堂第 2 讲：打造共建共治共享的社会治理格局
3 月 18 日　人文学院汉国教 171 班王琼书记“思政第一课”顺利开讲
3 月 19 日　公共管理学院本科学子积极学习全国两会精神
3 月 19 日　人文学院汉语 168 班全国两会精神暨《粤港澳大湾区发展规划纲要》学生政治学习主题班会顺利召开
3 月 19 日　人文学院汉语 176 班全国两会精神暨《粤港澳大湾区发展规划纲要》学生政治学习主题班会顺利召开
3 月 19 日　人文学院学生社团、组织负责人会议顺利召开
3 月 19 日　物理与电子工程学院 2019 年度团员教育评议工作顺利开展
3 月 19 日　罗洪教授作题为“中外经典声乐赏析”的讲座
3 月 19 日　参观“大潮起珠江——广东改革开放 40 周年”展览
3 月 20 日　“飞粤计划”航模科普教育活动在 2018 年“新时代　新作为——立志 · 修身 · 博学 · 报国”主题教育系列活动中荣获广东省一等奖
3 月 20 日　法学院新生篮球赛圆满落幕
3 月 20 日　“研本联动‘结对子’，创新服务促学风”——考研复试分享会
3 月 20 日　法咨社举行海报大赛
3 月 22 日　刘雪明开讲 2019 春季学期思政第一课
3 月 22 日　我校计算机拔尖创新实验班开班
3 月 22 日　女生部举办摆摊活动
3 月 23 日　教育学院本科第二党支部开展“走读广州辛亥革命史”扫墓活动
3 月 24 日　三院联合举办急救知识培训大会
3 月 26 日　公共管理学院第十五期党课培训班专题讲座顺利举行
3 月 26 日　教育学院 2019 年春季学期思政理论课开讲

3 月 26 日　经典的力量　信仰的基石
3 月 26 日　广东省教育研究院肖建忠教授到我院讲学
3 月 26 日　体育学院党委书记为本科生上春季学期思政“第一课”
3 月 26 日　生命科学学院第十五期分党校培训顺利开班
3 月 26 日　人文学院班长、团支书例会顺利举行
3 月 27 日　人文学院团委、学生会各部门学习全国两会精神及《粤港澳大湾区发展规划纲要》会议顺利召开
3 月 29 日　心理情景剧大赛圆满结束
3 月 29 日　体育学院院长为研究生上春季学期思政“第一课”
3 月 31 日　广州大学青年志愿者协会人文学院分会关爱流浪猫狗志愿活动顺利开展

4 月

4 月 2 日　“明师杯”之第十二届师范技能大赛初赛顺利举行
4 月 2 日　同上一堂特别思政课活动
4 月 2 日　人文学院第八届“人文巨 sing”歌唱比赛顺利举行
4 月 2 日　童华炜书记、崔杰院长主讲思政第一课
4 月 4 日　2019 年春季学期思政第一课
4 月 5 日　同上一堂特别思政课：清明祭先烈，共铸中华魂
4 月 6 日　同上一堂特别的思政会
4 月 7 日　“读原著、学经典、作表率”系列读书活动
4 月 9 日　仑头工疗站志愿活动顺利开展
4 月 10 日　入学生涯规划，绚烂青春年华！
4 月 13 日　寻梦园勤工中心志愿者分享大会顺利召开
4 月 16 日　广州大学主题团日竞赛活动评选
4 月 16 日　举办读书活动——读红色经典，品伟人风采
4 月 16 日　人文学院顺利举行“缅怀英勇先烈，弘扬爱国精神”青马工程活动
4 月 20 日　青年志愿者协会探访老人活动顺利进行
4 月 20 日　广州大学青年志愿者协会人文学院分会“广而告之”粤语课堂活动顺利开展
4 月 22 日　领导、教授联系班级暨经典百书导读活动

4 月 23 日　“方块字的秘密”义教活动
4 月 23 日　物理与电子工程学院开展“学十九大精神，坚定理想信念”主题教育活动
4 月 23 日　人文学院心理卫生协会第七届“心语心声，相携相知”心理知识竞赛决赛顺利举行
4 月 25 日　人文学院“故枝吐青百书繁，领异标新传师道”领导、教授联系班级暨经典百书导读活动顺利举办
4 月 26 日　召开“加强党的组织建设”主题的组织生活会
4 月 26 日　人文学院预科 181 班五四团课暨经典百书导读活动顺利开展
4 月 30 日　学习近平总书记重要讲话，争做合格共青团员
4 月 29 日　领导教授联系班级暨经典百书导读活动顺利开展
4 月 30 日　广州大学运动健儿捷报频传
4 月 30 日　旅游学院顺利举办“五四青年大学习”座谈交流会

5 月

5 月 4 日　生命科学学院开展纪念“五四运动”系列主题活动
5 月 4 日　梅苑 7 栋“五室一站，有我传承”纪念五四运动 100 周年主题座谈会顺利开展
5 月 7 日　人文学院陈燕华老师“带你领略古琴之美”主题讲座顺利举办
5 月 7 日　计算机科学与网络工程学院学生党支部举办“重温历史记忆　感受时代变迁”活动
5 月 8 日　人文学院“讲青春年华，展五四风采”讲解比赛顺利举行
5 月 8 日　人文学院汉语 163 班“千千工程”团课教育活动暨五四主题班会顺利召开
5 月 9 日　公共管理学院本科生党支部学习习近平在纪念五四运动 100 周年大会上的讲话
5 月 9 日　B18 栋“五室一站”举行纪念五四运动 100 周年大会讲话座谈会
5 月 10 日　教育学院举办一代人的长征，一代人的担当——纪念“五四运动 100 周年”主题活动
5 月 10 日　体育学院举办“青年强则中国强”主题团日活动
5 月 11 日　人文学院学生第五党支部“传诗韵文化，育有德之人”顺德清晖园诗会活动成功开展

5月14日 旅游学院辩论队获广州大学第十六届校园辩论赛季军
5月14日 人文学院第三届师生环校跑活动顺利举行
5月14日 人文学院语文教学实践工作坊（第二期）开班课顺利开讲
5月14日 公共管理学院梅苑四栋“谷琶美妆，真我风采”主题美妆活动举行
5月14日 音乐舞蹈学院顺利举办星星的孩子——红十字会汇星公益活动
5月15日 人文学院2019届高校贷款毕业生会议暨诚信教育会议顺利召开
5月16日 法学院访学问道，助己修身
5月16日 广东省大学生运动会中广州大学运动健儿捷报频传
5月17日 土木工程学院荧光夜跑活动顺利举办
5月19日 工商管理学院“校友杯”3VS3篮球赛成功举办
5月19日 四院青马班“激扬青春，献礼祖国”主题活动顺利开展
5月21日 红十字会人文学院分会义教队“中华民族之传统美德”义教活动顺利开展
5月21日 经济与统计学院举办“同唱一首歌，共筑青春梦”活动
5月21日 生命科学学院召开2019年考研动员大会暨考研分享会
5月23日 人文学院心理卫生协会经典电影回顾活动顺利开展
5月23日 青年志愿者协会人文学院分会探访老人活动顺利开展
5月24日 公共管理学院2019毕业文艺晚会在演艺中心举行
5月24日 四院联合师范技能大赛顺利举办
5月26日 土木工程学院举办“颂风华正茂，歌似锦前程”活动
5月26日 物理与电子工程学院举行就业与考研经验交流会
5月26日 公共管理学院举办“第二校园”访学分享会
5月28日 经济与统计学院举办“博学广大，歌唱青春”活动
5月28日 人文学院班长、团支书例会顺利召开
5月28日 人文学院第二届团支部风采大赛顺利举行
5月28日 人文学院第五届“勤勉不凡，助力梦想”助学育人活动顺利举行
5月28日 地理科学学院青年志愿者协会顺利举办扬帆活动
5月28日 音乐舞蹈学院阿卡贝拉队参加广州大学校园十佳歌手
5月29日 土木工程学院“结构设计竞赛小讲堂”伴你同行
5月30日 公管午餐：师生畅聊大学暑期规划
5月30日 环境科学与工程学院召开党员教育管理工作主题生活会

5 月 31 日　体育学院学生公寓党小组开展组织生活会

5 月 31 日　工商管理学院毕业晚会顺利举行

5 月 31 日　公共管理学院学生荣获广东省第十届大学生运动会篮球比赛奖项

6 月

6 月 5 日　公共管理学院举办“共观《建军大业》，致敬人民英雄”活动

6 月 5 日　环境学院在梅苑 7 栋“五室一站”积极开展“党员教育管理工作”组织生活会

6 月 11 日　建筑与城市规划学院举办第十一届速写大赛颁奖典礼

6 月 11 日　广州大学第三届器乐钢琴大赛暨“长江钢琴”全国高校钢琴大赛选拔赛圆满举行

6 月 11 日　生命科学学院举行“‘不忘初心，牢记使命’青春建功新时代”毕业生党员教育大会

6 月 11 日　体育学院开展 2019 届毕业生党员专题教育活动

6 月 11 日　计算机科学与网络工程学院党委隆重举办许细妹同志欢送会

6 月 12 日　目标 × 勤奋 × 方法 = ？　答案等你揭晓！

6 月 12 日　广州大学学生艺术团举行第三届成果展演

6 月 17 日　“红棉杯”2019 广州流行合唱大赛顺利举行

6 月 17 日　旅游学院举办五四表彰大会暨团委学生会总结大会

6 月 18 日　人文学院第五次团员代表大会暨第六次学生代表大会顺利召开

6 月 28 日　人文学院 2019—2020 学年生委入库培训会议顺利召开

7 月

7 月 5 日　2016 级体教系召开实习大会

7 月 9 日　工商管理学院召开暑假社会实践集体培训动员大会

7 月 10 日　筑梦清远行——情深深雨蒙蒙的暑期“三下乡”开班仪式

7 月 10 日　桂花岗校区 2018 级学生搬宿特辑

7 月 12 日　扬帆起航宣政策，下乡走访知民心

7 月 12 日　展五一梦之翼，筑国家梦之力——外国语学院“梦之翼”暑期三下乡活动

7 月 16 日　人文学院团支部再创佳绩

7 月 20 日　土木工程学院赴梅州开展三下乡暑期实践活动

7 月 22 日　外国语学院“资助与助学贷款下乡行”暑期社会实践活动
7 月 24 日　调研扶贫第一线，助力毕节共筑梦

8 月

8 月 7 日　土木工程学院在第五届“互联网 +”大学生创新创业大赛省赛喜获佳绩
8 月 8 日　记广州地铁志愿活动
8 月 25 日　音乐舞蹈学院喜迎新生
8 月 26 日　马克思主义学院举行 2019 级新生校规校纪教育暨军训动员大会
8 月 26 日　化学化工学院召开 2019 新生开学典礼暨“院长第一课”
8 月 26 日　公共管理学院 2019 级新生开学典礼举行
8 月 27 日　人文学院 2019 级新生教育大会顺利召开
8 月 27 日　马克思主义学院举行 2019 级新生开学典礼
8 月 28 日　新阶段，“心”开始
8 月 28 日　开学典礼——音舞新生代，勇做追梦人
8 月 28 日　人文学院 2019 级新生礼仪讲座顺利召开

9 月

9 月 2 日　人文学院举办“与信仰对话，坚定理想信念”主题讲座
9 月 5 日　人文学院举行 2019 年“我与祖国共奋进”军训汇演
9 月 10 日　人文学院召开“文明住宿，从我做起”主题班会
9 月 10 日　法学院举办“垃圾分类题班会”
9 月 11 日　法学院举办军训汇报表演
9 月 16 日　旅游学院本科学生第一党支部与广州青年志愿者协会公共资源部洽谈合作
9 月 17 日　美术与设计学院 2019 级本科新生召开“文明住宿，从我做起”主题班会
9 月 18 日　人文学院汉语 177 班召开“我与祖国共奋进”主题班会
9 月 21 日　机械与电气工程学院开展新生交流活动
9 月 22 日　法学院学生参加粤港澳大湾区青年节交流活动
9 月 23 日　生命科学学院 2019 级研究生聆听院长思政第一课
9 月 23 日　生命科学学院生科 194 班召开主题班会

9 月 24 日　土木工程学院学生上思想政治第一课
9 月 24 日　法学院青年马克思主义者培养工程开班
9 月 24 日　机械与电气工程学院举办“我与祖国共奋进——国旗下的演讲”特别主题团日活动
9 月 24 日　土木工程学院“我与祖国共奋进”主题团课顺利开讲
9 月 25 日　人文学院纪德君院长本学期“思政第一课”顺利开讲
9 月 25 日　经济与统计学院傅元海院长宣讲“思政第一课”
9 月 25 日　人文学院王琼书记“思政第一课”顺利开讲
9 月 26 日　麻彦坤书记为 2019 级新生讲授秋季学期思政理论第一课
9 月 26 日　公共管理学院陈潭院长开讲 2019 秋季学期思政第一课
9 月 27 日　环境学院 2019—2020 学年班级干部培训暨班级文化建设交流会顺利召开
9 月 28 日　化学化工学院举办新旧生交流会
9 月 29 日　体育学院院长刘学谦为研究生讲授“思政第一课”

10 月

10 月 1 日　锦绣中国，盛世华诞
10 月 1 日　与祖国共欢腾
10 月 1 日　与祖国同框
10 月 1 日　菊苑 2 栋“五室一站”举行“庆祝中华人民共和国成立 70 周年大会暨阅兵式”观看直播活动
10 月 4 日　红旗下的志愿宣誓
10 月 7 日　广州南站志愿服务活动
10 月 7 日　广州大学青年志愿者协会人文学院分会第一次全体大会顺利召开
10 月 8 日　“十佳学生”竞选完美落幕
10 月 8 日　物理与电子工程学院党委书记为本科生讲授思想政治理论课
10 月 8 日　物理与电子工程学院院长为本科生讲授思想政治理论课
10 月 10 日　法学 182 班举办“垃圾分类”主题宣传教育活动
10 月 12 日　教育学院党委组织师生观影《我和我的祖国》
10 月 13 日　敢为人先，国魂永存
10 月 13 日　广州大学化学化工学院举办第十四届团委学生会室外干培
10 月 13 日　广州黄花岗公园缅怀先烈

10月14日　广州大学人文学院“新媒体时代如何成为作家”讲座顺利举办
10月14日　不忘初心　砥砺前行
10月14日　与信仰对话，向榜样学习
10月15日　旅游学院旅游管理162班主题团会顺利召开
10月15日　2019体育学院学生会干培活动顺利召开
10月15日　旅游学院会展171班团支部开展“习近平的七年知青岁月”主题团课活动
10月15日　我和我的祖国摄影大赛
10月15日　广交会志愿活动分享
10月15日　广州大学人文学院心理卫生协会“儿童生理启蒙教育”心理课堂活动顺利开展
10月15日　人文学院2019—2020学年勤工助理岗前培训会议顺利召开
10月15日　物理与电子工程学院举行“实验室安全活动月”启动仪式暨开放实验室安全讲座
10月16日　经济191团日活动简记
10月16日　广州大学中华经典诵读比赛
10月16日　悠悠中华经典，尽显学子才华
10月16日　“千千工程”第二讲之“爱国主义”
10月16日　音乐舞蹈学院党员庆祝中华人民共和国成立70周年党日外出活动
10月17日　张河清院长开讲“院长思政课第一课”
10月17日　学生党员先锋行动之“读原著，学经典，作表率”读书活动
10月18日　抗震专家周福霖再念37年前诗歌《我的家园》，感动所有人！
10月18日　刘向晖书记顺利开讲“书记思政第一课”
10月18日　旅游学院组织开展“习近平新时代中国特色社会主义思想”专题学习
10月18日　生命科学学院新旧生交流会圆满结束
10月18日　广州大学人文学院在库生代表大会顺利举行
10月19日　关爱独居老人
10月19日　穗石小学义教
10月20日　四院联合青马工程
10月21日　马克思主义学院举行2019—2020学年第一学期升旗仪式

10 月 22 日　广州大学工商管理学院举办班集体建设研讨会暨班主任工作交流会
10 月 22 日　“知行”青马班举行第一期结业典礼暨第二期开班仪式
10 月 23 日　关于学习习近平新时代中国特色社会主义思想的主题班会
10 月 24 日　体教 196 班团支部启动“经典百书”读书活动
10 月 24 日　观看红色主题沉浸式话剧　激发师生党员爱国热情
10 月 24 日　音乐学 2019 级 2 班团日活动
10 月 24 日　物理与电子工程学院举办 2019 级学生大学生涯规划辅导会
10 月 25 日　旅游学院团委学生会第一次全体大会顺利召开
10 月 25 日　资助工作，为爱奉献
10 月 25 日　“我和我的祖国”团支部微团课大赛圆满结束
10 月 25 日　物理与电子工程学院举行“我和我的祖国”团支部微团课评比活动
10 月 26 日　爱洒老人院，情暖老者心
10 月 26 日　四院联合运动会之扬体育精神，展青春风采
10 月 26 日　探访困难人群活动
10 月 27 日　德才致远，砥砺前行
10 月 27 日　三院联合运动会顺利举办
10 月 27 日　化学化工学院举办大学生涯规划大赛
10 月 28 日　人文学院构建文学“乌托邦”作家程继龙与大学生谈写作活动顺利举行
10 月 28 日　人文学院第 13 期文学创作系列“为了有趣的灵魂——和大学生谈写作”讲座顺利开展
10 月 29 日　人文学院汉语 175 班“千千工程”主题班会顺利举行
10 月 29 日　人文学院班长、团支书例会顺利召开
10 月 30 日　学习党团精神　牢记时代使命
10 月 30 日　法学院班服设计大赛顺利举办
10 月 31 日　广州大学红十字会人文学院分会广州市海珠区赤岚东小学义教活动顺利举行

11 月

11 月 1 日　法学院法律小品登上校园舞台

11 月 1 日　机械与电气工程学院举办 2019 级新生迎新晚会
11 月 2 日　体育学院体教 195 班举行“立爱国主义之举，树黄埔精神之风”团建活动
11 月 2 日　法学院举行禁毒宣传活动
11 月 3 日　人文学院历史 171 班举行“览南汉二陵，拓专业素质‘千千工程’”活动
11 月 3 日　三院联合运动会
11 月 5 日　法学院举行红会游园活动
11 月 5 日　数学与信息科学学院举办传承经典国学讲堂之书法活动
11 月 5 日　人文学院历史 171 班举行“未来之师，何以为策”主题团日活动
11 月 6 日　美术与设计学院开展 2019 年资助委员培训大会暨颁奖大会
11 月 6 日　计算机科学与网络工程学院开展“读原著、学经典、作表率”党团活动
11 月 7 日　地理科学学院进行水准测量实习
11 月 8 日　机械与电气工程学院举行新生辩论赛决赛
11 月 8 日　机械与电气工程学院开展“模拟招聘会”暨职场培训会
11 月 8 日　法学院开展新发展团员入团第一课
11 月 8 日　法学院开展普法进校园，党旗飘飘挂基层活动
11 月 9 日　音乐舞蹈学院参加广州大学第七届游泳比赛
11 月 9 日　法学院法学 182 班举行活力在基层活动
11 月 9 日　机械与电气工程学院开展“慰问老人院”活动
11 月 10 日　公共管理学院举行“榜样领航”优秀学生党员保研分享会
11 月 10 日　环境科学学院、梅苑七栋“五室一站”举办 3VS3 篮球赛决赛
11 月 10 日　机械与电气工程学院开展彩虹计划志愿活动
11 月 10 日　人文学院参加三院联合田径运动会
11 月 10 日　人文学院举行第十四届“青葵杯”辩论赛决赛
11 月 10 日　法学院进行团课第一讲
11 月 12 日　土木工程学院第 33 期党课培训班开班
11 月 12 日　环境科学学院开展“读原著、学经典、作表率”系列读书活动
11 月 12 日　人文学院校外教育见习活动顺利开展
11 月 12 日　教育学院师生党员参观“不忘初心　牢记使命”主题教育档案文献展

11 月 12 日　人文学院举行生涯规划演讲复赛
11 月 16 日　物理与电子工程学院举行 2019 年“Young 帆起航”迎新晚会
11 月 16 日　经济与统计学院举办“经世百言”演讲比赛
11 月 17 日　人文学院与体育学院举行团委、学生会交流大会
11 月 17 日　人文学院举行心理卫生协会干部培训活动
11 月 17 日　六院举办迎新晚会
11 月 17 日　人文学院举行“初心不忘，勇担使命”学生党员主题教育实践活动
11 月 17 日　公共管理学院举行 2019“奋发进取，拥抱未来”迎新晚会
11 月 19 日　物理与电子工程学院举行 2019 年暑期寻访校友足迹活动总结表彰大会
11 月 21 日　法学院垃圾分类文明监督员上线
11 月 22 日　建筑与城市规划学院到农林街社区宣传
11 月 22 日　新闻与传播学院播音主持艺术系赴广州市国家档案馆授课
11 月 23 日　法学院举行创文迎国检志愿活动
11 月 24 日　建筑与城市规划学院举办三院联合模拟招聘会
11 月 25 日　人文学院举行升旗仪式
11 月 26 日　人文学院开展学术论文写作暨中国语言文学拔尖创新人才实验班系列讲座
11 月 26 日　人文学院与经济与统计学院团委、学生会交流大会顺利召开
11 月 28 日　人文学院汉语 194 班举行领导、教授联系班级活动暨经典百书导读活动
11 月 28 日　人文学院汉语 189 班举行领导、教授联系班级活动暨经典百书导读活动
11 月 29 日　地理科学学院前往横沥中学实习
11 月 30 日　人文学院举行团委、学生会干部培训大会
11 月 30 日　法学院举行团学大会
11 月 30 日　土木工程学院和外国语学院两院团学联合举办干部培训活动

12 月

12 月 1 日　地理科学学院大学新生学习记
12 月 1 日　经济与统计学院举办“阅读静安，书香满城”活动

12月1日　音乐舞蹈学院阿卡贝拉队在广州大剧院演出
12月3日　法学院开展校友交流会
12月3日　生命科学学院隆重举行2019年学生表彰大会
12月3日　人文学院开展校外教育见习活动
12月3日　化学化工学院国家级实验教学示范中心举办开放日活动
12月4日　人文学院汉语192班教师联系班级活动暨经典百书导读活动顺利举行
12月4日　人文学院汉语191班"师领百书拨思弦，青松破雾初心延"领导、教授联系班级活动暨经典百书导读活动顺利举行
12月7日　经济与统计学院学生日记之"我的学习日志"
12月7日　地理科学学院大学初体验之志愿者
12月8日　美术与设计学院开展青协扎染公开课
12月10日　经济与统计学院学生日记之"我们的志愿周末"
12月10日　经济与统计学院学生日记之"与众不同的志愿活动"
12月10日　经济与统计学院学生日记之"工疗站，因你我美好"
12月10日　人文学院"当代写作学语中学写作教学的发展状况"讲座顺利开展
12月10日　人文学院汉语182班经典百书导读活动顺利举行
12月11日　人文学院"中世纪西欧历史写的传承与变革"讲座顺利开展
12月12日　法学院举办读书交流会
12月13日　法学院举办师生交流会
12月13日　人文学院"中国人靠什么开辟海上古丝绸之路"讲座顺利开展
12月14日　经济与统计学院学生日记之"拥抱暖阳，告别凉秋"
12月14日　经济与统计学院学生日记之"快乐来自付出"
12月15日　人文学院讲解队第一次见面大会顺利召开
12月15日　地理科学学院学生日记之"养老院志愿活动日记"
12月15日　马克思主义学院连续4年获广州大学"'五室一站'工作优秀单位"称号
12月15日　广州大学志愿者参加百丈颐养中心老人院探访志愿活动
12月17日　马克思主义学院举办"礼赞新中国，奋斗新时代"宣讲活动
12月17日　化学化工学院举办2019年度表彰大会
12月17日　人文学院"吟诵，是古典诗文教与学的捷径"主题交流课顺利开课

12 月 17 日　旅游学院开展“院长下午茶”师生座谈交流会
12 月 17 日　人文学院年度学生表彰大会顺利召开
12 月 18 日　土木工程学院团委学生会学期总结大会顺利召开
12 月 19 日　广州大学成立大学生写作与沟通语言智能训练中心
12 月 19 日　美术与设计学院举办冬至包饺子大赛
12 月 21 日　美术与设计学院青协举办彩绘公开课
12 月 24 日　人文学院班长、团支书例会顺利召开
12 月 26 日　法学院庆贺澳门回归 20 周年
12 月 26 日　音乐舞蹈学院学生参加广东省大学生田径锦标赛
12 月 27 日　人文学院“语用学视角下的初中语文阅读教学”主题交流课顺利开课
12 月 27 日　人文学院“省实见习行，感悟师之境”——语文教学实践工作坊成员教学观摩活动顺利举行
12 月 27 日　人文学院举行“盛世华章 · 人文初心”主题新年晚会
12 月 30 日　生命科学学院李文甫荣获“广州大学十佳学生”称号